文化蓝皮书
Blue Book of China's Culture

中国乡村文化发展报告
（2018–2021）

Annual Report on Rural Culture in China

中国社会科学院中国文化研究中心
山东财经大学文学与新闻传播学院　/编
山东财经大学乡村文化研究院

主　编／王立胜　王邵军
副主编／单继刚　李　河　孙丽君

中国书籍出版社
China Book Press

图书在版编目（CIP）数据

文化蓝皮书：中国乡村文化发展报告（2018-2021）/ 王立胜，王邵军主编. -- 北京：中国书籍出版社，2021.12
　ISBN 978-7-5068-8834-9

　Ⅰ.①文… Ⅱ.①王… ②王… Ⅲ.①农村文化—文化事业—建设—研究报告—中国 Ⅳ.①G127

　中国版本图书馆CIP数据核字（2021）第237738号

文化蓝皮书：中国乡村文化发展报告（2018-2021）

王立胜　王邵军　主编

责任编辑	马丽雅　王星舒
责任印制	孙马飞　马　芝
封面设计	东方美迪
出版发行	中国书籍出版社
地　　址	北京市丰台区三路居路97号（邮编：100073）
电　　话	（010）52257143（总编室）　（010）52257140（发行部）
电子邮箱	eo@chinabp.com.cn
经　　销	全国新华书店
印　　刷	北京九州迅驰传媒文化有限公司
开　　本	710毫米 × 1000毫米　1/16
字　　数	300千字
印　　张	19.5
版　　次	2021年12月第1版
印　　次	2022年12月第2次印刷
书　　号	ISBN 978-7-5068-8834-9
定　　价	88.00元

版权所有　翻印必究

《中国乡村文化发展报告 (2018-2021)》
编 委 会

主　　编　　王立胜　王邵军

副 主 编　　单继刚　李　河　孙丽君

编　　委　　（以下按姓氏笔画排序）
　　　　　　王建民　中央民族大学民族学与社会学学院教授
　　　　　　王晓毅　中国社会科学院社会学研究所研究员
　　　　　　卢晖临　北京大学社会学系教授
　　　　　　刘　岳　中共山东省委党校教授，山东乡村振兴研究院院长
　　　　　　孙九霞　中山大学旅游学院教授
　　　　　　李　炎　云南大学文化发展研究院院长
　　　　　　李善峰　山东社会科学院农村发展研究所研究员
　　　　　　吴重庆　中山大学哲学系暨华南农村研究中心教授
　　　　　　何慧丽　中国农业大学人文与发展学院教授
　　　　　　胡洪斌　云南大学民族学与社会学学院副院长
　　　　　　徐俊忠　中山大学马克思主义哲学与中国现代化研究所暨哲学系教授
　　　　　　曹锦清　华东理工大学社会与公共管理学院教授
　　　　　　章建刚　中国社会科学院哲学研究所研究员
　　　　　　渠　岩　广东工业大学艺术与设计学院教授
　　　　　　鲁可荣　浙江农林大学文法学院院长、教授

总课题组　王立胜　王邵军　单继刚　李　河　孙丽君

编 辑 部　白美妃　刘姝曼　王凌燕　刘立杰

撰 稿 人　（以下按姓氏笔画排序）
　　　　　　于良楠　王立胜　王永健　王利刚　王　爽
　　　　　　卢晖临　白美妃　刘立杰　刘　坤　刘姝曼
　　　　　　孙九霞　李　河　李　炎　邱　晔　何慧丽
　　　　　　张　奎　胡洪斌　徐　颖　高文斌　陶　婷
　　　　　　渠　岩　粟后发　鲁可荣　樊春雷

主要编撰者简介

王立胜　中国社会科学院哲学研究所党委书记、副所长、研究员，中国社会科学院大学哲学院院长、博士生导师，中国社会科学院中国文化研究中心主任，哲学研究杂志社社长，中国马克思主义哲学研究会会长，中国辩证唯物主义研究会副会长，国务院特殊津贴专家，主要研究领域为：中国马克思主义哲学研究、马克思主义政治经济学研究、农村问题研究、新疆问题研究。

王邵军　山东财经大学党委书记、教授、博士生导师，侧重中国近现代文化思潮研究、区域经济研究，出版《生命的诗与思——冯至的人生与创作》《圣者人生——梁漱溟》等多部专著。

单继刚　中国社会科学院哲学研究所副所长、研究员，中国社会科学院大学教授、博士生导师，中国社会科学院中国文化研究中心副主任，主要研究领域为：翻译与解释理论、马克思主义哲学中国化、文化研究。

李　河　中国社会科学院哲学研究所研究员，中国社会科学院大学教授、博士生导师，中国社会科学院中国文化研究中心执行主任，国务院特殊津贴专家，主要研究领域为：西方哲学、当代国外文化政策研究。

孙丽君　山东财经大学文学与新闻传播学院院长、教授，山东省有突出贡献的中青年专家，山东省新闻传播类本科教学指导委员会委员，山东省新旧动能转换"十强"产业首批智库专家，国家一流本科专业建设点文化产业管理专业负责人，主要研究领域为文艺美学、文化生产与消费等。

文化蓝皮书
中国乡村文化发展报告

摘 要

《中国乡村文化发展报告（2018-2021）》是我国第一部乡村文化蓝皮书。它的出版适逢我国全面建成小康社会，大力实施乡村建设行动的承前启后之年。站在这个时代起点，回顾中国百年现代化的探索与建设历程，展望2035年建成"文化强国"的目标，将"文明起来"当作中国"站起来，富起来，强起来"之后的崭新方向，必将成为乡村文化建设的最高任务和建构未来乡村文明新形态的应有之义。

修文而致明。本蓝皮书的总报告尝试凭借历史哲学的叙事尺度，衡量和审视我国乡村文明经历的"数千年未有之百年巨变"，梳理和概括乡村文明从"乡土中国"范式向"城乡融合中国"范式转变的历程，提出探寻"乡村性"、呼唤"家园意识"、重塑"心灵秩序"等具有疗愈意义的构想，进而探索塑造中国式乡村文明新形态的可能性因素。

格物而致知。本报告提及的"乡村文化建设"涵盖了历年来我国各族人民进行乡村振兴探索中的重要文化维度：重塑乡土观念、修复礼俗道德，探索塑造乡村文明新形态的路径；肯定乡村价值，活化和善用自然与历史文化资源，促进乡村优秀传统文化的创造性转化与创新性发展；保护完善乡村公共服务体系和社会治理体系建设，推动城乡融合之进程；丰富群众精神文化生活，用文旅融合与多维创意引领乡村文化产业；激活在地村民自主性，在多元主体参与中实现乡村内生型发展；等等。所有这些也正是学界长期聚焦并广泛关注的重要议题,它们构成了本报告常设栏目的子话题。

笃行而致远。这既是对身体力行、脚踏实地的一线考察提出的严格要求,也昭示着我们对乡村文化建设多样化进路的渴求。广东省佛山市顺德区青田坊的"青田范式",河南省灵宝市焦村镇罗家村的"弘农书院",内蒙古自治区通辽市库伦旗的"启睿计划",河南省焦作市修武县大南坡村的"美学经济",日本濑户内、越后妻有和黄金町"艺术祭"参与社区营造……这些来自海内外的根植于地方文化土壤的乡村建设行动,生动再现了乡村振兴过程的复杂性和艰巨性,都可视为乡村文化领域的有益探索,希望能够为乡村振兴的研究者和实践者提供宝贵的学理参考和经验启迪。

文化蓝皮书
中国乡村文化发展报告

Abstract

Annual Report on Rural Culture in China (2018-2021) is the first blue book on the development of rural culture in China. It is compiled in response to the Rural Revitalization Strategy that China is vigorously implementing. It mainly consists of two parts: the general report and eleven sub-reports.

In the general report, the perspective of historical philosophy is used to look into the century old changes of civilization in rural China which is unseen in thousands of years. It is concluded that a paradigm shift of civilization from "earthbound China" to "urban-rural integrated China" is appearing. It is also concluded that equal distribution of public service between urban and rural areas coordinated at the county level as well as reshaping a kind of "homeland consciousness" at the community level may contribute to a new form of civilization in China.

The eleven sub-reports are written by scholars of rural studies and practitioners who are directly engaged in rural construction. Scholars present their observation on what is currently happening in rural China. Issues are delt with, such as new trends of urban-rural relationship, links between tourism and community development, influences of new media on daily life, ways of protecting and utilizing of traditional village.

Practitioners share their first-hand record and rethink about actions of rural construction in different parts of China. Through detailed and in-depth case studies, diversified approaches to rural cultural building are revealed, including art involvement in community revitalization, community building via development of comprehensive, cooperative, psychological intervention by means of family-school cooperation, and economic development with aesthetical design. All these actions embody complexities and difficulties in the process of rural revitalization.

To create a new form of civilization in rural areas, we still face a lot of arduous tasks, which include: enlightening the general public, rebuilding the customs and morals and exploring ways to shape new forms of rural civilization; rethinking the value of villages, activating and making good use of natural, historical and cultural resources, and promoting the creative transformation and innovative development of excellent traditional culture; improving public service systems and social governance systems, pushing forward urban-rural integration; enriching the spiritual and cultural life of the general public, promoting cultural industry with tourism and creative design; cultivating the autonomy of local villagers and realizing the endogenous development······All of these constitute the subtopics of the permanent column of this book, which are also important topics that have long been hot discussed by the academic community. It is hoped that the book can provide valuable reference and enlightenment for researchers and practitioners of rural revitalization.

文化蓝皮书
中国乡村文化发展报告

目 录

Ⅰ 总报告

从"乡土中国"到"城乡融合中国" 塑造中国乡村文明新形态
………………………………………………………………总课题组（3）

Ⅱ 专题论坛

扎根城镇化
　　——中国现代化历程中城乡关系的新探索………… 卢晖临　粟后发（41）
撑开在城乡之间的家
　　——县域城乡融合发展的一个面向……………………………白美妃（59）
旅游发展促进乡村振兴的地方性实践
　　——逻辑与案例……………………………………………… 孙九霞（78）
媒介化生活方式视角下乡村文化的价值重构路径…………………王　爽（97）
日本艺术介入社区营造的实践、反思与启示
　　——以濑户内、越后妻有和黄金町艺术祭为例………… 王永健（112）

Ⅲ 区域报告

乡村振兴背景下浙江省传统村落保护现状以及活化利用路径研究
…………………………………………………………………… 鲁可荣（137）
云南省乡村文化建设研究报告……………李　炎　于良楠　胡洪斌（162）

Ⅳ 案例分析

青田范式：中国乡村文明的复兴路径……………………… 渠 岩（187）
弘农试验：以乡土文化复育推动乡村振兴……………… 何慧丽 刘 坤（207）
启睿计划：家校共育助力乡村振兴………………………………
　　　…………………… 王利刚 徐 颖 高文斌 陶 婷 樊春雷（226）
修武实践：以美学经济推动乡村振兴……………………… 邱 晔（246）

Ⅴ 大事记

中国乡村文化建设大事记（1978～2021年）
　　………………………………… 张 奎 刘立杰 刘姝曼（271）

Contents

I General Report

Creating a New Pattern of Rural Civilization with a Paradigm Shift of Civilization from "Earthbound China" to "Urban-Rural Integrated China"

                                                  Research Group of the General Report (3)

II Forum

Rooted Urbanization: Urban-Rural Relationship in China's Modernization Process Revisited

                                                    Lu Huilin and Su Houfa (41)

Family Stretching between City and Village: One Dimension of Urban-Rural Integration at the County Level

                                                               Bai Meifei (59)

Local Experience of Rural Revitalization through Tourism Development: Logic and Cases

                                                              Sun Jiuxia (78)

Approaches of Value Reconstruction of Rural Culture in the Perspective of Media-Oriented Life Style

                                                            Wang Shuang (97)

Practice, Reflection and Inspiration of Art Involvement in Community Revitalization in Japan: With Setouchi, Echigo-Tsumari and Koganecho Art Festivals as Examples

                                                         Wang Yongjian (112)

III Regional Reports

Research on Approaches of Protection, Activation and Utilization of Traditional Village in the Background of Rural Revitalization in Zhejiang Province

                     Lu Kerong (137)

Research Report on the Construction of Rural Culture in Yunnan Province

            Li Yan, Yu Liangnan and Hu Hongbin (162)

IV Case Study

Qingtian Paradigm: Paths of Renaissance of China Rural Civilization

                       Qu Yan (187)

Hongnong Experiment: Promoting Rural Revitalization via Local Culture Nurturing

                 He Huili and Liu Kun (207)

Qirui Plan: Facilitating Rural Revitalization Through Education Based on Family-School Cooperation

       Wang Ligang, Xu Ying, Gao Wenbin, Tao Ting and Fan Chunlei (226)

Xiuwu Practice: Rural Revitalization in the Perspective of Economy of Aesthetics

                       Qiu Ye (246)

V Appendix

Chronicle of Rural Culture Building in China (1978-2021)

              Zhang Kui, Liu Lijie and Liu Shuman (271)

文化蓝皮书
中国乡村文化发展报告

总报告

从"乡土中国"到"城乡融合中国"
塑造中国乡村文明新形态

总课题组*

摘　要　中国乡村经历了"数千年未有的百年巨变",从历史哲学的叙事尺度上可分为四个阶段,即"乡土中国""城乡二元中国""城乡两栖中国"和"城乡融合中国",展现出我国乡村文明范式的转型逻辑。针对我国乡村在极速发展中出现的问题,"文明起来"成为中国"站起来,富起来,强起来"之后的崭新目标,探寻"乡村性"、呼唤"家园意识"、重构"心灵秩序"成为当今乡村文化建设和建构未来乡村文明新形态的应有之义。总报告力求在学理深化和实践自觉中,探索塑造中国式乡村文明新形态的可能性,为人民美好生活提供文明典范,进而为创造中国式现代化新道路和人类文明新形态作出新的贡献。

关键词　百年巨变　乡村性　城乡关系　范式转型　乡村文明新形态

---

* 执笔人为王立胜、李河、白美妃、刘姝曼。王立胜,中国社会科学院哲学研究所党委书记、副所长,中国社会科学院中国文化研究中心主任、研究员,主要研究方向为毛泽东哲学思想、马克思主义政治经济学、农村问题研究等;李河,中国社会科学院中国文化研究中心执行主任、研究员,主要研究方向为西方哲学及国外文化政策;白美妃,中国社会科学院中国文化研究中心助理研究员,主要研究方向为县域城镇化、家庭研究;刘姝曼,中国社会科学院中国文化研究中心助理研究员,主要研究方向为乡村文化建设、艺术人类学。

这是我国第一部乡村文化建设蓝皮书。它的问世正值我国"两个一百年"的交汇之年；正值我国全面建成小康社会、农村贫困人口实现全面脱贫的胜利之年。在这个重大时间节点，回顾百年来中国共产党领导人民实现中华民族伟大复兴的奋斗历程，洞观当今世界"百年未有之大变局"的走向趋势，展望我国2035年"文化强国"目标和"第二个一百年"所承诺的文化建设使命，深入反省中国乡村文化发展的历史、现状和未来，构成了本研究报告的主旨。

本蓝皮书所说的"乡村文化建设"沿用我国通行的范畴，包括巩固乡村社会主义思想文化阵地；塑造与优秀传统衔接、与现代社会发展相适应的乡风文明和礼俗道德；推进与时俱进的公共文化服务体系建设，丰富农村群众精神文化生活；保护和善用乡村自然历史文化资源，推动创意引领和文旅融合的乡村文化产业；等等。它们是党中央多年倡导建设文明和谐社会主义新农村的重要维度，构成了本书各栏目文章的基本论题。

但是本报告强调，"两个一百年"的交汇点赋予我们一种历史哲学的大视野，从这个视野来看，我国乡村文化建设的意义远不限于乡村范围，也不限于这一个或那一个具体文化建设领域。习近平总书记指出："从中华民族伟大复兴战略全局看，民族要复兴，乡村必振兴。"[①] 而乡村振兴虽分为产业、人才、生态和组织等多方面振兴，但其总目标说到底是一种历史哲学意义的、大历史尺度的文化振兴，这个振兴一言以蔽之曰：创造中国特色社会主义的乡村文明新形态！

从历史来看，"塑造中国乡村文明新形态"的总目标继承着中国共产党百年来一向将农村问题视为"重中之重"的理论政策传统，也在更高层面升华了近百年前"乡村建设运动"诸先贤的理念，即"'本固'然后'邦

---

① 习近平：《坚持把解决好"三农"问题作为全党工作重中之重 举全党全社会之力推动乡村振兴》，《求是》2022年第7期。本文为习近平总书记2020年12月28日在中央农村工作会议上的讲话。

宁'。……复兴民族，首当建设农村，首当建设农村的人"①；从未来来看，"塑造中国乡村文明新形态"构成了习总书记在建党百年纪念大会提出的"创造中国式人类文明新形态"的题中应有之义。我们理解，"人类文明新形态"是习总书记在党的十九大报告概述中华民族的"三大转变"之后提出的又一"转变"要求，即中华民族在实现"站起来，富起来，强起来"转变的同时，更要以开创新的现代文明作为自己的使命，为当今世界创造和提供一个"不言而善应、不召而自来"的文明典范或典范文明。

"文明"是历史哲学意义的文化，它从生成结果上看可以分解为体现着一定生产生活方式的物质器物文明，体现着一定治理教化功能的典章制度文明，以及体现着特定意义世界内涵的精神和符号表达文明，等等，但从生成过程来看，"文明"至简至大的要义就是我国古代圣贤所倡导的"修文致明"，即通过昌明文教"使人文明起来"，实现"天下有文章而光明也"的最高境界。据此而论，"使乡村民众文明起来"应该是我国当下和未来乡村文化建设的最高任务，这样的任务应当作为重要范畴纳入我国2035年"文化强国"的伟大目标。

从历史哲学高度探讨未来乡村文化建设，要求本报告"跳出乡村文化谈论乡村文化"，把叙事对象放大到作为具体文化建设土壤和目标的乡村文明的范畴，把叙事时间尺度放大到百年。本报告认为，百年以降，也就是说，至迟从清末民初的时代起，我国乡村文明经历了数千年未有的百年巨变：传统乡村文明迅速解体，现代乡村文明在探索中孕育发展。这个巨变大致可分为四个阶段：第一阶段可概括为"乡土中国"（20世纪初至1949年），这是"百年巨变"的起点；第二阶段可概括为"城乡二元中国"（1949-1978年）；第三阶段可概括为"城乡两栖中国"（1978-2012年）；第四个阶段（2012年以来）日益呈现"城乡融合中国"的趋势。本报告认为，

---

① 晏阳初：《农村建设要义》，载晏阳初：《平民教育与乡村建设运动》，商务印书馆，2017年，第247页。

唯有从我国百年革命建设的关系史出发，从百年城乡关系格局的巨变出发，才能深刻认识我国现代乡村社会和乡村文明的"实然"状况，从而更准确地定位未来十五年到三十年我国乡村文化建设的"应然"目标。

一、数据呈现：中国乡村"数千年未有的百年巨变"

为什么说中国乡村经历了"数千年未有的百年巨变"？这个巨变大到何种程度？是"断裂性"巨变，还是保留着传统韧性的渐变？这些都是探讨中国乡村文明新形态时应先行予以考察的根本性问题。

（一）高速城镇化：从世界第一乡村大国到世界第一城镇大国

假如用"上下五千年"涵括我国文明史，它至少在98%到99%的时期是以"农耕文明"著称于世的。对农耕文明而言，乡村与其说是社会结构和制度文明的局部，毋宁说它是整个社会结构的深层基础。同时从人口占比和空间规模来看，乡村与城镇相比也占据着绝对的支配地位。据一些学者推算，自先秦到明清，我国城镇化率最低水平是4%，而最高是17%-20%。1949年新中国成立时我国城镇化率则刚刚达到10.6%，即使到1978年的改革开放元年，这个占比也不过是17.9%。[①] 换句话说，自晚清到1978年我国乡村占比大体维持在85%到90%上下，这个数值不仅与世界多数尚未进入工业化和现代化的国家大体相似，也与我国数千年农耕社会城镇乡村比例相去不远。

但是所有这一切到1978年彻底改变了。从那时起我国城镇化启动了加速快进键：从1978年到2020年底，我国城镇化率从不足18%跃升为63.89%，超出56%的世界平均水平，期间年平均增速达1.1%。2000年到

[①] 施坚雅：《十九世纪中国的地区城市化》，载施坚雅：《中华帝国晚期的城市》，叶光庭等译，中华书局，2000年，第256页。

2020年期间,年平均增速更是超过了1.3%。考虑到国际上城镇化率处于30%–70%区间通常意味着进入高速城镇化时期,考虑到我国近年来不断加大乡村人口城镇化的政策力度,再考虑到今后一个时期我国将进入经济内循环和扩大内需为主的阶段,不少专家预测,即使未来十几年我国年城镇化率从1.3%降到0.73%①,到2035年城镇化率依然会达到75%上下,在"第二个一百年"到来之际则可能达到目前发达国家的平均水平即85%上下,有学者甚至断言会达到90%。学界对以上数据在细节上或存有不同看法,却大多认可这样的事实:我们用几十年就从世界最大的乡村大国一跃而变身为世界上城镇人口最多的国家,这样的巨变速度在中华民族数千年历史前所未有,在世界几百年现代史也罕见其匹。

(二)乡村是否正变为城镇社区的"异域同构空间"

如何看待这个巨变?如何评价这种城镇化进程以及城镇化速率?从发展经济学的视角来看,城市化是发展中国家实现(传统–现代)二元经济结构向一元的现代经济转型和缩小城乡差别的必由之路。但是,不容否认的是,我国过去几十年中的高速城镇化进程直接导致了大量乡村的空心化和老龄化。有数据表明,迄至1990年我国尚有377万个自然村,但在高速城镇化和村落重组化的压力下,到2019年这个数字降到251万,平均每天消失120个左右②。这对我国乡村的命运以及与之相关的未来乡村文化建设提出了一些前所未见的挑战和根本性问题。

面对这个问题,习总书记2013年在湖北考察时指出:"即使将来城镇化达到70%以上,还有四五亿人在农村",而这一数据事实上远大于世

---

① 2021年我国城镇化率为64.72%,比上一年增加0.83%。
② 数据来自国家住房和城乡建设部发布的《2020年城乡建设统计年鉴》,下载地址:https://www.mohurd.gov.cn/gongkai/fdzdgknr/sjfb/tjxx/index.html。我国幅员辽阔,各地自然与人文环境差异悬殊,自然村的规模与结构也有非常大的差异,本报告仅以数据简明呈现我国高速城镇化对乡村的巨大影响。

界人口排名第三的美国的全国人口数量。此外还需要看到，2020年底我国户籍人口城镇化率为45.4%，换言之，超过一半的人口依然持有农村户籍。然而，尽管未来乡村依然是个物理空间广大和人口众多的世界，但更深层面的问题是：那个乡村究竟在多大程度还是1978年以前的、1949年以前的，乃至清末民初以前的乡村世界？本报告将在后续内容中分别从乡村空间形态、乡村人口主体结构、乡村地方特质等多个层面展开追问。

上述几个层面的问题归结起来就是在问：未来乡村是否会嬗变为城镇社区的"异域同构空间"？当"村民"变身为"生活在乡间的人口"，乡村对大多数人而言是否还具有传统的"家园"或"家乡"含义？乡村多元人口群体之间的社会关系是否迥异于传统村落的亲属熟人关系？如果这些问题的答案都是"是"，我们应该怎样理解和期待未来乡村的"乡村性"呢？

（三）"断裂"还是"渐变"：传统乡村与现代乡村的不同变化逻辑

以上数据和追问表明，以数千年历史的尺度来看，我国乡村的百年巨变具有明显的"断裂"特征。但近来有学者提醒说，人们在理解从乡村到城镇、从传统到现代的转变时不能依据"黑白二元主义"的理解模式，而应代之以"太极阴阳图"所特有的"黑白渐变模式"。从后一模式看来，高速城镇化带来的现代与传统的"断裂"只是表面现象，即使对于那些已经进城的人群而言，"现代性和传统在记忆实践中是永远交汇在一起的"。这个观点看似圆融活用了我国古代的思想方法，但其方法论有两点值得注意：

其一，"黑白渐变模式"是从微观叙事的时间尺度来观察"变化"的，但微距观察不足以见识宏观巨变。过度执着于这种叙事就可能抹杀"变化"与"变化"之间的差异。以中国乡村来说，它固然在数千年里一直在变，但那些变化与其过去百年的变化幅度不可同日而语。一些学者将我国与发达国家进行对比指出，我国的现代化进程呈现出明显的"压缩性"特征。

本报告认为，我国乡村在过去百年尤其是近几十年的变化速率尤其证明了这一点。这个"压缩性"是"黑白渐变模式"难以呈现和解释的。

其二，"黑白渐变模式"擅长从记忆、人的日常行为去揭示乡村传统的连续性，但却盲视一个事实：这个传统在百年前曾是一种系统性存在，现在则沦为碎片化存在。百年前乡村传统的系统化存在体现着农耕社会特定的生产生活方式，与今天全然不同；百年前乡村传统的系统化表现为符号意义明确的象征系统，而这套系统在今天人们的记忆、日常行为以及认知中已高度"脱域化""空壳化"了，丧失了鲜活的象征意义。这也是"黑白渐变模式"难以呈现和解释的。

总体而言，"黑白渐变模式"过高估计了我国乡村传统在百年巨变中表现出的韧性，遮蔽了我国传统乡村与现代乡村在发展逻辑上出现的巨大断裂。先看传统乡村的演化逻辑：在农耕社会的数千年，我国数以百万计的村落虽在不同地域呈现出不同特色，但其生产生活形式和精神世界总体上都像生物有机体演化那样缓慢变化着，其缓慢程度通常是"三代人的记忆"难以觉察的，为此可以将这个渐变逻辑称为"有机体自然演化的逻辑"①，它不仅适用于我国古代的乡村，也适用于那时的城镇。再看现代乡村的发展逻辑：在过去百年尤其是近几十年，越来越多的乡村已很难按照生物有机体演化的逻辑来发展，它们日益受到"功能性－模块化－嵌入式的空间生产逻辑"的支配，这种结构置换逻辑原本属于GDP崇拜的功能主义城市，它不大考虑一个地区历史文脉的连续性，因而在本质上是"反时间"的。如今，这种"反时间的结构置换逻辑"正在覆盖越来越广大的乡村区域。拜此逻辑所赐，今日乡村所面临的挑战已远远不只是乡村人群的"扎根－拔根"问题，而且是数以百万计的传统村落的"扎根－拔根"问题。

---

① 邱泽奇：《乡村振兴与城乡关系再探索：人口生计何以可转换？》，《社会发展研究》2020年第4期，第6页。文章指出，"自然演化的城乡关系在1949年前后被打破"，这里所谓"自然演化的城乡关系"就是本书关注的"传统乡村的演化逻辑"。

需要说明，我国乡村的巨变并不是从1978年以后才开始的。尽管1978年后的高速城镇化带来了传统乡村文明在外显层面上的变化，如自然村落数目的锐减、人口结构的改变以及人们生计方式的变化等等，然而乡村内隐层面的意义世界其实早在1978年以前，甚至早在1949年以前的半个世纪，就已在频繁的政治动荡和政治革命冲击下进入了全面的"内涵性解体"。这个意义世界才是传统乡村文明的"魂魄"所在。为深刻理解这一点，我们需要将目光回溯到上世纪初，去探索传统乡村文明的内涵和基本特质。

二、"乡土中国"：对传统乡村文明的范式解读

从文明变迁角度探讨我国乡村的百年巨变，有必要把作为具有系统范式含义的"传统乡村文明"设定为理论起点。本报告把"文明"理解为历史哲学意义的"文化"，它可以简括为特定人群具有的、可复制传承的教化系统。① 教化是文明对未来人群内生的精神取向和自律的行为方式的再生产，它通过对后世人群的心灵复制塑形他们的共同教养和行为规范。基于上述概念，我们把中国传统乡村文明界定为与数千年农耕社会生产生活方式相适应的、通过教化得到代际传承的意义世界及其外化表现。

（一）"乡土中国"文明范式的基本特征

我国传统乡村文明源远流长，内涵丰富，在不同地区和不同时代形态各异，但这并不妨碍上述研究者从各自视角对这个文明的硬核层面原理进

---

① 该系统的硬核是群体共有的、在长期历史中积淀的、旨在维系"良序社会"和"善好生活"目标的情感信仰诉求，这种诉求包括人与家庭、人与祖先后代、人与社会国家、人与天地神等多方面，它们构成了特定群体的内隐层面的意义世界。意义世界在可识别的和外显的层面体现为制度性的伦理规约、周期性的祭祀仪轨和场合性的礼仪风俗，以及具有象征意义的建筑设施和空间格局等。这种融合了人与时间和空间的关系、融合了可见与不可见系统的历史构成物具有稳定持久的教化复制功能。

行概括。本报告认为费孝通先生在上世纪 40 年代提出的"乡土中国"概念对于解读我国传统乡村文明具有描述性的范式价值。本报告结合其他研究者的成果,将这个范式简单归结为五个方面:

1. "以农为本"的生存方式与"安土重迁"的地方性意识

中国是个"以农为本"、具有强烈一家一户自然经济色彩的社会。土地和耕作在传统乡村一直占据着极为重要的地位。虽然集市交易、外出经商在乡村也是长久存在的"分业",但"以地为本""以农为本"和"以商为末"的本末观长久支配着人们的思想。

"以农为本"的生计方式塑造了乡村人口对土地依附依恋的情感——占有土地会给农民带来"安全感",保守住"从父亲那里继承来的土地"是孝义所在。[1] 对土地的深厚依附依恋情感塑造了乡民强烈的"安土重迁"意识,大规模"流民"在中国历史是反常状态。[2] 地方性意识是乡村人群"地方性记忆"的形成基础,构成了我国传统乡村的典型特征。

2. 由"血缘亲属共同体 + 街坊邻人共同体"构成的熟人社会

特定地缘环境中世代而居的人首先是以系于特定血缘的"家庭 - 家族"为基本共同体单位的,[3] "地缘"与"血缘"的关系犹如土地和大树根系。乡村"血缘亲属共同体"的"根系"隐喻具有鲜明的父权制内涵,这种父系权力在家庭生产、财产关系、院落居室安排、祭祀仪式、家谱族谱以及墓地格局等方面都有明显的表现。[4]

在共同土地上生存的不仅有血缘亲属共同体,还有由左邻右舍、附近村庄的熟人构成的非血缘的"街坊邻人共同体",它在乡村的基本单位是自然村落。而围绕着集市或集镇形成的十数个村落则构成了"熟人社会"

---

[1] 费孝通:《江村经济》,商务印书馆,2006 年,第 160-161 页。
[2] 赵冈:《中国城市发展史论集》,新星出版社,2006 年,第 19-21 页。
[3] 费孝通:《乡土中国 生育制度》,北京大学出版社,1998 年,第 69-75 页。
[4] 许烺光:《祖荫下:中国乡村的亲属,人格与社会流动》,王芃、徐隆德译,南天书局,2001 年,第 49 页。

的基本范围,许多婚姻是在这个熟人圈子里发生的,这一"街坊邻人共同体"也可以被视为潜在的"血缘亲属共同体"。

"父系祖先"或"地方籍贯"表达了时间意义的"根系式传承格局",而宗族或家族的血缘亲属与村落邻里熟人的远近关系形成了空间意义的"差序格局",它们是传统乡村文明形成的伦理根源,构成了"熟人社会"的基本生态。

3."乡贤"承担的地方教化体系与地方行政体系

文明通过教化实现对未来人口的精神再生产。在传统乡村中,承担教化责任的主体是士绅阶层。从阶层构成来看,士绅主要包括致仕还乡的官员、取得初级功名未能做官的书生、乡间书院私塾的先生以及寺庙中有文化的和尚等,他们在地方事务和家族事务中通常具有一定威望和决策权。[①] 士绅阶层在传统乡村具有两大功能,一个是政治治理功能,一个是教化功能。士绅阶层所实施的"教化权力"主要体现在对"规范知识"的传播,这套"规范知识"是关于"正确的行为如何构成"的知识,包括祖先信念、宗教信仰、家庭社会伦理、禁忌礼俗、年节仪式规则等多方面内容,从而教导一代代乡民熟悉乃至完全同意"一个完全由传统所规定下的社会生活"。

一般而言,在地方政治治理层面,"皇权"与"绅权"是互为补充的两大系统,皇权为主,绅权为辅,"皇权"代表国家权力,"自上而下"运行,至县(官)为止;"绅权"以士绅阶层为主体,"自下而上"运行,支配着乡镇、村落和宗族等县以下社会。但是先秦以来历代王朝并未放弃将行政体系推广到乡村基层,"保甲"制度就是其代表。保甲行政系统与乡村教化系统并不是二合一的。保甲负责人并非正式官员,他们来源于乡村中的普通人而非绅士乡贤阶层,体现了统治者希望以行政系统制约教化

---

① 张仲礼:《中国绅士——关于其在19世纪中国社会中作用的研究》,李荣昌译,上海社会科学院出版社,1991年,第1-68页。

系统的制度设计。但现实中却是教化系统一方面服务于行政系统，另一方面又总存在着独立于行政系统的倾向。① 这意味着农耕社会的中国便存在着如何处理好行政与教化两套系统关系的问题。

4. 国家大传统与地方小传统信仰交汇融合的乡村意义世界

我国传统乡村在权力层面存在着"皇权与绅权"的互动，在意义世界层面则存在着国家大传统与地方小传统的交融、国家化叙事与地方性叙事的交融，"长老"或"绅士"组成的乡贤阶层则是实现这种交融的基本主体。绅士阶层通过科举、书院、社学乡学和义学、朝廷谕令和乡约讲授等方式将国家主流意识灌输到乡村民间。但除了国家大传统叙事，各地乡村还有其独具特色的地方性教化传承方式。这些小传统不仅活跃在地方层级的书院，更有各地"手艺人、僧道、抄胥、讼师、风水先生"一道参与着各地特有的迷信、礼俗和记忆史的塑造。

从群体记忆角度看，在作为我们这个"史国"的三大支柱即国朝正史、方志和谱牒中，国朝正史是国家化叙事，方志、谱牒等则是明显的地方性叙事，它们是地方性的记忆刻度体系，该体系中的每个节点都具有重要的伦理教化意义。总之，儒家伦理代表的大传统与地方性信仰和记忆代表的小传统构成了中国传统乡村文明在内隐层面上的意义世界。

5. 乡村意义世界的外化：规约礼俗、计时系统与设施空间

乡村内隐的意义世界具有多层面的外化表达。它在教化意义上首先体现为规约礼俗，这些规约礼俗确定了人们"信与不信""应当与不应当"的基本准则，构成了代际传承的内心信仰、伦理秩序和行为规范。规约礼俗或是以文本形式得到传承，世居大户的家谱族谱或家训族规，不少村落的村规民约都属此类；或是以言传身教的方式得到传承，新一代人在交往环境中耳濡目染、浸染成习。

---

① 萧公权：《中国乡村：19世纪的帝国控制》，张皓、张升译，九州出版社，2017年，第37-53页。

除了规约礼俗，与乡村特定"计时系统"相关的节日仪轨对群体信仰和伦理规范的代际传承具有极为重要的作用。例如，传统历书通常规定着农时节气以及具有教化意义的宗教祭祀和娱乐节日等固定活动的重要时间节点，也框定了人们的婚丧嫁娶、动土乔迁、开工经商等随机发生的非固定活动的时间节点，还约定了对某些家庭、家族或地区来说具有特殊意义的记忆时刻。

所有这些由传统计时系统所规制的活动都需要相应的场地空间，因此，较为成熟的乡村都会有与特定"计时系统"相耦合的"象征空间系统"，院落布局、村落风水、寺庙戏台或空场等设施空间、道路坊巷格局以及命名系统等大都具有特定的符号规制含义。时间性的活动系统与空间性的象征符号系统具有内在转换联系。

所有这些仪式活动和象征性空间体系都通过"重复"和"暗示"实现着对一代代人群的心灵复制，在他们的记忆深处和情感深处留下模糊但却深刻的印记。传统乡村文明正是以这种方式实现着对传统村民信仰情感、生产生活方式的再生产。

（二）"乡土中国"文明范式的教化功能和"伦理本位"色彩

以上五点对"乡土中国"文明范式的概括远不全面，但大体可勾勒出这个文明的基本轮廓。这里有必要强调几点。

其一，"乡土中国"范式具有"准宗教"特性的精神内涵。以上列举"乡土中国"的种种观念，无论乡土观念、祖先意识、基于血缘的宗法伦理，还是作为大传统的儒家思想，其功能不仅在于规约人在日常生活中面临的"应当／不应当"的行为选择，更重要的是建立起了人们对一个群体、一块土地和一个根系的归属认同信仰，这个信仰在大多数普通村民心目中具有"了烦恼""了生死"的深层精神功能，使他们能够坦然面对生前死后之事，而这才是"传统意义上的传统"的深层要义所在，是"教化之所以为教化"的根本价值。

其二，具有强大教化功能的"乡土中国"范式体现着浓厚的"伦理本位"特色，更准确地说是"以家为天然基本关系"的"家庭本位"。传统中国的生产组织秩序、邻里关系、官民等级、君臣伦理等都是"家伦理"的推广，梁漱溟概括为"举国家政治而亦家庭情谊化之"①，并认为这可以解释传统国人为什么不太注重个体、不太注重团体、不太注重公共政治和社会团结、不太注重法治、不太注重国家，乃至不太注重超越性的宗教等等。

其三，"乡土中国"范式不仅适用于乡村，也适合于农耕时代的中国城市，换句话说，那个时代的城市都体现着浓厚的"乡村性"。当代有学者认为，农耕时代的中国是个"城市支配型社会"，即城市尤其是官府城市对乡村进行政治统治、经济盘剥的社会，这个判断一般来说没什么问题。但从深层文化的意义来看，传统中国的乡村对于城市或许更具有基础性和支配性的地位。梁漱溟先生曾指出："原来中国社会是以乡村为基础，并以乡村为主体的。所有文化多半是从乡村而来，又为乡村而设——法制、礼俗、工商业等莫不如是。"②在这个意义上，这个农耕社会就是"乡村支配型社会"。而传统乡村文明将在后续百年间经历怎样的命运，本报告将按照前述旧文明解体和新文明建构的四个阶段展开论述。

三、改良与革命：传统乡村文明初现解体阶段（清末民初到1949年）

本阶段指清末民初到1949年以前的"乡土中国"时期。将百年前乡村文明的研究文献与今天的对比阅读会有一个强烈的印象：百年前的主流声音是对传统乡村文明的批判，现代的主流声音则是"对批判的批判"。现代人怀念传统乡村的家庭构成、血缘亲属关系以及在此基础上形成的信

---

① 梁漱溟：《乡村建设理论》，上海人民出版社，2006年，第26页。
② 梁漱溟：《乡村建设理论》，上海人民出版社，2006年，第10页。

仰信用礼俗等等，认为这些元素是中国何以为中国、中国人何以为中国人的特性所在，应当珍惜。但今人怀念的东西大多是百年前几代仁人志士痛心疾首予以批判的。由此凸显出一种"历史视域冲突"：当代致力于传统乡村文明复兴的人对于那个文明而言已经沦为"局外人"，他们所珍视的文明已经不是他们生活于其中的世界。当旧日世界变成遗产，它自身原本具有的愚昧丑恶也化为无形，甚至关于愚昧丑恶的记忆也淡化消亡。那消逝的文明或文化元素反过来倒会日益呈现出一种作为文物的稀缺性价值、作为民族情感记忆的文化心理价值以及超越切身利害的审美价值。一旦受缚于这种"局外人"意识，人们就无从想象百年前作为"局内人"的几代精英何以会对传统乡村文明发起一波又一波的批判改造，难以理解传统乡村文明遭遇"数千年未有的百年巨变"的经济政治和文化理由。为此，本报告认为有必要重新开启一场与上世纪初乡村改造诸先贤的时空穿越对话。

（一）"少年中国"替代"老年中国"：文明再造的共同理想

作为乡村建设运动的两大代表，晏阳初与梁漱溟先后在20世纪30年代指出：中国的"生死问题"是"民族衰老"或"文化失调"；中国的病症是"几千年积累而成"；中国需要"民族再造"或"重建中国新社会构造"；乡村建设对中国文明病症的治疗具有重要意义。

"民族衰老"的说法并非晏梁二人首创。早在20世纪前20年，从清末维新改良派到新文化运动的各派精英（以梁启超、陈独秀、李大钊等人为代表）均提出了以"少年中国"替代"老年中国"这一药方，并呼吁"作新民"，把传统社会的"臣民"改造为现代社会的"公民"。

正是在"少年中国""青年中国"和"作新民"理想鼓舞下，平民教育运动应运而生，其重要代表是陶行知、晏阳初、黄炎培等人。总结起来，平民教育从内涵到历史影响有以下几个特点：其一，要改造旧文明建设新文明，必须从"坐而言"变为"起而行"。其二，"作新民"必须兴办"新教育"。其三，平民教育的"平民"既指城市平民，也指乡村民众。

（二）旨在"创造性改造"传统乡村文明的"乡村建设运动"

平民教育向乡村的推广直接促成了20年代下半叶各路改良派知识精英兴起的"乡村建设运动"，例如晏阳初在河北定县创办的平民教育乡村基地，陶行知在南京创办的晓庄学校，梁漱溟在山东邹平创办的山东乡村建设研究院等。到1935年第三次全国乡村工作交流会时，乡村建设运动在全国十余个省已有600多个组织或机构，开辟了1000余个试验区。这是当时世界上规模最大的乡村改造实验。

总体来看，乡村建设运动的方案是多元的，西式的或传统的，平民的或官僚的，但都主张以渐进方式全方位地改造中国数千年的传统乡村文明。批判和改造传统乡村文明，但拒绝彻底打碎传统乡村文明，韦政通先生将之阐释为"创造性转化"，并总结其中包含三个要点：（1）改造或重组文化思想的传统；（2）改造后的传统，必须成为有利于变革的资源；（3）变革后仍能与传统保持精神上的联系。①

（三）旨在推翻传统封建制度的"农民运动"

"平民教育"思想在新文化运动甫一推出，中共早期创党群体便积极创办平民学校。先是多种形式的工人夜校、劳动补习学校，在1923年"二七大罢工"被镇压后，这类学校向乡村发展，出现了多种形式的农民夜校。自1924年起中国南方以广东、湖南为中心迅速兴起农民运动，到1927年3月席卷十余省，单是湖南投身该运动的就达一千万众。

这场运动与乡村建设运动的区别在于，它反对"改良"或"转化"，即对传统乡村文明进行小修小补；它是"革命"，旨在彻底打碎封建意义的传统乡村文明。本报告前面所描述的"乡土中国"范式的核心内容，即由血缘性的宗法伦理制度、周期性的宗教祭祀仪轨、等级性的规约礼俗系

---

① 韦政通：《"创造转化"与"自我实现"——论晏阳初的思想与人格》，载晏阳初：《平民教育与乡村建设运动》，商务印书馆，2017年，第528页。

统、融合大传统与地方传统于一体的地方教化体系等所共同构成所谓传统乡村的意义世界,以及作为地方教化系统的主要承担者的乡村士绅都是革命对象。①延续数千年之久的传统乡村文明政治社会秩序在短时间内被颠覆,这显示了中共早期领袖群体在乡村唤起的巨大组织力量。

(四)从苏维埃到解放区:把新民主主义的基础建立在乡村

1927年以后的第二次国内革命战争时期、抗日战争时期和解放战争时期,中国共产党在其控制的乡村根据地、解放区内,探索形成了一整套从土地改革、阶级划分、政治社会秩序重建再到思想观念改造的系统经验,影响范围日益扩大。1930年农村苏维埃建设高潮时期曾覆盖300个县,②而到1945年抗战胜利,中共领导的19块解放区已经拥有100万平方公里和1亿人口。在这些地区,作为革命对象的传统封建乡村文明基本解体,而新的乡村文明也在探索中孕育。

所谓"新的乡村文明"在延安时期被视为"新民主主义革命"的重要组成部分③。总体来看,上世纪20年代早期中国共产党人领导的农民运动是以后解放区、解放以后乡村社会改造的一次彩排,是中国共产党乡村建设理论的孵化器,它是延续数千年传统乡村文明解体颠覆的最强大力量。

---

① 《广州农民运动讲习所资料选编》,人民出版社,1987年,第192-202页。
② 费正清:《剑桥中华民国史(第一部)》,章建刚等译,上海人民出版社,1991年,第211页。
③ 1940年初,毛泽东在《新民主主义的政治与新民主主义的文化》一文明确指出:"我们中国共产党人,多年以来,不但为中国的政治革命和经济革命而奋斗,而且为中国的文化革命而奋斗。……要把一个被旧文化统治因而愚昧落后的中国,变为一个被新文化统治因而文明先进的中国。一句话,我们要建立一个新中国,建立中华民族的新文化,这就是我们在文化领域中的目的。"

四、"城乡二元"与历次社会主义改造运动：传统乡村文明从显性形态变为隐性形态（1949 至 1978 年）

第二阶段的时间跨度是 1949 至 1978 年，即"城乡二元中国"。1949 年新中国成立，"彻底结束了旧中国半殖民地半封建社会的历史，彻底结束了极少数剥削者统治广大劳动人民的历史，彻底结束了旧中国一盘散沙的局面，彻底废除了列强强加给中国的不平等条约和帝国主义在中国的一切特权，实现了中国从几千年封建专制政治向人民民主的伟大飞跃"。① 这个数千年的文明古国站到了新的历史起点；这个 1840 年之后备受屈辱的民族"从此站立起来"，中国乡村由此迎来了全新的历史阶段。对于绵续数千年之久的传统乡村文明来说，这个新阶段意味着它的意义世界的整体崩解，它的信仰体系、价值体系和规范体系由显性形态变为隐性形态，由一种系统性存在变为碎片化存在。

（一）政治运动驱动其他运动：新中国为乡村奠定政治前提和制度基础

新中国相比于传统中国无异于"新天新地"，它给中国政治经济社会和人们的思想观念带来前所未有的巨变，这种巨变在乡村表现得更为明显。"奠定政治前提和制度基础"准确概括了这一历史时期中国乡村变革的基调：土地革命时期中国共产党在局部地区推广的政治经济文化等领域的革命现在扩展到了大陆乡村全域；中国共产党在长期革命斗争尤其是在军事斗争中形成的政治组织优势突破了历代政权的"县政－乡政"边界而渗透到乡村的最基层，从而实现了"使传统的'悬浮式国家'向'渗透式国家'的转变"；② 以阶级识别为基础的政治身份全面替代了在血缘宗法基础上

---

① 《中共中央关于党的百年奋斗重大成就和历史经验的决议》，人民出版社，2021 年，第 8 页。
② 徐勇、周青年：《"组为基础，三级联动"：村民自治运行的长效机制——广东省云浮市探索的背景与价值》，《河北学刊》2011 年第 5 期。

形成的宗族亲属身份；以前一家一户的个体经济被纳入到集体经济的框架，全体农民被纳入党政组织体系之中；无神论思想彻底颠覆了千百年来农民对祖先、对土地城隍、对神仙菩萨的信仰迷信。

所有这些巨变的首要动力源都来自政治革命，而以政治革命推动经济社会文化等领域的革命，奠定现代乡村的政治制度基础，正是中国共产党在长期革命斗争中形成的社会改造模式。相比于前面梁漱溟称传统乡村社会结构是"伦理本位"的，这个社会改造模式不妨说是"政治本位"的。这种以政治革命推动经济社会变化的"政治本位"模式在建国 70 余年后的今天依然持续着，足以形成霍布斯鲍姆所说的"被发明的传统"（invented tradition）[1]。

（二）建国后城乡二元体制建立和乡村 30 年历次改造运动

除了以政治革命推动其他革命，这个时期乡村变革的另一基调为了尽快使中国"从站起来到强起来"，要以"赶超型"方式尽快发展工业化现代化，以应对来自外部世界尤其是强大资本主义阵营的压力。而在当时的中国，工业化的资本主要靠内部积累，内部积累的重要来源只能是农业。因此，已经为新中国建立作出巨大牺牲的乡村又担负起为国家超常规发展压低成本、分摊成本的任务。[2] 这种"举国体制"导致了 50 年代中后期国家出台城乡户籍二分的政策，形成了所谓"城乡二元体制"。[3]

在此时的城乡关系中，乡村不仅需要服务于重工业化和城市化，而且是革命改造的对象，由此才能够想象为什么在近 30 年里，乡村全域会出现一波又一波自上而下的政治的、经济的、社会的和思想观念的运动，包括土地改革运动、农业合作化运动、粮食统购统销、大跃进、人民公社化

---

[1] 埃里克·霍布斯鲍姆：《传统的发明》，顾杭等译，译林出版社，2020 年。
[2] 王立胜：《中国工业化成本的解决之道》，《文化纵横》2019 年第 1 期。
[3] 张海鹏：《中国城乡关系演变 70 年：从分割到融合》，《中国农村经济》2019 年第 3 期。

运动、反单干风、四清运动、农业学大寨、文化大革命、破四旧、知识青年上山下乡、评法批儒运动……学界对于1978年前的中国农村各项经济社会政策和历次政治运动的评价迥然不同,但在"局内人/局外人"的叙事身份差异中取得"反思的平衡"更为重要。

(三)"乡土中国"的意义世界从显性形态转变为隐性形态

经历了近30年急风暴雨式的多次改造运动后,前述"乡土中国"范式从根本上解体,失去了其内在的系统性存在:

其一,从对土地的关系来看,在50年代快速合作化和人民公社运动之后,绝大多数农民变成了集体经济成员,土地变成了一种非个体和家庭直接拥有的生产资料,千百年来农民对土地的情感依存方式发生了根本改变,它不再是"土壤与根系"那样的"有机情感"。

其二,从家庭和社会结构来看,数千年来的父权、族权、夫权等封建家庭权力体系在一次次清算批判中解体,基于党政组织的社会成员关系覆盖乡村社会基层,这是数千年来前所未有的政治和社会结构变化。虽然有学者在调查中发现,许多地区乡村基层党政组织依然受到传统家族或熟人社会关系的渗透,① 然而,这一切现象已经不再具有合法性。

其三,从乡村文化体制构成来看,传统乡村的封建教化体制被自上而下建立起来的现代公共教育和文化系统所取代,过去以长老、绅士、僧道为代表的乡贤阶层完全退出历史舞台。国家和地区政府成为统一规划管理促进村民文化生活和文明素养的首要责任者。

其四,从乡村民众世代依存的意义世界来看,随着无神论教育和反迷信运动的推广,传统的祖先崇拜、天地崇拜和诸神崇拜在几十年中几近绝迹,与人们日常生活相关的计时系统、节庆时刻几乎完全去除宗教和神话含义,传统戏剧和民歌被大量改造,所有这些时刻、仪式等曾经具有的象

---

① 朱晓阳:《从乡绅到中农》,《中国农业大学学报(社会科学版)》2018年第1期。

征意义经过长年的革命化和世俗化改造在群体记忆中淡化消失。与之相关的日常交往礼俗关系也发生了深刻变化。

其五,从文化的物质空间载体来看,传统社会中用以负载乡村民众意义世界的各种设施和符号元素,如祠堂、寺庙、戏台、牌坊、石碑、家族墓地、村落院落的风水格局、院落的等级规制、窗雕壁画等或被挪作他用,或被毁弃。

其六,从记忆和叙事话语系统来看,由于家谱族谱在"文革"中大量灭失,又由于广播喇叭通达全国大部分乡村,一家一姓、一村一地的地方性-系谱性小叙事基本被国家的政治性大叙事所取代。乡村民众的"荣誉感"赋予机制已经从传统的家族体制、教化体制转移到政治社会组织。

以上描述表明,建国后30年我国延续数千年的旧乡村文明进入到"显性传统蜕变为隐性传统、传统的系统性存在裂解为碎片性存在"的阶段。建国以来全新的政治社会秩序已经使封建传统失去存身基础和合法性,它赖以存在和表现的符号系统、行为规范系统、记忆和叙事话语系统由此进入一个"脱域化""空壳化"过程——传统的符号因象征意义的灭失而变为空壳化记号;传统礼俗因失去其生活秩序支撑而变为空壳化习俗,传统的旧意识形态整体上蜕变为群体无意识。

(四)传统乡村的生计方式和外部空间形态的变化相对较小

建国后的前30年,尽管乡村传统的意义世界在历次运动冲击下土崩瓦解,但村民的生计方式和乡村的外部形态相对而言变化不大,大多乡村的生态环境、村落景观、民居形态、人口结构、土地利用和耕作方式等亦是如此。换言之,乡村的思想结构、社会结构变化大于其生计方式和空间结构的变化。其主要原因在于,新中国的工业化在经历了第一个五年计划的快速崛起后陷入一定衰退,刚刚启动的城镇化速度随之大幅回落,乡村在很大程度上承担了这一衰退的经济和社会成本。不仅如此,伴随上世纪50年代城乡二元体制的建立,城市中快速发展的现代教育以及流行的文化生活方式未对广大乡村产生太大影响。乡村从环境到人们的精神风貌依然显得十分"乡土"。

五、空间折叠—人口多元—城乡两栖：高速城镇化的"涡旋效应"（1978 至 2012 年）

1978 年到 2012 年是我国乡村文明百年变迁的第三阶段，即"城乡两栖中国"。它给我国传统乡村文明带来了亦喜亦忧的命运：改革开放之初国家实施了一系列"拨乱反正"的方针，为传统乡村文明的局地局域复兴创造了难得的政策机遇。但在同时，迅猛提速的城镇化进程极大改变了乡村世界整体的空间形态和人口结构，形成了全局全域性的"建设性破坏"。这种破坏不仅瓦解了传统乡村文明系统性恢复的条件，而且为未来乡村文明新形态的塑造设定了全然不同的历史条件。

（一）传统乡村文明在 1978 年后两种命运：局域复兴与系统性破坏

1978 年启动的改革开放在新中国历史中具有重大的历史意义。从经济社会角度来看，联产承包责任制的广泛推行以及上世纪 80 年代初人民公社退出历史舞台，使乡村民众一度恢复了一家一户对"泥土"的"有机感情"，农业生产热情空前提高，普遍改善了农村贫困的状况。从社会关系和精神文化角度看，几十年急风暴雨式政治运动的终结，国家推出的一系列"拨乱反正"措施，使得广大农民淡化了以阶级识别为基础的政治身份意识，重新复甦了其在家庭、亲族和宗族中的身份意识和伦理意识，追远敬祖的根系意识和香火意识，由此不少地区恢复了民俗节日和择时设祭的习俗。

这表明，以"乡土中国"为范式硬核的传统乡村文明在经历了长期的"去魅"进程后，又显示出"复魅"的倾向。不少学者由此惊叹这一传统的巨大恢复力和修复力，认为这是乡村社会重归"伦理本位"、重建教化传统、乡民重塑自律性道德意识的难得契机。在此背景下，一些乡土实践派学者找到一些传统乡村文明的外部形态或历史记忆保持较好的村落或地区，探索发掘、活化或重建传统乡村文明的思路，努力使在多年现代性大潮冲击下日渐"空壳化"的符号重新实现"象征意义的充实"。

然而，传统乡村文明的复魅究竟是局地局域现象，还是全域性系统性的现象？这个追问迫使我们不得不面对另一个事实：1978年以后尤其是90年代以后，我国乡村全域启动了工业化城镇化的快进键，它不仅改变了乡村数千年来对土地的单一利用方式，还把千百年来世居在家乡泥土上的乡村人口吸纳进城市，将千百年来人们生长于斯的村落或者划并进城镇，或者改造得面目全非。建筑是凝固的记忆，人群是流动的记忆，当传统村落的空间载体和人口载体发生如此规模的不可逆巨变后，传统乡村文明即使在某些地区得到某种能指层面或行为层面的恢复，但从根本上说也失去了其最后的栖身场所。

（二）改革开放后我国城镇化的"三阶段"理论

改革开放四十余年来我国大体经历了三波城镇化浪潮的推动。第一阶段（1978年至20世纪90年代中期）是全国乡镇企业的勃兴期，"洗脚上田"的农民"离土不离乡"，"乡土中国"范式得以持存。第二阶段（20世纪90年代中后期至2012年），一方面，随着沿海开放与工业化，大量农民跨区域流动，形成了如候鸟般迁徙的农民工大潮；另一方面，土地财政快速推动了我国的城镇化进程。城镇化汇合工业化和沿海开放，彻底改变了农民对于土地、对于村庄的基本关系，推动了"乡土中国"的快速解体。第三阶段（2012年至今），党的十八大报告高度肯定"新型城镇化"的思路，提出重点解决"土地城镇化"过程产生和遗留的乡村流动人口问题，促进流动人口"城市化"、让中西部人口"就地""就近"城镇化。由此带来人地关系、村庄的演化方式等方面的重大变化，不仅昭示了与"乡土中国"

的告别，也与以前各阶段结构变革下的城乡特征发生本质不同。①

这三波浪潮的动力既来自快速形成和完善的社会主义市场经济的自身逻辑，也来自我国特有的"政策引导"模式。正是双重力量的作用下，我国城镇化才显示出异乎寻常的速度：城镇化率从1978年的17.9%跃升为2013年的45%，再到2020年的63.89%，我国从全球第一乡村大国变身为第一城镇大国。从国际比较的视野来看，英国的城镇化率从18世纪60年代工业革命之初的20%达到19世纪末的70%，走过了近一个半世纪的时间；而美国城市人口占比从19世纪30年代的7%到20世纪20年代的51%，花了将近一个世纪。与这几个先发现代化国家相比，我国明显呈现出"压缩型"现代化-城镇化的特点，这势必造成乡村世界的两个彼此相关的重要现象，即"空间折叠"和"人口多元"。

（三）"城镇化涡旋效应"图景下的"村庄类型学"

如何理解高速城镇化所带来的村庄分化问题？既有的研究或从"自然环境+人文环境"的差异将我国的村庄分为"东/中/西"三大区域；或根据血缘宗法组织的差异分为"以华南为代表的、宗族性的团结型村庄""以华北为代表的、多个小亲族构成的分裂型村庄""以中部长江流域为代表的、原子分散型村庄"。②这些分类方法都有一个共同假定：即某一特定区域内的乡村大多属于同一类型。但这一原则不适用于高速城镇化语境下的中国。为了理解当今中国城镇化对乡村的巨大辐射力与牵引力，有必要引入上世纪下半叶美国学者施坚雅在城乡关系研究中提出的"区域层级体系"构想。

施坚雅指出中国在数千年间形成了"多中心"的社会经济区域，即十

---

① 刘守英、王一鸽：《从乡土中国到城乡中国——中国转型的乡村变迁视角》，《管理世界》2018年第10期。

② 贺雪峰：《新乡土中国》，北京大学出版社，2013年，第46-47页。

余个自然环境、交通状况和经济类型各异的区域社会经济体系。① 这类区域的"中心地层的最高层"是个大城市或大都市，向下延伸到区域内各个小城市或市镇等"中心地"。这种"中心城市－一般城市－市镇－乡村"的经济社会层级体系呈现由强到弱分布的"中心－边缘"的"二分结构"。具体说来，施坚雅将整个中国农业区分为九个大区，分别是华北、西北、长江上、中、下游、东南沿海、岭南、云贵和东北。该理论确实与我国新世纪后热起的"城市群"研究思路旨趣相通。

施坚雅笔下的农耕时代区域体系是数千年以"生物有机体演化方式"缓慢发展形成的，因而也是一种相对稳定的静态结构。高速城镇化时代的区域层级体系或城市群体系所具有的动力学特征则与此不同。在高速城镇化时代，无论是区域中心城市还是区域中作为中小"中心地"的城市形如快速旋转的"涡旋"，其强大引力让区域内的市镇、乡村形成了一种"雁阵分布形态"，不仅迅速拉大城镇与乡村的差距，而且快速拉大乡村与乡村的差异或发展不平衡。因此，一般地谈论"村庄"是靠不住的；从"东／中／西"或"南／中／北"宏观高度谈论"乡村类型"也往往是迂阔无用的。进而言之，任何区域中村庄类型的首要区分原则是看目标村庄与区域城镇化进程的联系是否紧密。此外，这种区域内城乡关系也往往是变动的，十余年前尚远离城镇化进程的乡村或许很快就消融在城镇化大潮中。

（四）高速城镇化"涡旋"引发乡村世界的"圈层空间折叠"

为形象表现上述区域城乡层级体系的动力学结构，本报告引入"城镇化涡旋效应"假说。"涡旋"假说出自法国哲学家笛卡尔，后被引入现代空间科学，该假说认为一个强大涡旋（如黑洞）的引力可以造成其辐射范围内的空间出现程度不同的折叠扭曲，离涡旋中心越近，空间折叠越明显，

---

① 施坚雅：《中华帝国晚期的城市》，叶光庭等译，中华书局，2000年。

以此类推。这就是所谓的"空间折叠",它修正了"空间均匀分布"的传统看法。

"涡旋效应"以及"空间折叠"为当代区域城乡层级体系提供了生动的动力学解释模型。我们可以想象,对于多个以快速扩张的城市或城镇为涡旋中心的区域体系来说,在不考虑政府扶持、外来投资或互联网产业的个案条件下,任一乡村距离作为涡旋中心的城市越近,其"空间折叠"现象越明显;距离越远,其"空间折叠"相对不明显。这里所说的"空间折叠"既可以指村落内部传统空间形态的改变,如延续千百年的村落格局或建筑设施的更易。也可以指村落整体形态属性的改变,如"村改居"将村落社区变为城镇社区;"城中村"将村落变为临时性的"城乡结合体";"合(撤)村并居"将某些村落"拔根"并入到大型复合村落;而"荒村化"则意味着村落的自然死亡。

这个以城镇为引力中心、依据村落与城市的物理距离来解释其"空间折叠"程度的假说,与城乡规划领域占支配地位的"圈层理论"[①]高度吻合。借用"圈层理论",我们将高速城镇化带来的村落"空间折叠"进一步表述为"圈层空间折叠"现象。"圈层空间折叠"可以为我们呈现一个区域内部不同村庄的"发展运气"差异:即在不考虑当地政府特殊政策倾斜或偶然外来投资运作个案的前提下,一个村庄是靠近区域引力中心城市还是处于城市引力边缘,其发展运气判若云泥。由于越靠近引力中心城市,乡村的空间折叠现象越明显,可以想见,截至2019年我国分五批公布的6819个传统村落大都分布在相关区域层级体系的边缘地带。

(五)高速城镇化带来乡村世界"人口多元"新常态

自20世纪80年代后我国乡村人口结构发生了千百年未有的巨变,高

---

① 约翰·冯·杜能:《孤立国同农业和国民经济的关系》,吴衡康译,商务印书馆,1986年。德国农业经济学家冯·杜能在该书中提出了以城市为中心的"圈层乡村产业布局"理论。

速城镇化使我们这个持续数千年的"低流动性人口国家"一变而成为"高流动性人口国家"。如此规模的"乡城流动"给传统乡村文明带来了两方面的重大挑战：其一，从特性上说，费孝通、赵冈等学者一再强调"乡土中国"的一个重要特征就是人口的低流动性，它造成人们世代延续的安土重迁意识。然而今天，乡村人口成为流动性最高的群体；其二，从文明或传统的承载主体来看，原本全国大多数乡村是以世居人口为主体的，但现在随着人口高流动性时代的到来，乡村的人口结构必然发生不可逆转的深刻变化。"多元人口"日益成为越来越多乡村的"人口新常态"。

1."迁徙中国"和"城乡两栖"：第一代农民工特有的过渡生活形态

改革开放以后，随着国家放宽对人口流动的限制，乡村人口开始进入城镇。尤其是从20世纪90年代中后期至21世纪第一个10年，在土地城镇化与沿海工业化的叠加效应下，大量农民跨区流动，然而由于城乡二元体制的壁垒，进城务工的农民无法平等获得城市的福利待遇，"农民工"的概念开始出现并流行。对于第一代农民工而言，城市只是谋生之地，乡村则是随时可以退守的后方和家园，他们如候鸟般在城乡间迁徙往返。

近十多年来，一些县市级城市和乡镇为吸引人口加大政策开放力度，许多农民工家庭作出"在大城市挣钱，到家乡县市购房安家"的选择。农民工家庭"家分多地"[①]的现象越来越普遍。如何看待"城乡两栖""家分多地"的现象？一些学者将其视为中国现代乡村的"家庭新常态"。这是有待探讨的。尽管目前我国确有数亿农民工奔波于城乡之间，其家庭犹如一个"撑开在农村和城市的伞"，但从长远来看，这种"被动态的城乡两栖"[②]应该只是个过渡状态。毋宁说它属于"第一代农民工现象"。对大多数成长起来的"农二代"来说，乡下老家只是父辈的记忆和情感寄托，

---

① 一个是乡下老家，第二个是打工城市的暂住地之家，第三个是在中小市镇购房落户的家。
② 本报告将农民工因城乡二元结构而不得不奔波于城市与乡村之间的状态称之为"被动态的城乡两栖"，将越来越多的城市人自愿选择在城市和乡村两地生活的状态称之为"主动态的城乡两栖"。

跟他们只有一些偶然的联系——他们已成为城市的人群。

2. 当代中国村庄人口类型的光谱轴

大规模人口外流势必造成村落人口结构的变化，但它并不是造成这种结构变化的唯一原因。另一个重要原因是乡村的人口流入，它包括从乡到乡的人口流入，也包括从城到乡的人口流入。其中尤以以下几类村庄最为典型：

其一是城郊融合型村庄：这些村庄处于不断扩张的城市边缘，"城中村"就是它的代表。它们在基础设施建设等方面深受城市影响，由于耕地减少，房租低廉，它们吸引了大量外来廉租群体，并相应带动了低端服务业。

其二是撤并搬迁型村庄：撤并拆迁是近年来自然村落减少的重要原因。其撤并形式是把几个村子并入一个骨干村，或者是由几个村子合并成一个新村。由于人口大量外流而形成的"空心村"无疑是主要撤并对象。对于这些新村，尤其是以骨干村为基础的新村来说，撤并造成大量外来人口流入。

其三是产业发达型村庄：这类村庄由于拥有一个或多个龙头产业，吸引了大量外来人口，既包括从城市而来的投资者和经营者，也包括由其他村庄进入企业的人口。另有一些村庄，尤其是特色保护类村落，因为成为文化旅游目的地而发展起相关服务业，吸引一定规模的外来人口。

总之，短时期内大量人口的流出和流入深刻地改变着我国大量村庄的人口结构，人口结构差异构成现代村庄类型研究的一个重要观察视角。用光谱轴来表现村落人口结构的差异，我们可以假定：光谱轴的 A 端是人口流动性很小的村庄，那里的人口主体依然是传统的世居人口；与之相反，光谱轴的 B 端则是人口流动规模极大的村庄，它的人口主体是多元成分的外来人口，它与大都市中的社区几无区别；而在光谱轴的 A 端到 B 端之间，则分布着不同比例的"世居人口/外来人口"混合体。

参照前面提到的"圈层空间折叠"假说，我们不难想象，不同人口结构类型的村庄的分布也是有规律可循的：越靠近地方中心城市或都市的村庄，其人口结构越多元化，越接近于城市社区；而越处于城市引力中心边缘的村庄，其人口结构的变化越缓慢。需要说明，在我国依然处于城镇化快速发展的时期，我国不同地区乡村的人口结构将会日益从单一的世居群体转变为混合的多元群体，乃至最后从结构形态上与城市社区毫无二致，"人口多元"会成为越来越多乡村的人口新常态。

由于以上原因，"乡土中国"在高速城镇化大潮中走向了它的尽头，而它的未来替代范式绝不是、也不应该是所谓"迁徙中国"或"城乡两栖中国"。应该看到，以农民工为主体的"迁徙"或"城乡两栖"只是我国城乡二元结构尚未彻底消除背景下的城镇化过渡形态，我们不能在理论上或政策上将其固化。国内学界近年来日益关注2012年党的十八大以来的中国乡村发展路向，这个路向被明确地概括为"城乡融合"。

六、乡村文明范式转型：从"乡土中国"走向"城乡融合中国"

我国百年乡村发展的第四阶段为"城乡融合中国"，起点为2012年。"从'乡土中国'到'城乡融合中国'"，在这个"从A到B"的语句结构中，前者是"已成的事实"，后者是"正在生成的现实"。这种时态差别还蕴含着方法论上的差别："已成的事实"可以成为本质主义理解的对象，人们相信它具有已然塑形固化的、使它与其他对象区别开来的意义要素与规范结构，经过数千年积淀成形的"乡土中国"就是这样的对象；"正在生成的现实"则具有"尚未结构"，这意味着它更适合作为建构主义的而非本质主义的理解对象。值得注意的是，"建构主义"方法通常会承诺某种"应然性"的目标模式，体现着人们对新文明建构的道义诉求。因此，关于"城乡融合"阶段的探讨，既是对过去历史阶段经验教训的总结，也要为未来的发展目标奠定社会道义基础。

（一）从城乡二元到城乡融合：乡村发展的范式转换

从政策层面看，城乡融合阶段的各项举措应是对建国以来长期存在的"城乡二元"体制、"城乡两栖"生存状态的反拨性治疗。在我国过去一百余年的各个历史阶段中，农村与农民付出的代价与牺牲最大，获得的回报与反哺往往与之极不相称，这个国家对广袤乡村和数亿农民存在着巨大的"道义亏欠"。就此而言，"城乡融合"应当代表着这个国家和社会对乡村、对农民的道义回报：它要求缩小城乡居民的物质生活差距，以实现乡村民众在物质生活方面的共同富裕；更要求缩小乃至消除城乡居民在身份上的不平等制度和意识，为乡村民众的精神脱贫、实现"精神富裕"提供坚实的道义和制度基础。

事实上，"城乡融合"的理念可以溯源到马克思恩格斯关于"消除城乡对立""消灭城乡差别"的思想。在马恩看来，城乡对立是私有制和分工的产物，是阶级对立的伴生物，而"彻底消灭阶级和阶级对立"，必然意味着消灭城乡差别，实现城乡融合。我国学界对"城乡融合""城乡一体化"的探讨也由来已久。早在20世纪40年代，费孝通等学者就强调城乡一体、两者互补互利的重要性。改革开放后的80-90年代，尽管当时我国的城市化率仅有20%到30%，但是不少学者已经在理论层面积极探索未来城乡融合与城乡一体化发展的愿景与模式。与此同时，在自80年代以来的中央历次一号文件中，关于统筹城乡发展、促进城乡一体化、建立健全城乡融合发展体制机制的文字占比逐年增加，理论和政策话语日渐清晰稳定，政策力度也逐步增大。

近10年来，随着我国城镇化化率在2011年底突破50%，关于城乡融合的理论和政策研究不再是抽象的理论想象，而是日益务实和具备可操作性。例如，有学者强调城乡统一规划要力求做到城乡发展标准"一样化"，不能降低乡村在教育、医疗、社会保障和就业等多方面的标准，真正实现城乡基本公共服务均等化，缩小和消除乡村居民与城镇居民在个人基本生存、基本尊严和基本健康等方面的差别；与此同时要加快城乡要素市场一体化进程，推动乡村三产融合发展，建立城乡融合产业基础。①也有学者一再强调要关注"乡村的去主体性"问题，重视当代乡村的"再组织化"问题。②这有其不可忽视的背景：上世纪80年代初人民公社制度解体，乡村集体化程度和基层行政组织的权威性大幅削弱，数以亿计农民工从乡到城的流动造成乡村基层组织"空心化"，庞大的农民工群体的生活状态陷入高度"非组织化"状态。痛心于缺乏组织的乡村民众成为市场经济中的弱势群体，有学者强力呼吁把农民重新组织起来，发展壮大集体经济，是巩固拓展脱贫攻坚成果，走向乡村振兴的必要举措。③热议的话题涵盖经济、政治、社会、文化和生态等方方面面，表现出高度靶向性的"治疗意识"，其针对的问题涉及城乡之间在生产要素聚集程度和劳动生产率水平、公共服务和社会福利水平、民众生活水平和幸福感、基层的组织化程度等层面日益拉大的差距。大多研究都指向数十年来顽固存在的"城乡二元"或"城乡分割"体制，而其根治手段就是要尽快从观念、体制和现实层面实现从"城乡二元"发展范式向"城乡融合"发展范式的转换。

（二）"县域推动"是现阶段"城乡融合"的体制支撑点

总体来说，我国当前关于乡村发展的理论探讨与政策实践依然因循着"村庄本位"的范式——从某种程度上看这一范式本身也是"城乡二元结构"在思维层面的遗存，而没有充分考虑到过去40年来我国村庄所出现的高度分化状态。如前文所述，在高速城镇化的背景下，我国自然村数量从1990年的377万个下降至2019年的251万个；城镇化的"涡旋效应"使得越来越多的村庄的外部空间形态与人口结构发生了颠覆性变化；这使我们很难笼统地谈论作为平面整体的乡村，它要求对乡村进行新的类型学

---

① 张海鹏：《中国城乡关系演变70年：从分割到融合》，《中国农村经济》2019年第3期。
② 吴重庆、张慧鹏：《以农民组织化重建农村主体性：新时代乡村振兴的基础》，《中国农业大学学报》（社会科学版）2018年第3期。
③ 王宏甲：《走向乡村振兴》，中共中央党校出版社，2021年。

研究。

超越"村庄本位"范式的现实需求呼唤方法论的创新与转向，而近年来日益浮出水面的是以县域为单位的思维范式。例如有学者指出不同于新农村建设，乡村振兴的基本单元应该定位在县域，包括县城、集镇与村庄的统一体。① 郡县制在我国有两千多年的历史，"郡县治天下安"的观念至今影响深远。从历史看，郡的范围经常变动，但是作为基本治理单元的县则几乎没有太大变化。作为中国独有的治理单元，县域社会其实是一个丰富的生活世界和社会体系，具有连结基层社会与整体社会的功能，但是这些价值尚未得到学界的充分重视和挖掘。②

从空间分布的角度看，县是城市与乡村的过渡区域，是"即城即乡"的中间体，是城乡融合的空间表征。就行政功能而言，县具有完整的经济、政治、文化、社会和生态文明建设职能，这与乡村振兴战略所要求的"五大振兴"是对应的；县既可以作为整体进行规划设计，又可以在县域范围内实现因村施策，从而做到整体、区域和局部性实施的内在统一；与省和乡镇这两级行政单位相比，县域视角下对乡村产业、人才、文化、生态和组织的统筹安排更具信息和效率优势。总之，"从历史视角和现实视角出发，以县为乡村振兴战略的基本实施单位，可以更好地构建县域治理体系，发展县域经济，推动内源型城乡融合发展，将乡村振兴战略落到实处。"③

显然地，"县域推动"是我国现阶段"城乡融合"进程的重要纽结，它体现了将乡村振兴与新型城镇化的战略集成起来，实现从"城乡二元"到"城乡社会一体化"思路转变。这一思路转变还意味着要高度关注"县域"这一单元以及增加对县级行政单位的赋权。2021年中央一号文件明确提出"把

---

① 杨华：《论以县域为基本单元的乡村振兴》，《重庆社会科学》2019年第6期。
② 王春光：《县域社会学研究的学科价值和现实意义》，《中国社会科学评价》2020年第1期。
③ 王立胜：《以县为单位整体推进：乡村振兴战略的方法论》，《中国浦东干部学院学报》2020年第4期。

县域作为城乡融合发展的重要切入点",2022年中央一号文件则更细致地指明了"发展县域富民产业""加强县域商业体系建设""加强基本公共服务的县域统筹"等具体措施。唯有这样的范式转换才能实现城乡要素配置合理化、基本公共服务均等化、基础设施联通化、产业发展融合化、居民收入均衡化的目标,实现缩小城乡发展差距和居民生活水平差距的目标。

（三）从"乡土中国"到"城乡融合中国"：文明范式关系的反思

从历史哲学角度看,"城乡融合中国"代表着与"乡土中国"有关而又不同的乡村文明新范式,在社会发展层面亦可被称为"乡村文明新形态"。谈到文明范式的"变迁",一般存在两种论证思路。一个是地域本位的"文明有机论",相信任何文明都是特定地域、特定人群中世代积淀传承下来的物质和精神成果的总和,因此是一个有机整体,它的从古至今发展具有"向来我属性"。此观点内在地蕴含着文明多元存在的承诺,也必然内在地建构起"我／他"区别。另一个是"现代性本位观",这种观点相信所谓"前现代"的各个文明是彼此异质的,但它们进入现代社会后要服从于新的文明机制。这种机制强调作为主体的个人依据理性的原则形成由法律规制的契约关系,这一基本规则在各个社会都应该是一样的。根据此观点,某一文明的"古今差别"将被视为"我／他"差别。所谓"明天近,昨天远",一个社会的旧文明、旧传统虽然在历时性意义上与"我们"存在一定的"地域归属"或"记忆归属"关系,但在经济社会的基本构成规则方面则明显地属于"他者"。

用上述两种文明观来解读"城乡融合中国"与"乡土中国"之间的关系,必然得到两种不同的结论。以"文明有机论"来看,人在传统中,传统虽经历变化,但依然是一个属于"我"的整体；我国乡村文明虽然在过去百年经历数千年未有之巨变,但新的乡村文明也必通过"回到源头本身""兴灭继绝"等方式从旧的文明中生长出来。这一观点符合当前主流的"常识",但是它忽略了一个坚硬的现实,即：过去一百年来乡村文明意义世界已然崩解——从显性形态改变为隐性形态，其外部物理空间全然改变，因此也不再可能成为未来乡村文明新形态可以奠基于其上的"构成性规则"[①]。

而以"现代性本位观"来看，现代乡村文明主要不是从农耕时代的传统乡村文明有机地、历时性地、连续性地生长出来的，而是更偏重以鲜明理性规则为价值导向的法律制度。本报告将主要择取这一观点来理解"城乡融合中国"与"乡土中国"之间的关系。但是，本报告亦认为：不能简单否定和拒斥数千年来的我国传统乡村文明以及百余年来我国乡村出现的各种变化因素。在一个社会的自觉建构中，无论是延续数千年之久的"传统意义的传统"，还是近现代以来的"被发明的传统"，都可以成为人们筹划未来文明的重要资源。换言之，未来乡村文明新形态的建构，一方面要明确其现代性的"构成性法则"的首要地位，但另一方面也要将一切与我们的历史记忆和积习有关的旧文明因素资源当作优先考虑的文化资源，这样才会让我们的乡村文明不仅是现代性的，而且显示出其特有的"地方性"。

（四）落脚基层社区重塑"家园意识"是乡村文明建设重点

"城乡融合"的最终境界不是让乡村变得和城市毫无差异，不是单向地取消乡村，而是在城市与乡村互为"异度空间"、互为"异类生活模式"的条件下，让人们可以根据自己的意愿在乡村和城市作出自由的选择。近几年来确实有越来越多的人日益向往着一种"主动态的城乡两栖"状态，即让"家"安在城市和乡村两地。未来乡村文明新形态应当建构的目标是某种"乡村性"——它是乡村独有的能够满足人们（至少是部分人群）幸福感的特性，而这种特性对于城市文明具有明显的治疗意义。

毫无疑问，乡村异于城市的首要吸引要素是它的"外部自然"。这个自然与城市形成了鲜明反差：城市高楼林立、街道车水马龙，所有人都按

[①] 德·布尔：《从现象学到解释学》，李河、赵汀阳译，中国社会科学出版社，1995年，第83-84页。

照工业化的精确计时系统日复一日地高度机械化地生存着；而乡村不但有原野、丛林、河流和鸟鸣所构成的生态空间，而且有乡野味道浓厚的居住环境、较小规模的熟人社区、邻里熟人经常举办的聚会活动，这些自然会对厌倦了城市机械式生存状态的人群产生无穷的吸引力，尤其当乡村的物质生活条件已经与城市日渐接近时。

此外，更为重要的是，未来乡村文明建设应尽量贴近人的"内在自然"，将"心灵秩序"塑造放在重中之重的地位，并为这种秩序提供可行的体制机制方案，以此来重建现代乡村民众的意义世界和道德基础，这是"使乡村文明起来"的根本性条件。如前文所述，未来乡村文明新形态不可能简单复制农耕时代的传统乡村文明，而必然以现代性作为"构成性法则"。不同于前现代的共同体奠基于血缘和地缘的自然纽带之上，现代社会由置身于充满利益计算、生存竞争的生产生活状态中、依靠契约共处合作的理性的"陌生人"构成，在这样的社会中，人的"内在自然"受到严重的扭曲压抑，这是导致东西方城市病的重要根源。正是城市病唤起了人们对精神世界中的"家园感"的渴求，而能为现代文明提供治疗意义的元素可以从前现代共同体中去寻找。问题在于：虽然前现代共同体与现代社会的"构成性法则"是彼此对立的，但能否找到一种途径，使传统的共同体与现代社会的积极因素较好地结合起来？① 本报告认为：可以借用滕尼斯的思想，将传统乡村文明中那些贴近人的"内在自然"的要素通过"创造性转化"，升华为一种超越"原始的、自然的家庭"的、可以在各社会阶层的人群之间、在陌生人之间建立的像家庭成员一样的自然的、由衷而来的情感、意识和关系结构——本报告称之为"类家庭因素"，包括"类家庭情感""类家庭意识""类家庭关系""类家庭伦理"等等。而此"类家庭因素"也

---

① 斐迪南·滕尼斯：《共同体与社会》，张巍卓译，商务印书馆，2019年。在该书最后，滕尼斯关注的一个问题是：虽然"自然共同体"与"人为社会"在多个方面是彼此对立的，但能否找到一种途径使本质意志与选择意志、自然法与普通法结合起来，换言之，使传统的共同体与现代社会的积极因素较好地结合起来？本报告称之为"滕尼斯问题"。

恰好契合于我国越来越多的乡村人口结构已经不再是世居人口为主，而是由"多元人口"或"混成人口"占主体的现实。

本报告继而认为：如果说我国目前城镇化发展的政策重点在于中小城市和小城镇，为此应在相关行政体制改革方面重视"县域推动"；那么乡村文明建设的重点便在以村落或村庄为代表的基层社区。因为它是重塑贴近人的"内在自然"的"类家庭因素"的平台，是重塑人们"家园意识"的平台。又由于现代乡村离过去的文明形态并不遥远，现代乡村处于较大幅度地重建重塑过程，因而乡村基层社区无疑最有条件成为我国创造文明新形态的"试验田"。

另外，本报告建议乡村基层社区，在实现产业促进、居民物质生活改善目标的同时，还应致力于建设成一个服务型的"社区综合体"。这个综合体的首要职责是坚持党的领导，发挥基层行政治理功能，加强农村思想道德建设，以乡村公共文化服务体系建设为载体，建设乡风文明的社会主义乡村。在此基础上，社区综合体还可以设置一些基本的"社区必要配置模块"，比如法律介入功能、家庭医生功能、地方文化建设功能、学习培训功能等等。社区综合体还可以续入"类家庭因素"，强化社区成员的心灵沟通功能，使民众生活中的婚丧嫁娶、生老病死从目前的"私事"状态转化为社区"公事"，从而找回一定的象征价值，而这是"心灵秩序"塑造的重要内涵。在此意义上，由学者与乡贤协作发起的位于河南灵宝市的"弘农书院"、由艺术家领衔发起的在广东顺德青田坊的艺术乡建实践、浙江多个传统村落活化利用的案例、河南修武县大南坡村的"美学经济"探索以及由心理学学者在内蒙古通辽市库伦旗发起的儿童社区融入试验等案例（详见本书分报告）都可以视作为社区综合体的有益探索。

（五）乡村文明新形态展望：走向"城乡融合中国"

本报告分四个阶段讨论了我国乡村文明所经历的数千年未有的百年巨变。前三个历史阶段的鲜明主题是"穷则变"：百年来的政治变动和政治革命彻底颠覆了传统乡村内隐层面的意义世界,以强大的政治组织和自上而下的意识形态系统替代了旧有文明的教化礼俗系统;百年来尤其是近几十年来的高速城镇化几乎是不可逆地改变了传统乡村外显层面的空间世界,改变了众多乡村的人口主体结构等等。这样的巨变必然引发人们对乡村发展现状和未来趋势的深思乃至忧思,由此出现"村落终结论""家乡的异乡化""村落复兴论"或"传统乡村文明重建论"等讨论,这些问题在相当程度上体现着某种"巨变之痛"。正因为此,本报告期待目前正在展开的"城乡融合中国"阶段能够真正将我国百年城乡历史的"穷则变"推进到"变则通,通则久"的境界。

"城乡融合中国"阶段恰逢我国"实现第一个百年奋斗目标,开启实现第二个百年奋斗目标新征程"的新时代。在此背景下,可以设想,我国的乡村文明新形态建设必然要朝向中华民族伟大复兴和"中国式人类文明新形态"的总目标。参照国外乡村在现代化进程中的经验教训,针对我国乡村在快速巨变中出现的问题,将美好生活想象与诊断治疗意识结合起来,从我国传统乡村文明中发掘萃取"教化教养"元素,对其进行"创造性转化和创新性发展",从而在彻底和精准地发挥我国政治组织优势的同时,让乡村基层治理内生出新的精神性内涵,最终滋养出对接历史传统、适应现代生活、提高群体修养的新的乡村文明。

总之,在城乡一体化加速推进、村民物质生活水平不断改善的时空背景下,"城乡融合中国"的历史阶段昭示着一种新乡村文明类型的可能性。物质生活丰裕或外部秩序顺畅能够使一个社会显得伟大,"心灵秩序"建设才能使一个社会真正"文明起来"。只有促进人民精神生活的共同富裕,才能不断增强民众的幸福感、获得感、安全感,实现人的全面发展和社会全面进步。毛泽东同志曾在1954年第一届全国人民代表大会说:"我们正在前进,我们正在做我们的前人从来没有做过的极其光荣伟大的事业,我们的目的一定要达到,我们的目的一定能够达到。"我们期待中国特色社会主义乡村文明建设的伟大探索与实践为中国乃至世界文明的发展进步事业做出新的贡献。

文化蓝皮书
中国乡村文化发展报告

专题论坛

扎根城镇化[*]
——中国现代化历程中城乡关系的新探索

卢晖临　粟后发[**]

摘　要　迄今为止，走上现代化历程的发展中国家和发达国家都没有很好地解决城乡关系问题，要么是陷入城乡二元结构的泥潭，乡村高度从属于城市，要么是步入一元化的城市社会，付出乡村社会消亡的代价。作为现代化的后来者，当前中国正致力于建设社会主义现代化，破除城乡二元结构是新时代对发展提出的新要求。中国破除城乡二元结构要追求的前景，不应是欧美的一元化的城市社会，而应该是"城乡互构"的城乡社会。中国社会有走向这种城乡关系的基础性条件，那就是中国社会普遍性的制度和文化特点，如强烈的乡土观念和家乡意识，集体制度及其遗产。珍惜这一独特的基础性条件，通过发展地方产业和教育均衡，就能规避西方的拔根城镇化模式，让扎根城镇化成为现实。

关键词　城乡关系　扎根城镇化

---

[*]　本文部分内容已发表于《开放时代》（参见：卢晖临、粟后发：《迈向扎根的城镇化——以浏阳为个案》，《开放时代》2021年第4期），本文有修改。

[**]　卢晖临，北京大学社会学系教授、博士生导师，主要研究方向为农村变迁与发展、劳动社会学、城镇化，近年来参与皖南传统村落保护与发展工作；粟后发，中央民族大学民族学与社会学学院博士后，研究方向为城乡关系、乡村社会转型与发展、城镇化。

城乡二元结构广泛存在于发展中国家，是落后的传统农业部门和现代工业经济部门并存、城乡发展严重失衡的一种社会经济形态。

从表象上看，欧美发达国家在实现现代化的过程中似乎是消除了城乡二元结构：繁荣的城市、富足的农民是人们对欧美现代社会的第一观感。但往深里看，欧美发达国家做到的不过是用一元化的城市社会去取代城乡二元结构，随着城市的不断扩张，乡村对城市的从属性不断增强，并最终走向极度萎缩甚至消亡。在今天欧美的很多国家，有规模农场和高效农业，但社会形态意义上的乡村社会已不复存在。这一变化将国民整体带入到物质丰裕的阶段，但这种城市化的"拔根性"也造成了城市人生活状态中的焦虑、孤独和无意义，欧美社会理论大师笔下的现代社会的诸多"病症"都与此息息相关。

可以说，迄今为止，走上现代化历程的发展中国家和发达国家都没有很好地解决城乡关系问题，要么是陷入城乡二元结构的泥潭，乡村高度从属于城市，要么是步入一元化的城市社会，付出乡村社会消亡的代价。作为现代化的后来者，当前中国正致力于建设社会主义现代化，破除城乡二元结构是新时代对发展提出的新要求。中国破除城乡二元结构要追求的前景，不应是欧美的一元化的城市社会，而应该是"城乡互构"的城乡社会。这种城乡关系下，城市和乡村相互补充、相互支持，一方的存在以另一方的存在为条件，并因着彼此的沟通交流使得自身更加完善。中国社会有走向这种城乡关系的基础性条件，那就是中国社会普遍性的制度和文化特点，如强烈的乡土观念和家乡意识，集体制度及其遗产。

本篇论文首先聚焦于西方的城市化经验，重点讨论其摧毁乡村（乡村社会形态）的"拔根过程"，讨论"拔根的"城市化所塑造的与乡村迥异的全新社会形态及其社会后果。接着，论文简要讨论了中国曾经尝试的小城镇道路，这是一种以城乡合作取代城乡对立的城镇化模式。论文最后讨论中国当代城镇化的地方实践，重点讨论其"扎根"的特点。

一、西方城市化的"拔根过程"

工业化和城市化是西方"现代化"转型中的一体两面。经过长时段的城市化后,西方发达国家的城市人口占到国家总人口的 75% 以上,部分发达国家城市化水平甚至超过 90%。更为重要的是,西方城市化带来的不仅是人们生活空间的变化,而且造就了一种完全不同于以往的社会形态——城市社会。回顾西方的城市化之路,可为我们思考和探索中国城镇化提供借鉴。

从城乡的角度看城市化,西方城市化走的是一条城市崛起、乡村衰亡的道路,亦可概括为"拔根的城市化"。而其动力正是来自资本主义运行机制。韦伯指出,资本主义有两方面的运作特征:其一,是围绕盈利取向的工业企业及其制度性要素;其二,是企业家的资本主义精神,即视追求财富本身为人生的最大价值[1]。资本主义所期待的制度设置和精神要素,在各种细节上都与村庄的运行传统、结构、制度处在不同轨道上,因此,资本主义的发展,不可能不对村庄的经济和社会产生否决性的冲击。波兰尼更是直接地指出了资本主义市场力量瓦解村落共同体的内在动力和过程。资本主义市场力量要求将劳动力、土地、货币都变成可以自由交易的商品——只有如此,市场机制才得以适合工业生产[2]。为了达到这个目的,资本主义摧毁了传统社会制度基础——从农民手中剥离土地;将农民从农户和村落共同体中分离,变成自由劳动力个体——最终使得工业生产的每一个要素都形成一个市场,而且每个市场相互勾连,最后形成一个总体市场(One Big Market)。波兰尼指出,这个过程是将劳动与生活中其他活动相分离,受市场规律支配的过程。在此过程中,以往生存的一切有机形式遭到毁灭,代之以一种原子化的个体主义组织。此破坏首先依赖于契约自

---

[1] 毛丹:《村落共同体的当代命运:四个观察维度》,《社会学研究》2010 年第 1 期。
[2] 卡尔·波兰尼:《大转型》,冯钢等译,浙江人民出版社,2007 年,第 62 页。

由原则的推行，契约关系将其他非契约关系，诸如亲属关系、邻里关系、同业关系和信仰关系等消灭掉，因为这些关系要求个人的忠诚并因而限制了他的自由[1]。由此可见，资本主义在产生（现代意义上的）繁华城市的同时，也在摧毁村庄的社会纽带。鲍曼也指出，工业社会将劳动力视为财富的源泉，为此，它摧毁土地、人类劳动和财富之间的天然联系，使得土地上的自耕农无事可做，从而成为现成的"劳动力"的容器。并且，为了达到对劳动力的高效利用，未来的劳动者必须首先被改造成"大众"：消除所有旧的共同支持的习惯的环境，分解共同体的模式设定和角色设定的力量[2]。韦伯、波兰尼和鲍曼共同提示了一条线索：市场力量在农村的冲击焦点是村落共同体和次一级共同体农户家庭，目的是把农村劳动力和土地全部纳入作为价格形成系统的市场，同时，使劳动力脱离家庭和乡村是为了让他们担当两个角色：为资本主义生产廉价商品、作为廉价劳动力本身。

在资本主义的力量下，乡村的原有生计方式、社会组织、社会关系破坏殆尽。此过程的另一面即是传统农民向城市产业工人和市民的转变。不过，这个转变不仅体现在职业身份上，而且还逐渐深入到人的文化心理层面。在《身处欧美的波兰农民》中，托马斯等关注的主要问题就是农民从波兰移居美国之后转变为讲求经济理性的工人和市民的过程，即人们将一种结合紧密的、以家庭为基础的传统文化抛到身后，而去努力适应一个更为个人主义的、更具竞争性的世界[3]。受托马斯等人的影响，美国移民史学家奥斯卡·汉德林在《背井离乡的人》中展示了19世纪和20世纪初来到美国的欧洲移民被连根拔起的过程：受经济和人口革命的影响，他们从稳定的农民社会进入一个非人性化、个性化的世界，城市将他们中大多数人吞并，使他们陷入工作不安全、士气低落和家庭解体的境地，最后与他

---

[1] 卡尔·波兰尼：《大转型》，冯钢等译，浙江人民出版社，2007年，第140页。
[2] 鲍曼：《共同体》，欧阳景根译，江苏人民出版社，2003年，第29页。
[3] 托马斯、兹纳涅茨基：《身处欧美的波兰农民》，张友云译，译林出版社，2000年。

们原来的文化疏离，被同化到城市中。也就是说，乡村移民进入城市后，原有人际关系解组，不断个人化，被城市生活席卷而失去原有文化特征和社会关系，统一地融入现代文化中①。

随着工业化而来的城市绝不仅是许多单个人的集合体，也不是各种社会设施（街道、建筑物、电灯、电车、电话等）和各种服务部门及管理机构（法庭、医院、学校、警察）的聚合体，而是一种特有的生活方式、社会秩序、心理状态、文化类型。在帕克笔下，城市有以下特征：频繁的人口流动使得具有亲密性的邻里解体，人口按照种族、文化以及职业利益分隔；劳动分工使得原来基于家族纽带、地方情感的社会组织，以及基于文化、种姓团体、社会阶层的社会组织和经济组织日益瓦解，代之而起的是基于职业利益和行业利益的新型组织；人与人之间的联系不重人情，而重理性，人际关系趋向以利益和金钱为转移；次级关系取代首属关系，基于首属关系的道德控制也消逝了，被成文法律的社会控制所取代②。沃思在《作为一种生活方式的城市性》（Urbanism as a Way of Life）一文中将城市所特有的特征或状态概括为一种城市性（Urbanism），并指出城市是乡村生活的另一极。他从社会学的角度将城市定义为一个规模较大、人口密集的异质性个体的永久居住地，并描述了城市生活的以下状态：人口众多导致了个体的变异性，亲密关系的相对匮乏，以及表现为以匿名性、表面性、短暂性和关联性为特征的人际关系的片断化；人口密集带来了个体的多样化与特殊化，近距离的身体接触与远距离的社会关系的重合，强烈的反差，隔离的复杂模式，正式社会控制的支配，对冲突的强调等；异质性趋向于破坏刚性的社会结构并产生不断增强的流动性、不稳定性，以及个体依附的各种相互交叉却没有关联的社会团体，其成员具有很强的流动性带来的

---

① Michael Kearney. "From the Invisible Hand to Visible Feet: Anthropological Studies of Migration and Development", *Annual Review of Anthropology*, Vol. 15, 1986.
② 帕克、伯吉斯、麦肯齐：《城市社会学》，宋俊岭等译，华夏出版社，1987年，第1-47页。

不安全感；个人只有通过有组织化的团体才能实现自己的价值①。

连根拔起的城市化带来许多社会后果。早在经典社会学时期，"现代化"转型带来的社会后果就已成为西方社会学反思批判的主题。最经典的莫过于滕尼斯关于"共同体"和"社会"的讨论。在滕尼斯的理论中，"共同体"（Gemeinschaft）和"社会"（Gesellschaft）这一对划分古今的经典范畴，呈现了传统社会和现代社会在心态、情感关系、结合样式、组织结构以及整体秩序等方面的巨大差异。"共同体"是在亲属关系、邻里关系、友谊等本质意志之上结合在一起的社会状态，最典型的形式是家、村庄、庄园，在这种结合的关系中，即使有相互阻碍、相互否定的行为发生，占主导还是相互肯定、相互慰藉、相互履行义务的亲密行为②。而"社会"是由充分理性化了的现代人组成：每个个体都是独立、自由、平等的，彼此之间划分了严格的行动区域和权力领域的界限；每个个人都追求着自身的利益，在达成协定和契约之前，人与人之间的关系都是潜在的敌对状态③。在"社会"里，原有的"共同体"形式都被夷平，出现一个总体性的商业社会或资本主义社会，传统的共同体中人们的自然联系，如亲属关系、友谊等自然关系淡化甚至被舍弃，交换、契约关系成为人们最普遍的联结方式。滕尼斯将"共同体"摆到"社会"的对立面，并非空虚地怀古，而是清醒地认识到了"现代化"转型背后人情疏离、人人为敌的困境④。换言之，滕尼斯看到了快速现代化带来的现代性的危机：传统的社会纽带丧失，抽象的个人主义兴起，生活高度私人化，每个人成为只关心自己的生活的孤独个体。齐美尔更是直接从城市生活的心理状态对现代性展开了深刻反思。

---

① Louis Wirth. "Urbanism as a Way of Life", *American Journal of Sociology*, Vol. 44, No. 1, 1938.
② 滕尼斯：《共同体与社会》，张巍卓译，商务印书馆，2019年，第67-90页。
③ 滕尼斯：《共同体与社会》，张巍卓译，商务印书馆，2019年，第129-162页。
④ 张巍卓：《滕尼斯的"新科学"：1880/1881年手稿及其基本问题》，《社会》2016年第2期。

他指出，都市和现代城市生活通常是现代货币经济后果的栖身之地。在大都市中，货币经济支配着都市，由于货币交易只关心交换价值，人们对待人和事物的纯粹客观导致了对一切独特的东西都漠不关心；另一方面，城市生活导致的潜在社会孤立和联系纽带的缺失，提供了"一种更大道德规范的自由"，也导致了关系的多种多样以及变动性。在这种状态下，个人为了获得自我保护，"保持距离、冷漠、轻微的嫌恶、相互的疏远和排斥、互动的短暂性和表面性"成为城市人的互动方式。最后，在持续地城市生活中，产生了城市人特有的"神经衰弱症"：个人内心的安定感丧失，取而代之的是"紧张和朦胧期待带来的晕眩感"、秘密的烦躁、忙乱和刺激的无力的急迫感[①]。

进入后工业社会，高度现代化使得城市中的社会状态更加个体化[②]。而在此条件下，社会整合更加困难。比如，后福特主义、反传统性和全球化推动个人主义进一步深化，销蚀了共同体生活赖以存在的重要先决条件——如互信、友谊和协作关系等社会资本，使得公共精神丧失，公共生活日渐退化[③]。罗伯特·帕特南在《独自打保龄》中指出美国社区生活正在衰落，其重要表现是公民参与和社会资本——社会关系网络和由此产生的互利互惠和互相信赖的规范，以及公民美德、互惠互信、社会合作、集体归属感和集体行动——逐步衰减[④]。

总而言之，西方的经验表明，现代性的根本动力就在于扫除一切过往的群体形态，而将一切的社会关系纳入到大工业的经济结构中。而城市既是这一经济结构运转的结果，也是其运转过程的载体。城市将农村人口吸纳进来，重新锻造出完全不同于农村的社会关系、社会组织以及

---

① 戴维·弗里斯比：《现代性的碎片》，卢晖临等译，商务印书馆，2013年，第95-105页。
② 鲍曼：《个体化社会》，范祥涛译，上海三联书店，2002年。同时可见：(德)乌尔里希·贝克等：《个体化》，李荣山等译，北京大学出版社，2011年。
③ 保罗·霍普：《个体主义时代之共同体重建》，沈毅译，浙江大学出版社，2009年。
④ 罗伯特·帕特南：《独自打保龄》，刘波等译，北京大学出版社，2011年。

社会心理。在这个过程中，村庄共同体被摧毁，原有的社会纽带和文化传统消失殆尽，以乡村为主体的传统社会转变为以城市为主体的现代社会。同时，这种转变也带来许多不良的社会后果。这些后果无疑在提示我们，作为一个后发型国家，中国不应该不加反思地将西方的"城市社会"作为追求目标。

二、小城镇模式：离土不离乡

面对西方国家城市崛起、乡村衰败的城市化模式，费孝通基于中国国情，在特定的历史阶段，提出走乡村工业化，发展小城镇的城镇化道路。虽然这一道路作为国家战略最后被放弃，但其所蕴含的思想仍值得我们讨论，尤其是对于讨论中国城镇化道路多样性仍有很大启发意义。

在费孝通那里，"小城镇"是比农村社区高一层次的社会实体的存在，由一批并不从事农业生产劳动的人口为主体组成的社区[①]。20世纪80年代以来的小城镇发展首先是与乡镇企业的兴起密切联系在一起。在70年代中后期的苏南地区，得益于"社队企业"发展，衰落的城镇又重新繁荣起来。正是看到这一变化后，费孝通开始将小城镇作为一个大问题来研究。公社解体以后，社队企业转变成"乡镇企业"[②]。从80年代中期开始，乡镇企业在全国遍地开花，成为拉动中国GDP增长的异军突起的力量。1980年乡镇企业的总产值占全国工业总产值的12.7%，到1993年就占到了全国工业总产值的60%，几乎是"三分天下有其二"。在这个过程中，小城镇得到了极大的发展，也成为当时城市化的主流模式。

在费孝通心中，小城镇之所以会成为一个大问题，是与其核心关怀——

[①] 费孝通：《小城镇 大问题》，《瞭望周刊》1984年第5期。
[②] 费孝通：《论中国小城镇的发展》，《中国农村经济》1996年第3期。

中国如何在庞大的农业人口基础上实现现代化[①]，紧密联系在一起的。工业化是现代化的开端，在工业化的进程中，他又最为关心如何在发展工业中解决广大农民的生活问题。所以，他主张避免走西方国家工业发展农村破产的老路。费孝通指出西方的"工业－城市"的模式已经难以为继，工业扩散已经成为一个趋势，中国的工业化应该是"大中城市帮农村"，将就业机会和工业利润扩散给农民。早在20世纪40年代，费孝通讨论乡土重建时就主张"工业下乡"，接续农工相辅的历史传统，走与欧美工业化不同的乡村工业化道路。如此一来，既能推进工业化、城镇化，又能带动农村的现代化，满足农民非农化需求。不仅如此，他还进一步地考虑到随工业化而来的城市化等现代化因素对社会变迁的影响，并立足国情，把小城镇视为社会快速现代化中的减震器。费孝通在20世纪初对小城镇研究做总结时曾说到，"为什么花那么多时间关注小城镇建设问题，是因为中国现代化的起步和发展是一个从'乡土中国'向现代化都市逐步发展的过程。鉴于中国的历史、人口、城镇规模、发展速度等因素和条件我们不得不走从农村小城镇开始，逐步发展城市化的过程，必须自下而上地发展起多层次的犹如金字塔型的经济中心，以此来最大限度减低高速现代化和都市化对整个社会的冲击和震荡，保证中国改革开放这一人类历史上最大规模的社会变迁平稳进行"[②]。费孝通认为随着农业经济水平的提高必定会释放出庞大的剩余劳动力，如果农村人口一下子涌入城市，势必会出现显而易见的社会恶果。而发展小城镇恰好可以成为截留人口流量的蓄水池，让城市化分阶段推进、人口逐级进城[③]。费孝通等人关于小城镇的研究，得到了中央的关注和认可。从20世纪80年代起，中央采取了"限制大城市，

---

① 沈关宝：《〈小城镇 大问题〉与当前的城镇化发展》，《社会学研究》2014年第1期。
② 沈关宝：《〈小城镇 大问题〉与当前的城镇化发展》，《社会学研究》2014年第1期。
③ 费孝通：《论中国小城镇的发展》，《中国农村经济》1996年第3期。

适当发展中等城市和大力发展小城镇的方针"①。

不过，小城镇在后来发展中出现不少问题。由于地方政府普遍通过财政担保贷款"大办企业"，在越来越开放的市场环境和国有企业、私营企业的竞争下，乡镇企业的经营效益和利润率呈现出迅速下降的态势，同时，资产负债率也不断上升，县、乡两级政府因此累积起巨额的债务②。另外，随着乡镇企业"村村点火，处处冒烟"，不少学者批评小城镇发展造成污染扩散，浪费土地资源，无法产生集聚效应和规模效益。因此，"以大城市为主体的城市化模式"③或者"大中小城市协调发展"④的主张被提出，他们认为要实现社会主义现代化，必须发展现代化大工业，而现代化大工业必须依托有生产要素集中的优势的大城市。如此一来，"小城镇大问题"变成了"问题小城镇"。对小城镇的批评与反思，被中央高层所接受⑤。2002 年，中央政府开始调整城市化战略。此后，城镇化模式选择逐渐由发展小城镇转

---

① 1980 年 12 月，国务院批转《全国城市规划工作会议纪要》，提出"控制大城市规模，合理发展中等城市。积极发展小城市"的方针。《纪要》强调，依托小城镇发展经济，有利于生产力的合理布局，有利于就地吸引农业剩余劳动力，有利于支援农业和促进当地经济文化的发展，有利于控制大城市的规模。从长远看，对逐步缩小城乡差别和工农差别，也有重要的意义。1987 年 5 月，国务院发出《关于加强城市建设工作的通知》，提出："要着重发展中等城市和小城镇"。
② 周飞舟等：《从工业城镇化、土地城镇化到人口城镇化：中国特色城镇化道路的社会学考察》，《社会发展研究》2018 年第 1 期。
③ 李迎生：《关于现阶段我国城市化模式的探讨》，《社会学研究》1988 年第 2 期；王毅平：《从乡村工业发展看我国城市化的道路》，《社会》1989 年第 4 期；王小鲁、夏小林：《优化城市规模推动经济增长》，《经济研究》1999 年第 9 期。
④ 李春林：《城市和农村：两个社会等级》，《社会》1987 年第 2 期；李云：《中国城市化亟需提速》，《社会》2002 年第 3 期。
⑤ 2000 年 6 月 13 日，中共中央、国务院颁布《关于促进小城镇健康发展的若干意见》的文件，正式承认当前小城镇建设中存在一些不容忽视的问题。文件指出："当前，各地积极贯彻落实中央精神，小城镇的发展形势总的是好的。但也存在着一些不容忽视的问题：一些地方缺乏长远、科学的规划，小城镇布局不合理；有些地方存在不顾客观条件和经济社会发展规律，盲目攀比、盲目扩大的倾向，等等。"

移到了发展大中城市上来①。不过，究其背后，更为关键的是城镇化的动力发生了根本变化。1994年分税制改革以后，制造业企业的增值税增量大部分归中央所有②，从而导致地方政府兴办企业的激励消失殆尽，乡镇企业纷纷因此倒闭、转制。因此，小城镇失去了发展动力，对农村劳动力的吸纳能力也急剧下降。另一方面，建筑业营业税和土地出让金成为新的财政收入来源，地方政府开始由"经营企业"转向"经营城市"，具体表现就是：建立大量的开发区、工业园区，发展房地产，以及投资和建设城市基础设施③。

乡镇企业衰落后，沿海外向型工业发展起来，中国的劳动力迁移模式和数量发生重大变化：内地农村劳动力大规模跨省份、跨地区进入东部沿海地区打工④。从总体上看，农民与土地、村庄的关系发生了根本改变，从乡镇企业时代的"离土不离乡"发展到打工经济时代的"离土又离乡"。与之相伴，社会学研究的热点变成了劳动力迁移、农民工市民化等相关议题，比如，讨论最多的就是农民工迁移动力、身份认同、城市适应和社会融合⑤。反观这些研究，其问题意识无不限制在"农村－城市""农民－

---

① 2006年发布的《"十一五"规划纲要》还特别强调，在"具备城市群发展条件的区域，要加强统筹规划，以特大城市和大城市为龙头，发挥中心城市作用，形成若干用地少、就业多、要素集聚能力强、人口分布合理的新城市群"。

② 中央与地方分享两种最重要的流转税：增值税与消费税。自1994年起，地方增值税增量的75%、消费税增量的100%划归中央税收。

③ 周飞舟等：《从工业城镇化、土地城镇化到人口城镇化：中国特色城镇化道路的社会学考察》，《社会发展研究》2018年第1期。

④ 刘守英、王一鸽：《从乡土中国到城乡中国——中国转型的乡村变迁视角》，《管理世界》2018年第10期。

⑤ 田凯：《关于农民工的城市适应性的调查分析与思考》，《社会科学研究》1995年第5期；蔡昉：《人口迁移和流动的成因、趋势与政策》，《中国人口科学》1995年第6期；蔡昉：《劳动力迁移的两个过程及其制度障碍》，《社会学研究》2001年第4期；李强：《影响中国城乡流动人口的推力与拉力因素分析》，《中国社会科学》2003年第1期；王春光：《新生代农村流动人口的社会认同与城乡融合的关系》，《社会学研究》2001年第3期；王春光：《农村流动人口的"半城市化"问题研究》，《社会学研究》2006年第5期；朱力：《论农民工阶层的城市适应》，《江海学刊》2002年第6期；刘传江、周玲：《社会资本与农民工的城市融合》，《人口研究》2004年第5期。

市民""传统 – 现代"等二元转型中。而作为联结城乡,服务农村的城镇,其存在的方式、可能性、问题、所蕴含的社会经济效益,不再成为人们关注的重点。但其实,乡镇企业在改革浪潮中消失,并不意味着产业在城镇中消失,相反,在很多地区,尤其是东部地区,产业以私营或民营的方式在城镇范围内甚至村庄里落地生根,蓬勃发展。毫无疑问,这对当地城乡关系和社会形态产生了深远影响,但却少有讨论。即使在缺少产业的中西部,小城镇作为农村中心的作用一直存在。总而言之,小城镇并没有随着乡镇企业的消失而失去作用,而是构成了城镇化重要的部分。

尽管发展小城镇已经不再是国家城镇化战略的重点,但是它所蕴含的思想仍值得我们讨论。就人口城镇化而言,"人口落地"是核心要义,但是,良性的"落地",需要有产业作为依托。在费孝通的小城镇思想中,包含了对这个问题的解答,即通过发展乡土工业,让人口留在乡镇范围内,实现农村城市化。"离土不离乡,进厂不进城"就是对当时城乡关系的经典概括。从现在看,"离土不离乡"也预示了一种社会形态可能性。"离土不离乡"的城市化并没有将乡村的根斩断,反而在农民的摆动中,城乡之间和工农之间得到了互补。"离土和进厂"指的农民的职业工业化和非农化,"不离乡和不进城"则意味着在职业非农化的条件下农民仍是高度粘合于乡村。更准确地说,在当时,农民采取的是"分业不离土"的方式[①],即亦工亦农的家庭经营模式,而从乡镇企业中获得的收入不仅可以支持农民的家庭生活开支,还可用于对农业投入。以现在农村"空心化"和"家离子散"的困境看,除了经济效益,小城镇的社会效益更加明显——农民的家庭结构完整性并未遭到冲击,家庭内的分工协作在一个"城镇"的范围就能完成,家庭作为一个经济、生活、教育单位并没有被分离拆解,村庄在这个过程中也保持基本的完整性。不过,限于当时的特定发展阶段——

---

① 刘守英、王一鸽:《从乡土中国到城乡中国——中国转型的乡村变迁视角》,《管理世界》2018年第10期。

在以农业为主，工业薄弱基础之上实现现代化，费孝通对小城镇的思考更多表现出策略性和经济性的意味。经济性指的是通过乡村工业化模式来改善农民生计，策略性体现在通过发展小城镇来缓解快速工业化和城市化对社会稳定的冲击。也就是说，在当时的条件下，费孝通更多关注的是通过何种工业化和城镇化模式，在社会不发生剧烈动荡下，农民能够"吃饱饭"和"富起来"。这导致他在小城镇的研究中没有更多基于中国历史、文化和制度条件去讨论中国转型的可能形态及社会后果。

三、迈向扎根的城镇化

西方的工业化开启了一个全面系统的社会转型过程：非农就业比例不断提升，居住和生活设施等生活条件不断现代化，公共服务由无到有不断丰富。在西方，这一伴随工业化而来的城市化过程体现为人口向城市尤其是大城市的不断集聚，如前文所述，这同时是一个摧毁乡村传统要素，将过去的群体状态破坏荡平的"拔根"过程，其后果是塑造出"城市社会"这一全新的社会形态。过去的几个世纪中，西方人受惠于工业先进生产力带来的丰富物质成果，享受着城市带来的巨大生活便利，但也无时无刻不在精神和社会关系层面经受"城市社会"的煎熬。事实上，这一可以表述为"现代性及其后果"的主题，是涂尔干、韦伯、齐美尔以来西方社会理论家持久不衰的关切。

乡镇企业衰落之后，建立在乡镇工业基础之上的发展小城镇的城镇化战略难以为继，但县域的城镇化仍然成为新世纪以来中国城镇化的最重要的阵地。各种口径的调查数据都表明，农民工将家乡所在的县城作为首选安家地，近十年来，中国城镇新增人口中最大比例的来自县城。作为现代化的后来者，中国正经历着现代化先行者西方曾经经历的一些变化，西方城市化中一些类似的现象和趋势也陆续在中国出现，但是，中国的县域城镇化也让我们看到中国城镇化的自身特点，尤其是走出西方拔根城市化的可能性。

首先,在东部和中西部部分具有产业基础的县域,走出了一条没有乡镇企业的小城镇发展道路。以我们重点考察的湖南浏阳市(县级市)为例,浏阳在20世纪90年代之前乡镇企业虽有一定基础,但无法和苏南一带相提并论;90年代中期之后,浏阳的乡镇企业和全国一样走向衰落;90年代以来,以民营私营企业和三资企业为主体,浏阳当地的工业化得到进一步发展,尤其是以花炮为代表的广泛分布于乡村的地方特色产业的发展,为农村劳动力就地非农就业提供了坚实的产业支撑。广大的农村人口根据自身的条件和意愿,选择在市(县)域范围内的工业园区、乡镇或村庄的现代经济部门就业,在没有乡镇企业的时代实现了新型的"离土不离乡"。这些在本地完成了非农就业的农村人口,或选择进入中心城区安家,或选择本乡镇安家,或仍然在村庄居住生活,形成了一种梯度的"基层城镇化"模式。需要特别说明的是,我们把那些非农就业但居住生活在村庄的农村人口也纳入到城镇化的讨论中,是因为在今天浏阳的很多乡村,已经很大程度上具备了过去只有在城市中才可能有的"现代生活条件"。在浏阳,与全国一样,得益于最近十多年新农村建设和乡村振兴战略的支持,我们看到所有被访村庄与乡镇、城区都有水泥路或柏油路连通,4G网络信号全覆盖,一些村庄正在完成给排水、垃圾处理等基础设施方面的建设和改造。绝大部分农户建起了楼房甚至是别墅,内部生活设施方便完善,不少家庭还购买了小轿车。从住房和生活环境等硬件条件看,乡村逐渐具备了与城市接近的"现代生活条件"。换言之,作为"后发型现代化"的国家,在现代的物质和技术条件之下,过上"现代生活"并不是只有进入城市一条路,在乡村中过上"现代生活"也成了一种可能的选择。

进一步,浏阳的案例表明,即便进入城镇生活,也不必然意味着要和乡村的传统决裂。在这个意义上,与西方拔根的城市化相比,"基层城镇化"实现了一种"扎根的城镇化"。西方的城市化,虽然将人们带入一种现代的生活方式,却是以破坏乡村和村庄的社会基础为代价——将原来的人地关系、组织形式、社会纽带、情感联结等一切摧毁，塑造出一种城市社会形态。在浏阳，依托于产业基础，人黏于"乡"，使得原有的社会基础得以维持。首先，乡土产业的发展在根本上将人留在村庄，有效地化解了村庄空心化和村庄衰败的问题。其次，相比于"离土又离乡"的异地打工，地方的园区工业和乡土产业带来的"不离乡"较好地维持了家庭结构的完整性，留守老人和留守儿童的问题不太突出。即使那些在中心城区安家的乡村人口，在短距离和便利的交通下，也很容易和老家、村庄保持紧密联系，甚至随着家庭生命周期的演进呈现出"城乡两栖"的特点[①]。在留住人的基础上，村庄内原有的社会纽带、群体状态、风俗活动、文化传统也得到了延续。例如，在调查中，我们就看到许多村庄都集资重修了祠堂。据多位管理祠堂的村民介绍，每到清明，整个祠堂的人（包括在城区、外省市的人都会回来）都会在一起祭祀聚餐，根据村的不同规模，少则几十桌，多则上百桌。村民之间保持较为紧密联系，特别是在红白喜事上，村民互相帮助，保持人情来往，进城的村民也会回村参加。还有，我们也了解到，有的村庄自愿筹建戏台等公共设施，供村民自娱自乐，其中一些村民自发组织节目，在重要节日时为全村表演。由此可见，村庄内社会联结仍然紧密，人与人并未疏离，能够维持一种相对整合的状态，总而言之，人与"乡"的高度黏合，使得原有的社会纽带以及在此基础上的地方公共性得到保存和延续。也就是说，村庄还可以保持一个共同体发挥作用。从社会形态上看，浏阳的基层城镇化既让人们享受现代生活条件，又接续了传统的社会文化基础。也就是说，依托于乡土产业，作为一种现代生活方式的城镇化扎根在传统的社会基础之上。

浏阳案例既有自身特殊的社会经济条件，也与其他县域一样共享着中国社会的普遍性的制度和文化特点。对于浏阳而言，良好的产业基础是农

---

① 王春光：《第三条城镇化之路："城乡两栖"》，《四川大学学报（哲学社会科学版）》2019 年第 6 期。

村劳动力就地非农就业的前提条件，这一条件在中国的很多其他地区，尤其是中西部的偏远县域并不具备。中西部的很多县域，本地工业基础薄弱，第三产业不发达，大量的农村劳动力无法实现就地就业，需要到远离家乡的地区打工，呈现出一种"离土又离乡"的状态。当然，产业基础和就业机会是一个程度上的差异，不同的县域因其在产业基础和就业机会序列上所处位置的不同，其农村人口也在"离土不离乡"和"离土又离乡"这两种状态中找到自己的定位。不过，需要特别指出的是，就目前的观察，即便是本地工业基础特别薄弱，就业机会特别稀缺的地区，"离土又离乡"的农村人口选择的主流城镇化模式仍然是回到本地安家。这就是前文提及的中国社会普遍性的制度和文化特点在发生作用了。

第一个要强调的就是中国社会强烈的乡土观念和家乡意识。传统中国是建立在农耕经济基础之上的乡土社会，乡土社会的基本单位是村庄，农民在村庄劳作生活，组建家庭、繁衍后代，形成绵延数千年之久的中国农业文明和村落文明。对于广大中国农民来说，村庄是他们生计的所在，是他们生活的家园，也是他们寄寓人生意义的最重要的社会空间。在这个空间里，基于血缘、地缘关系的互动所形成的社会纽带、道德伦理、文化心理构成了中国文化中的"深层结构"，在情感和观念上体现为对土地的珍视，对家乡的眷恋，对祖先的崇拜，对家庭、亲属关系和人情的重视等等。一直以来，这一套"乡土观念"构成了人们生活的意义系统，维系着乡村的社会整合。即使在城市中穿梭和流动，土地和深层次的"乡土观念"也构成了从土地上走出去的人在社会和文化意义上的"根"，它在历史上维系着羁旅异乡的商人和官员与家乡的联系，即便是客死他乡也追求叶落归根，在今天它维系着在外地打工的农民工和家乡的联系，即便是常年在外地稳定就业，在做安家落户的选择时也将家乡放在首位。

第二个要强调的是集体制度及其遗产。以人民公社为代表的农村集体制度，将村庄这一社会和文化意义上的共同体进一步打造成命运休戚与共的经济共同体，20世纪80年代人民公社解体之后，村庄的经济共同体色彩淡化，传统的小农生产方式得以恢复重现，但是集体制度留下了几项重要的遗产，时至今日，每个农民在老家都有一块宅基地、都有一片承包地，在村集体中还有成员权。除了少数经济发达的地区，这些资产和权利并不能给村民带来可观的现实收益，但要做出彻底放弃的选择则异常艰难。集体制度的这些遗产使得文化意义上的乡土观念和家乡意识得到强力的支撑和强化。

在这些缺乏产业支撑的地区，"离土又离乡"的农民工选择回到家乡区域安家，与西方拔根的城市化相比，当然也可以将其理解为一种扎根的城镇化。但是他们将在很长一个时期无法在本地就业，不得不承受家庭分离等代价，整个社会也不得不面对留守儿童、留守老人等社会问题。与浏阳相比，这是一种缺乏产业支撑的"瘸腿"的城镇化，制度和文化相互强化，产生出一股强大的力量，生生将"离土又离乡"的农民工拉回家乡安家，但这种状况可以维持多久，是要打上疑问的。我们不妨将浏阳看作扎根城镇化的一个相对理想的标杆，缺乏产业支撑的中西部地区如果能够在国家政策支持下，因地制宜，逐渐夯实产业基础，那么将更加靠近浏阳这一标杆。

浏阳案例还表明，要实现健康持久的扎根城镇化，必须很好地解决教育均衡问题。在浏阳，产业在城乡之间均衡分布，乡土产业为人们在村镇就地城镇化提供了条件，但是，由于优质教育资源主要集中于城区，很多农村家长为孩子前途着想，即便在村镇工作，也选择在城区安家。在这里，教育吸纳产生了与产业吸纳相反的作用，它将本可以留在乡土的人口吸纳到中心城区来。

教育在农民城镇化中发挥的作用，是20世纪80年代费孝通讨论小城镇问题时没有考虑到的，也是中国社会发展到一定阶段后出现的新变化。对于温饱问题已经得到解决的中国农民来说，孩子的教育成为生活中的头等大事，通过教育让孩子有一个美好前程成为人生目标中的重中之重。在这种情况下，即便县域的产业发展可以为农民就地城镇化提供条件，如果县域的教育与附近的中心城市有明显差距，仍然难以阻止有能力的农民向中心城市的流入。就浏阳而言，前文描述的浏阳城区（县城）与村镇之间的教育不均衡状况固然造成很多本可以在村镇安家的农民进入城区，但考虑到县城仍然具有很强的在地性，居住在县城仍然可以与家乡保持比较密切的联系，县城与村镇之间即便严重失衡，扎根的城镇化也不会受到致命的威胁。目前，浏阳城区有两所高中保持着较高的教育水准，每年都有较高比例的毕业生考入知名大学，与附近的长沙的"四大名校"相比虽然有差距，但并不明显，除了少数有能力并愿意支付高昂经济代价的家庭之外，大多数浏阳人仍然安心地选择在本地完成高中教育。但是，可以预见，如果教育资源在浏阳和长沙之间的失衡进一步扩大，中心城市将产生强大的磁力，源源不断地吸引有条件的农民离开县域进入中心城市安家。

当农民大规模离开县域进入到地级市以上的中心城市安家，哪怕乡土观念和家乡意识再强烈，哪怕集体制度的遗产再坚韧，农民与乡土的联系恐怕也难以长久维系，扎根的城镇化也必将成为泡影。

是迈向扎根的城镇化，还是走向拔根的城镇化，中国正处在十字路口。中国社会有迈向扎根城镇化的基础性条件，那就是中国社会普遍性的制度和文化特点（强烈的乡土观念和家乡意识，以及集体制度及其遗产）。珍惜这一独特的基础性条件，通过发展地方产业和教育均衡，就能规避西方的拔根城镇化模式，让扎根城镇化成为现实。反之，一味强调市场力量和效率原则，在产业政策上不断加大对中心城市的扶持力度，在教育政策上放任教育资源向中心城市的集中，那么再独特的基础性条件也会被挥霍，"拔根城镇化"的前景也就难以避免。

撑开在城乡之间的家*
——县域城乡融合发展的一个面向

白美妃**

摘　要　最近二十年来，全国普遍出现了农民家庭涌入县城购置房产并维持一种"城乡两栖"模式的现象。面对这一现象，本文将引入家庭研究和时空经验的视角加以理解。本文认为：交通与通信技术以及相关基础设施的变革，带来了人们关于县域内时空经验的变化。伴随这一新的时空经验编织进入日常生活，进城农民基于旧有的惯习，将关于家庭的"终生筹划"从局限于村庄的范围内"拓扑"至跨越村庄－县城的空间中，从而呈现出一种"撑开"在城乡之间的家的形态，县域内的城乡关系结构出现一体化的特征。进城农民以家庭为单位"撑开"在城乡之间，既潜藏了未来城乡融合、乡村振兴的新机遇，也对县域内旧有的公共服务体系和社会治理体系提出了新的需求和挑战。

关键词　县域　城乡两栖　时空经验　家庭策略　城乡融合

---

* 本文主体内容已公开发表，参见：白美妃：《撑开在城乡之间的家：基础设施、时空经验与县域城乡关系再认识》，《社会学研究》2021年第6期，本文有删减与修改。
** 白美妃，中国社会科学院哲学研究所中国文化研究中心助理研究员，主要研究方向为县域城镇化、家庭研究。

一、引言

县（市）域是近二十年来中国城镇化最重要的载体[①]。2020年4月10日习总书记在中央财经委员会第七次会议上的讲话中指出："我国现有1881个县市，农民到县城买房子、向县城集聚的现象很普遍，要选择一批条件好的县城重点发展，加强政策引导，使之成为扩大内需的重要支撑点。"[②]2021年中央一号文件也明确提出把县域作为城乡融合发展的重要切入点。那么，县域内农民进城形成了怎样的城乡关系？县域这一空间的哪些特性为这一城乡关系的形成与维持提供了可能？在乡村振兴的背景下，这一城乡关系对于未来县域内城乡融合发展的体制机制建设提供了怎样的机遇，带来了哪些挑战？为了理解这些问题，本文将择取山县[③]作为案例展开研究与论述。

山县位于山东半岛中部，东距青岛2.5小时车程，西距省会城市济南4小时车程，山县所属地级城市为鸢市，两地主城区距离为0.5小时的车程。山县县域总人口近100万，跨县迁入与迁出的人口都很少。自2005年以来，县域内大量农民家庭进入县城购置房产，县城总人口从不足20万快速增长至30多万，2005-2017年山县县城年度房地产销售量维持在数千乃至上万套的规模。从区域经济条件来看，山县的特殊性体现在如下两方面：其一，农业基础雄厚，许多农民家庭依赖种植大葱、生姜和蒜等特色经济作物能够获取相对丰厚的收入；其二，第二和第三产业尽管相对薄弱，但是能够

[①] 根据中国城市规划设计研究院的统计数据，在2000-2014年期间，中国县（市）域城镇人口从1.9亿增长至3.6亿，县（市）域新增城镇人口占全国城镇新增人口的56%，参考：李晓江等编著：《中国县（市）域城镇化研究》，中国建筑工业出版社，2019年。

[②] 习近平：《国家中长期经济社会发展战略若干重大问题》，《求是》2020年第21期。

[③] 出于研究对象隐私保护的需要，在本文中，"山县""鸢市"、各乡镇和村庄的名字以及生活在当地的人们的名字均为化名。就本文所讨论的问题而言，本文认为地级城市与县级城市的情况差不多，为了表述的方便，本文以下内容将主要以县级城市（或曰"县域"）为例展开讨论，地级城市的相关问题可参照县级城市进行理解。

为由乡村进入县城的大量年轻人提供相对充足的就业机会。有学者根据各地工业化和农业资源的差异，将县域城市化归纳为三类模式：以本地工业为基础的内生型城镇化、以本地农业为基础的内生型城镇化和以外地工业为基础的外输型城镇化[①]，参照这一分类，本文认为山县更靠近以本地农业为基础的内生型城镇化模式。

二、理解乡城迁移的理论范式

过去四十年中，中国城市化、农民进城的路径以及学界关于这一议题的思考，与中国改革开放和社会转型的历史进程紧密相关，表现出明显的阶段性特征[②]。从上世纪90年代中后期至本世纪第一个十年，数亿农民从内地农村进入沿海城市打工，为城市发展提供了廉价劳动力，做出了重大贡献，但是他们和家属却无法享受与迁入地居民同等的社会福利待遇，社会公正与社会整合的问题日益突出。在这一背景下，学界开始探讨农民工的"市民化"问题[③]，指出农民工的"半城市化"状态[④]是影响中国社会发展的潜在挑战，激烈批评基于户籍制度的城乡二元体制[⑤]。

最近二十年来，实践层面发生了重要的变化：在土地财政的动力机制下，全国范围内的县（市）纷纷掀起了快速且规模宏大的造城运动；国家政策也从消极应对农民进城，转向了积极引导农民实现"城市化"和"市民化"；然而，恰恰是进城农民不渴望城市户籍和成为"完整"的市民，"市民化"视角变得不足以"捕捉"当下的现实。在此背景下，学者认识到"市

---

① 孙敏：《中国农民城镇化的实践类型及其路径表达——以上海、宁夏、湖北三省（区、市）农民进城为例》，《中国农村经济》2017年第7期。
② 周飞舟、吴柳财、左雯敏、李松涛：《从工业城镇化、土地城镇化到人口城镇化：中国特色城镇化道路的社会学考察》，《社会发展研究》2018年第1期。
③ 陈映芳：《"农民工"：制度安排与身份认同》，《社会学研究》2005年第3期。
④ 王春光：《农村流动人口的"半城市化"问题研究》，《社会学研究》2006年第5期。
⑤ 陆学艺：《破除城乡二元结构 实现城乡经济社会一体化》，《社会科学研究》2009年第4期。

民化"视角的理论缺陷在于假设农民进城是单向的乡城迁移,是个体为了追求非农收入和现代化生活方式所采取的行动,因而其成功的标志是斩断乡村之根,彻底融入城市,进城与回乡也被认为是一对矛盾。而其根源在于现代化范式的形塑,即将(作为迁出地的)乡村和(作为迁入地的)城市之间的关系处理为传统与现代二元对立的关系[1]。

为了超越"市民化"视角的局限,家庭研究的视角被引入进来。在新视角下,学者指出:农民以家庭为单位能动地介入了工业化与城市化的进程中,从而形成了以代际分工为基础的"半工半耕"的生计模式[2];农民进城被理解为"家计过程"(householding)[3]的一部分,农民家庭的生计过程与再生产的过程不可分割,进城打工与留乡务农都是手段,共同服务于家庭再生产的目标。

在反思"市民化"视角和沿用家庭研究视角的基础上,本文将进一步引入时空经验的视角,将县域内的乡村与城市"缝合"为一个一体化的场域,农民以家庭为单位在其间做出生计与生活的安排,实现家庭再生产,追求家庭的阶层跃迁。当下县域内的城乡空间已经具备可以"缝合"的条件。首先,县域内以户籍制度为基础的二元体制已经在改革中逐渐瓦解,转变成为一种(相对农民而言)"保护型"的制度,使得农民既可以自由进城,又可以顺利返乡[4]。其次是县域内人们关于村庄-县城的时空经验已经发生了重大的变化(下文将详述此变化),这使得进城农民家庭可以在日常生活层面"城乡两栖"[5]。

---

[1] Michael Kearney. "From the Invisible Hand to Visible Feet: Anthropological Studies of Migration and Development", *Annual Review of Anthropology*, 1986:15(1).
[2] 夏柱智、贺雪峰:《半工半耕与中国渐进城镇化模式》,《中国社会科学》2017年第12期。
[3] 杰华:《理解"留守者"境遇的一个替代框架》,汪淳玉、蒋燕翻译整理,叶敬忠编,《农政与发展当代思潮(第二卷)》,社科文献出版社,2016年,第19-39页。
[4] 贺雪峰:《当前的城乡二元结构对农民有一定保护作用》,《北京日报》2016年4月18日。
[5] 朱晓阳:《"乡-城两栖"与中国二元社会的变革》,《文化纵横》2018年第4期。

三、县域内时空经验的变化

在施坚雅的笔下,传统中国基层社会中农民互通有无的最小单位是基层市场,而基层市场的服务范围差不多是农民一日之内步行往返的最大距离,普通农民在日常生活中较少去集镇,更绝少去县城[①]。相比于施坚雅所描绘的情形,当代中国基层社会中农民的时空经验已经发生了巨大的变化,而这一变化是由过去几十年来所发生的交通、通信技术以及相关基础设施的变革所带来的。

(一)交通革命带来城乡间的"时空压缩"

根据赫格斯特兰德的"时间地理学"[②],如果以人类不可分的肉身作为思考的起点,那么两个地方之间必然存在着"距离的摩擦力"——主要体现为往返两地之间所耗费的时间和资金成本。而交通条件的改善可以大幅降低往返两地所耗费的时间与资金成本,这就是本文所谓的"时空压缩"的效应。

自上世纪90年代来,受到"要想富,先修路"的理念驱动,各地方政府投资修路的热情是显而易见的。根据地方县志记载,1995年山县境内从县城至各乡镇之间基本通油路,2012年则实现了"村村通油路",而2013年以后开启村级道路硬化工程。2014年笔者进入山县时,即使本县最偏远的村庄,也都有宽阔平坦的水泥或沥青路面的主干道,并与四通八达的公路网相连接。

过去十多年中山县出现的另一个明显的趋势是小汽车在农村家庭中的普及。借由城乡间通达的公路网,从山县县城驱车前往本县最偏远的村庄,

---

① 施坚雅:《中国农村的市场和社会结构》,史建云、徐秀丽译,中国社会科学出版社,1998年,第21-55页。
② Torsten Hägerstrand. "What about people in regional science?", *Papers of the Regional Science Association*, 1970:24(1).

耗时不超过 1 小时，从鸢市城区到本县最远的村庄，也不超过 1.5 小时。笔者所熟识的那些在县城或鸢市城区购置了房产的农民家庭也大多添置了小汽车。据当地人回忆，以前在村庄里，一般只有那些以"跑运输"或贩卖化肥农药为职业的家庭才拥有汽车（通常是卡车或面包车），而在 2014 年前后，山县农民家庭购买小汽车的比率进入了爆发式增长期。对于山县由乡入城的家庭来说，小汽车几乎成了位列城市房产之后第二重要的"必需品"，因此也进入了本地的嫁妆或彩礼清单。

在城乡间道路条件获得极大改善的前提下，拥有小汽车或预计能买得起小汽车的现实，深刻地改变了人们关于村庄与县城（或鸢市城区）之间距离的想象。在当代山县，无论是住在县城的年轻人，还是他们仍留居村庄的父母，都不约而同地使用"近便"一词来形容往返村庄与县城之间的旅程体验。在有车的条件下，住在县城的年轻人回老家几乎可以"说走就走"。一个在县城工作的年轻人曾告诉笔者，（在结婚之前）他经常在某日下班后临时起意驱车近一小时回农村老家，陪父母住一晚，第二日清晨开车返回县城上班。这些年轻人仍留居村庄的父母们也认为县城已经成为一个"说着就可以去"的所在。一位年近五十岁的农村妇女告诉笔者，她正在极力劝说儿子从部队转业之后"在县城找个活，下了班，开车回来吃个饭，也近便，可以来家'靠着'（方言：意指照顾或被照顾）"。正是在这些意义上，对于那些由乡入城的农民家庭来说，以自己的肉身所体验到的县城-村庄的距离被大大"压缩"了。

（二）通信革命带来虚拟空间中的"共同在场"

最近二十年来，通信技术快速地迭代更新，与此同时，相关基础设施建设也在有力推进，这些都在悄然改变着农村居民的日常生活。山县农民刘金玉（出生于 1963 年）与其家人的经历生动反映了通信革命对普通人日常生活的影响。20 世纪 90 年代初，山县外出打工的农民只能通过书信或电报与家人保持联络。直至 21 世纪最初几年，山县的许多村庄只有大队部或极少数的村民家中安装了固定电话。那时，刘金玉在鸢市的一个水泥厂做搬运工，一个月才返家一次。当有急事需要跟留守老家的妻子沟通时，刘金玉只能打电话到村大队部，然后由村干部找到他的妻子来接电话。而到了 2010 年前后，刘金玉夫妻和他们的儿女各自都有了一部手机，夫妻俩每周都可以与他们在外地上大学的儿女至少通一次电话。2014-2017 年期间当笔者在山县做田野时，刘金玉的女儿秋菊已经结婚并在鸢市安家，也有了自己的孩子。秋菊每天下班回家准备吃晚饭时，都会习惯性地使用她的智能手机用微信视频呼叫她的父母。通过这一特殊的方式，女儿秋菊和刘金玉夫妇就好像是围着同一张桌子，一边吃饭，一边闲适地聊着家长里短。这生动地体现了当代移动通信技术及其相关基础设施使得分居城乡两地的家庭成员可以超越不可分的肉身的限制，便捷地在虚拟空间中"共同在场"，在一定程度上实现信息和情感的传递与交流。

（三）农民家庭日常所能支配的时空量发生扩容

交通革命所带来的"时空压缩"效应和通信革命所带来的虚拟空间中"共同在场"效应交织在一起，潜移默化地"再造"着人们关于县城-村庄的时空经验。一位住在山县偏远山村的农民曾告诉笔者："今年夏初，杏子熟了。那天晚饭后，我打电话给（住在县城的）儿子，让他有空回来采杏子。没过大半个小时，他开着车就回来了，采了杏子，晚上又赶回去（县城）。"

以这个农民家庭的事例来看，住在县城的儿子在接到父亲电话后开车回农村老家又返回县城的便利程度，与居住在同一个村庄中的父子两代人在晚饭后步行去对方的居所探视，几乎可以相提并论。伴随当代交通、通信技术以及相关基础设施的迅速改善，山县普通农民家庭日常所能支配的时空量已经发生了大幅度的扩容，从施坚雅所谓的"基层市场"的覆盖范围，扩展到了跨越县城 - 村庄的时空区域。

四、家,"撑开"在城乡之间

环境并不是独立于人类活动之外的中立的背景,环境以其特性不断侵入人类栖居其间的过程,被整合进他们的日常活动模式,并呈现出特殊的地方性意义[①]。如上文所述,当代的交通与通信技术以及与之相关的基础设施,构成了当代山县农民家庭栖居其间的环境,也被这一能动者巧妙地编织进入了他们的日常生活实践之中。正是在这一过程中,山县农民家庭感知到了其日常生活所能支配的时空量发生了大幅度的扩容,并逐渐认识到他们的家庭安排可以不再受村庄边界的限制,而是可以"溢出"到县城-村庄一体的空间中进行重新布局,从而形成"撑开"在城乡之间的家庭。以下本文首先将呈现"撑开"在城乡之间的家庭的形态,其次描绘进城农民的家庭安排如何在跨越县城-村庄的空间中被重新布局,然后分析"撑开"在城乡之间的家庭所折射出的城乡关系。

(一)"撑开"在城乡之间的家庭及其形态

出生于 1958 年的王卫军是山县石村一个精明能干的农民。与本村的同龄人一样,他和老伴管理着十多亩地,并以种植生姜为最重要的生计来源,年收入在 3 万元左右。早在 2009 年,儿子尚在鸢市的职业中学就读时,王卫军就给儿子在鸢市城区购置了一套商品房,准备留着给儿子未来结婚用。2011 年他的儿子进入鸢市一家大型的机械厂工作,不久通过相亲结识了一个姑娘,此姑娘出生于山县的另一个村庄,当时在鸢市的一家纺织品工厂做缝纫工。2013 年,王卫军夫妇为儿子在石村举办了婚礼,仪式过后,儿子夫妇俩回到鸢市上班,住在王卫军夫妇几年前为他们购置的婚房中。王卫军夫妇还出钱资助儿子买了一辆小汽车,儿子夫妇驾车从鸢市回山县

[①] Tim Ingold. *The perception of the environment: essays on livelihood, dwelling & skill.* London; New York: Routledge. 2000:330.

石村只需要 1 小时。2014 年，儿媳妇怀孕，辞了鸢市的工作，回到石村的家中待产。2015 年，孩子出生满一周岁后，儿媳妇打算回鸢市的纺织品工厂继续原来的工作，而王卫军的老伴则跟着儿媳妇一起来到鸢市，帮忙照看孩子。每隔一两个月（尤其是农忙时节），王卫军的老伴就让儿子开车送她和孩子回石村老家住上半个月，既为了协助王卫军处理一些农活，也为了帮他料理一些生活琐事。

王卫军一家三代人分处城乡两地，在城乡间"两栖"的现实，代表了山县进城农民家庭普遍的生活状态。2014-2017 年笔者在山县做田野调查期间，发现大量的五十岁上下的农民夫妇已经或正在进入县城或地级市为其婚龄期的儿子购置房产。山县农民家庭进入县城买房的时机以及由此所形成的代际间的协作分工的模式，与一些学者在江西、湖北、河南、宁夏等中西部地区的县域的发现[1]是高度一致的。

值得注意的是，分居城乡两地的父辈与子辈并非固定在各自位于县城或村庄的居所，而是经常在城乡两个居所之间"穿梭往返"[2]。例如，子辈通常会以相对固定的频率在节假日驱车返回村庄与父辈团聚，也经常在农忙时节回到村庄给予父辈劳力上的支持。而父辈（尤其是母亲）则通常在子辈生育了孩子之后，进入县城长住，帮忙照看孩子，同时频繁地返回村庄中那个属于自己的居所；而一些父辈在完成了照看孙辈的"任务"后，则返回了村庄。笔者也看到一些父辈在进城看病的时候，会在子辈位于县城的公寓房居住一段时间。笔者还注意到：在"城乡两栖"的家庭中，两

---

[1] 赵晓峰、贾林州：《城镇化发展的"市县模式"：湖北省个案》，《重庆社会科学》2010 年第 8 期；栗志强：《农村男青年婚姻移民推动下的"城镇化"问题——基于豫北 L 县的调查》，《理论探索》2011 年第 6 期；黄志辉、李飞：《非经济动力——农民"住城"的文化动因》，《华中科技大学学报（社会科学版）》2012 年第 3 期；王向阳：《两栖式城镇化：农民进城的另一种实践性表达——基于宁夏 P 县 Z 村的调研》，《宁夏社会科学》2017 年第 4 期。

[2] 童小溪：《从"乡土中国"到"离土中国"：城乡变迁的时空维度》，《湖南社会科学》2014 年第 5 期。

代人通常都会在属于自己的居所中给对方预留出专门的房间,以备对方来访时居住。正是通过在城乡之间的频繁的"穿梭往返"的策略,两代人维持情感联络,共同协作应对"过日子"中所遇到的各种情境与问题。

(二)在城乡间重新布局的家庭"终生筹划"

在田野期间,笔者曾有意地跟随一些家庭在城乡间往返,观察他们的生活安排,倾听他们关于这些安排的解释。在不断的追问中,笔者逐渐认识到:山县农民家庭由乡到城的生活安排有一套自己的逻辑。欲理解山县农民家庭"撑开"在城乡之间所依循的逻辑,有必要借助如下这一方法,即将当代山县进城农民所做出的家庭安排与二十年前[1]山县农民在村庄中所做出的家庭安排,放在一起并进行对照,尤其将注意力聚焦于这些家庭在其成员之生命历程的重要时间节点[2](例如子辈开始工作、结婚、生育、父辈失去独立生活能力等)所做出的安排。

在上文的例子中,王卫军在儿子尚未从职业学校毕业时,就为儿子在鸢市城区购置了一套商品房,计划作为儿子的婚房。这与二十年前山县农民家庭在儿子十多岁时就在村庄中"盖两间大屋"留作儿子的婚房[3]其实是基于同样的逻辑,即:在父系从夫居的亲属制度预期下,男方父母有义务给儿子的婚后小家庭准备一个"窝",只是这个"窝"的位置由位于同一个村庄之内,"撑开"到了距离村庄一个小时车程的县城[4]。对于农民家庭来说,置办婚房并不是独立的经济行为,而是整个家庭的"终生筹划"的一部分。事实上,在做出进城为子辈购置婚房的抉择时,农民家庭已经

---

[1] 当下山县这一波农民进城的浪潮始于2005年前后(即在笔者去山县做田野调查之前十年),为了了解这一波农民进城的浪潮之前的状况,笔者选择了二十年前这一时间节点。
[2] 朱晓阳:《进入贫困生涯的转折点与反贫困干预》,《广东社会科学》2005年第4期。
[3] 王跃生:《婚事操办中的代际关系:家庭财产积累与转移——冀东农村的考察》,《中国农村观察》2010年第3期。
[4] 白美妃:《从婚房进城看中国城市化的逻辑》,《文化纵横》2018年第1期。

在考虑整个家庭的"终生筹划"的相应调整。

二十年前，在村庄中，农民家庭在儿子婚后两三年内（通常是孙辈出生后），就会安排分家。不过，分开后的两个小家庭依然在生计、育儿、养老等诸多层面维持着紧密的互助合作，关于这一模式，阎云翔发现东北农民形象地概括为"分家以后一起过"[①]。而在当代山县，婚房进城后，年轻夫妇的婚后小家庭主要居住在县城的公寓房中，男方父母则留居村庄老宅，父子两代人自然而然就分开了。几乎所有的男方父母都坚持认为他们必须与子代夫妇分开居住，这一原则在那些男方父母也准备进城的家庭中看得更明白。例如，笔者曾遇到一个临近退休的乡村教师和老伴正在筹划着过两年搬去县城帮助子辈照看孩子，几年前他们以支付全款的方式给子辈夫妇在县城买了一套两室一厅（100 平米）的房子。但是，当时他们告诉笔者进城后准备在孙辈的学校附近租房居住，而不是和子辈夫妇住在一起。事实上，一年后笔者发现他们居然已经卖了第一套房子，在县城另一个小区中买了一梯两户相邻的房子。这位乡村教师的老伴还特地跟儿媳妇强调，两代人各自有灶，分别做饭。以这一案例观之，如果男方父母准备离开村庄，进城长期居住，那么他们会另外租房或再购买一套房子，而无论租房或买房，都是一笔不小的支出。

事实上，大多数男方父母不会轻易放弃村庄老宅——在子辈成婚后，这里就成了他们的"老年房"，直到自己失去独立生活能力之前的几十年间，他们预期自己会尽可能地生活在这里。因此，一些经济上相对宽裕的父母，在给儿子进城购置了婚房后，会尽可能"拾掇"（方言，意指重新装修）一下他们的"老年房"。分别位于村庄与县城两地的居所，构成了父子两代人"合二而一"的相对独立的生活模式的空间的基础，对每个家庭内部代际间和睦关系的维持至关重要。

---

① Yunxiang Yan. "Intergenerational Intimacy and Descending Familism in Rural North China"，*American Anthropologist*，2016:118(2).

分居城乡两地的两代人又构成了一个合一的经营共同事业的团体，随着子辈定居县城，每个家庭则开始重新做出跨越城乡进行协作的生计生活安排。值得注意的是，家庭成员在城乡间的安排，并不只是基于个人的意愿，也基于以家庭为单位的理性考量。例如，前文曾提及的刘金玉夫妇在儿子结婚并定居县城后，就开始重新筹划自己的生计与生活安排——才五十岁出头、仍然年富力强的夫妇俩正在考虑放弃在村庄养鸭这一已经从事了8年的相对成熟的"事业"，准备进县城帮助子辈照看孩子。之所以这么做，刘金玉的解释是他的父辈以前也是这么帮助自己的——三十几岁时他曾在鸢市的水泥厂做搬运工，挣取相对稳定和丰厚的收入养家，他认为这归功于他的父亲在村庄中帮助他的妻子照管农田。曾经受惠于自己的父辈，如今作为父辈，刘金玉夫妇正在主动做出为子辈"发挥余热"的筹划，这体现了一种"仿照自己的父亲对待自己的方式来对待儿子"[①]的代际关系的延续。

目前在这一波进城农民家庭中，父辈基本尚未达到失去独立生活能力的年龄，但是，他们大多预期自己未来因年老时将搬至子辈的公寓房中居住，至于到时能否得到子辈的善待，他们并没有完全的信心。笔者看到一对五十多岁的农民夫妇正在积极地存钱和缴纳商业性的养老保险，以确保未来在跟子辈同住时有稳定的经济来源，不会因给子辈增加经济负担而带来家庭矛盾。

由此，这些进城农民家庭正在基于他们以前在村庄中所习得的处理代际关系的模式，同时因应外部宏观形势的变化，将关于整个多代家庭的"终生筹划""拓扑"至跨越村庄-县城的空间中，从而形成了一个如橡皮筋一样"撑开"在城乡之间的家的形态。"文化拓扑学"（cultural topography）是加拿大人文地理学家希尔兹（Rob Shields）提出的一个概念，关注多元要素之间的关联性，"拓扑"意味着要素组合所呈现出的形状发

---

① 周飞舟：《一本与一体：中国社会理论的基础》，《社会》2021年第4期。

生变化，然而要素之间的关联保持不变①。借用"文化拓扑"这一术语，是为了形象地阐明：若将二十年前局限于村庄之内的农民家庭所做出的生活安排与当下农民家庭"撑开"在城乡之间的生活安排并置对照的话，两者所依循的代际关系模式存在延续性。然而，需要指出的是，使用这一术语，本文并不认为上述两者所包含的家庭内部关系是完全相同的，本文相信：伴随着家庭安排之空间布局的变化——由局限于村庄之内"撑开"至跨越村庄－县城的空间中，尤其是父子两代人居住距离的拉伸，家庭内部关系未来也可能会发生变化。

（三）从"撑开"在城乡之间的家看县域内的城乡关系

在山县县域内，大量的年轻人进入县城，他们的父辈留在村庄，两者并不能被割裂开来分别看待；年轻人并没有永久地离开村庄，他们的父辈也时常去县城，两者分别是"撑开"在城乡之间的家庭的一部分。正是看到了"撑开"在城乡之间的家的存在，本文认为：当代山县县域内作为人口迁出地的村庄与作为人口迁入地的县城所构成的关系，并不适合塞到传统－现代这一二元对立的框架中加以理解，而应该"缝合"为一个一体化的场域加以理解——在这个一体化的场域中，进城农民以家庭为单位在其间"穿梭往返"，按照其生活习惯与家庭理想，策略性地编织日常生活。

对于"撑开"在城乡之间的家而言，其生计可持续性地维持离不开同时来自村庄与县城两地的就业机会与资源。如前文所述，为年轻人在县城购置公寓房的首付款乃至全款，依赖的是父辈在村庄中从事农业劳作所取得的收入，且父辈将长期贴补年轻人在县城的生计与生活。换言之，以无数"撑开"在城乡之间的家为纽带，村庄与农业在支撑着县域内的城市化进程。一些学者发现中西部地区县域内城乡关系也存在类似的特征，且做

---

① 罗伯·希尔兹：《空间问题：文化拓扑学和社会空间化》，谢文娟、张顺生译，江苏教育出版社，2017年。

了相对充分的论述①。另外,在每个"城乡两栖"家庭中,关于子辈结婚成家、养育孩子、赡养老人等事项的安排,未来都将在跨越村庄-县城这一更大尺度的空间中被重新布局。当然,对于每个家庭而言,"城乡两栖"生活的实现依赖于其成员在城乡之间的策略性地"穿梭往返"。

至于"撑开"在城乡之间的家,是否只是势不可挡的城市化进程中的一种过渡状态?本文无法给出一个直接的简单的回答。可以预测的是:县域内基于"撑开"在城乡之间的家庭样态至少将维持二十年的时间。本文的理由有二:第一,目前作为进入县城"主力军"的农民家庭中的父辈尚处于五十岁上下,未来他们至少将在乡村生活二十年的时间。第二,目前仍留居村庄中的四十多岁的农民夫妇们即将在十年后(伴随子辈进入婚龄期)迎来属于他们的"撑开"在城乡之间的家。

五、县城—村庄,这个距离刚刚好

那么,山县农民"撑开"在城乡之间的家是否还可以超越县域(或地级市)的边界,而继续扩展至更广阔的时空区域?为了回答这一问题,以下本文首先将讲述一个五十多岁的山县农民在面对他与子辈的未来家庭有可能"撑开"在跨越山县-济南的空间中时所做出的反应与战略抉择,进而揭示其中所包含的农民主位的理性考量,并探讨农民家庭"撑开"在城乡之间的距离限度。

(一)一个把儿子从省城"叫回"山县的案例

山县一位五十多岁的农民陈顺德曾经跟笔者说起他家的故事。在过去十多年中,陈顺德一直和老伴在村庄中以养猪为业,夫妇俩只有一个独生

---

① 王海娟:《农民工"半城市化"问题再探讨——以 X 县进城购房农民工群体为例》,《现代经济探讨》2016 年第 5 期。

子陈硕。陈硕曾在山东的省会城市济南上大学,读的是会计专业。2013 年毕业后陈硕留在了济南的一家会计师事务所工作,从事的工作能用上所学的专业,陈硕觉得很好。但是,陈硕工作才一年多,父亲就跟他商量,让他放弃济南的工作,回山县再另找工作。之所以让儿子回山县,陈顺德是这么解释的:"我就一个儿子,他在济南无亲无故,我想想觉得不是个事儿,我得把他叫回来。如果他待在济南,我要是很有钱的话,就可以多给他些钱,买个大房子,那还好点;我要是没啥钱的话,这个儿子,就什么也顾不上了。我们村,有些人说起自己的孩子在北京、在上海工作,听起来很有面子,但是,他们的孩子在北京、在上海,好不容易买个六七十平米的房子,老的(指父母)基本不可能去住。孩子一年也就只有过年过节回来几天,这一辈子孩子能回家的日子加起来也不会有一年。"

尽管不是很情愿,陈硕最终还是听从了父亲的建议,回到山县县城找了一个在机械厂做会计的工作。不久,陈顺德就给儿子在山县县城买了一套房子。在后续的两三年间,陈硕很快结了婚,有了孩子,至此,陈顺德觉得自己"这辈子的任务完成了"。事实上,陈硕回山县后最初几年的事业发展并不顺利,因为一个县城的私营工厂并不需要太"专业"的会计,这让陈硕觉得自己的工作比较"憋屈"。2016 年,陈硕从这家工作了三年的工厂辞职,他正计划着参加当年的注册会计师的考试,继而去鸢市找一份"专业"的财会方面的工作,如果职业发展顺利的话,他未来考虑把妻子和孩子一起接到鸢市生活。对此,陈顺德说:"鸢市和山县县城,都可以,没有什么差别。"

笔者在田野中碰到了几个与此类似的例子。像陈顺德一样,这些父母在儿子从外地的高校毕业后把儿子"叫回"了山县或鸢市就业安家,他们的理由也与陈顺德相似。对于陈顺德来说,如果让他的儿子留在省会城市济南就业安家,而济南的房价高于山县数倍,即使他把毕生的积蓄都拿出来,也不够资助儿子在济南购置一套未来足以住下一家三代人的大房子。这必然导致父子两代人分居济南与山县两地。济南距离山县 4 个小时的车程,这一距离意味着往来于济南与山县之间是不可能像往来于山县县城与村庄之间(约一小时车程)同样便捷的。这一"距离的摩擦力"将使得分隔济南山县两地的父子两代人只能在逢年过节时团聚,因而父子两代人未来几十年的情感交流与物质上的相互支持都会受到很大限制。

在山县的方言中,有一种特有的说法,用来形容这一问题,即"儿子瞎了"。"瞎了"一词,本意是指食物馊了,变质了,不能吃了。人们说"儿子瞎了",直接的意思就是"儿子白养了"。在山县,如果某个家庭的儿子去了距离遥远的外地就业安家,很少有机会回家看望父母,尤其是在父母年老失去自主生活能力时不能给父母以物质上的支持和照顾,人们就会把这种情况称之为"儿子瞎了"。对陈顺德来说,把儿子从省城济南"叫回"山县,就是一种防止"儿子瞎了"的策略。

(二)农民家庭"撑开"在城乡之间的距离限度

如果说山县进城农民家庭正在将关于整个家庭的"终生筹划",从局限于村庄之内"拓扑"至跨越村庄-县城的空间中,那么这一"拓扑"并非是任意的,而是必然受到进城农民家庭(以其成员不可分割的肉身)在日常生活中可支配的时空量的限制,而后者则是以县域内的交通与通信技术以及与之相关的基础设施为前提的。济南至山县需要4个小时的车程,受到这一距离的限制,分居两地的家庭成员不可能在两地间频繁地穿梭往返,随时回应对方的需求而保持日常生活层面的密切合作,从而实质性地(而非仅是精神意义上的)合在一起"过日子"。换言之,济南至山县的距离超过了当代交通条件下山县农民家庭(以其成员不可分割的肉身)在日常生活中可支配的时空量,因而这些农民家庭也不可能将关于整个家庭的"终生筹划"有效地"拓扑"至跨越山县-济南的空间中。

形象而言,橡皮筋被"撑开"是有限度的,如果拉伸过度就可能断裂。现实而言,尽管当代的通信条件已经允许位于地球两端的普通人廉价且便利地实现虚拟空间中的"共同在场",然而,山县普通农民家庭成员间在日常生活层面维持相对紧密的互助合作，依然受到每个家庭成员（以其不可分的肉身）所能支配的时空量的限制，本质上受到当代交通及基础设施的限制。对于一个需要在日常生活中紧密互动的家庭来说，村庄－县城是一个刚刚好的距离，反之，分开居住的三代家庭一起协作"过日子"的理想目标的实现就会大打折扣。

六、结论与余论

过去二十年来，在城乡户籍制度改革以及就业、房产逐渐市场化的前提下，作为中国城市化进程最重要的载体，县域普遍出现了一种现象——即大量农民家庭从周边农村涌入县城购置房产，与此同时，这些家庭维持着一种"城乡两栖"（包括"城乡两居"与"工农兼业"）的生计生活方式。针对这一现象，本文以山东省东部地区山县县域作为案例，沿用以家庭为单位的分析方法，同时引入时空经验的视角，来理解"城乡两栖"家庭的生计生活方式，以此透视县域内的城乡关系构型。

本文认为：过去几十年中农民家庭可感知的时空经验发生了重大变迁；交通及相关基础设施的变革使得村庄－县城之间的可感知的相对距离被"压缩"了，通信及基础设施的变革则使得分居县城－村庄的农民家庭成员可以在虚拟空间中便捷地实现"共同在场"；这两种效应交织在一起，使得农民家庭日常可支配的最大时空量发生了大幅的扩容——从局限于村庄之内扩展至跨越村庄－县城的空间。伴随这一新的时空经验编织进入其日常生活，农民家庭将原本局限于村庄之内的"终生筹划""拓扑"至跨越村庄－县城的空间中，从而呈现出了一种"撑开"在城乡之间的家庭形态——在这一形态的家庭中，成员们在城乡之间"穿梭往返"，基于其在村庄中所习得的生活模式，策略性协作经营着整个家庭的生活，并推动家庭生命周期向前滚动。正是看到了"撑开"在城乡之间的家庭的存在，本文认为县域内形成了一种一体化的城乡关系结构。

本文发现：就进城农民家庭"撑开"在城乡之间的限度而言，若要确保其成员在日常生活层面协调合作的质量，县域是一个比较合适的范围。这也呼应了最近几年来不少学者所强调的以县域为切入点推动乡村振兴和新型城镇化融合发展的观点。县域的意义至少体现在如下几个方面：其一，（出生于20世纪80、90年代的）"农二代"在价值观上表现出了明显的"离土不回村"的倾向[1]，然而大城市过高的房价和生活成本几乎湮灭了他们在大城市落地的可能性，而县城/地级市正好提供了一个合适的层级可供他们落地[2]。其二，以历史的眼光来看，县域一直是中国政治经济和社会文化的重要节点，因此，在县域范围内经历乡城迁移，人们依然可以维持原有的熟人网络，保留社会和文化意义上的"根"[3]，尽可能缓和现代化和城市化对社会和个人的冲击和震荡。其三，从行政功能来看，县作为基层行政机构，具有与乡村振兴战略所要求的"五大振兴"目标相对应的完整的经济建设、政治建设、文化建设、社会建设、生态文明建设等职能体系，因而更适合作为乡村振兴战略的基本实施单位[4]。

无疑地，在乡村振兴战略的视野下，关于县域内"撑开"在城乡之间的家庭形态以及与之相关的城乡关系结构的认识，对于未来城乡融合发展的体制机制构建，具有重要的启示意义。一方面，进城农民以家庭为单位"撑开"在城乡之间，他们在经济、生活方式、社会交往等层面兼具城乡之要素，因而潜藏了未来城乡融合、乡村振兴的新机遇[5]。进城农民家庭在城乡间

---

[1] 纪竞垚、刘守英：《代际革命与农民的城市权利》，《学术月刊》2019年第7期。
[2] 申端锋：《从大都市到小县城：80后农民工返乡的一个路径》，《学习与实践》2009年第3期。
[3] 李强、陈振华、张莹：《就近城镇化模式研究》，《广东社会科学》2017年第4期；卢晖临、粟后发：《迈向扎根的城镇化——以浏阳为个案》，《开放时代》2021年第4期。
[4] 王立胜：《以县为单位整体推进：乡村振兴战略的方法论》，《中国浦东干部学院学报》2020年第4期。
[5] 王春光：《第三条城镇化之路："城乡两栖"》，《四川大学学报（哲学社会科学版）》2019年第6期。

的"穿梭往返"有可能带来城乡间物质、信息交流的新方式，孕育出盘活乡村资源、打通一二三产业、带动城乡内生型发展的新的可能性。

另一方面，进城农民以家庭为单位"撑开"在城乡之间，他们既不再是"乡土中国"时代束缚于土地之上的农民，也没有成为斩断乡村之根、彻底融入城市的完整的市民，他们在城乡之间"穿梭往返"的日常活动模式必然对县域内旧有的公共服务体系和社会治理体系提出新的需求和挑战，而乡村养老是目前凸显出来的问题之一。另外，"撑开"在城乡之间的家庭选择和使用城乡医疗资源的方式、参与村庄或城市社区议事及政治过程的模式都有别于县域内城乡二元体制下农民的行动模式，这些问题都有必要成为未来面向城乡融合发展的公共政策设计的重要关切点。

旅游发展促进乡村振兴的地方性实践*
——逻辑与案例

孙九霞**

摘　要　我国长期以来存在城乡发展不均衡和乡村发展不充分的问题。新时代背景下,"乡村振兴"战略直面乡村社会发展困境,以乡村的多维发展重塑新型城乡关系。通过解读旅游特性和具体案例,本文发现,旅游作为乡村全面振兴的可行路径之一,具有其内在逻辑和作用机制:旅游发展为乡土空间重聚发展主体,将各类经济生产要素注入乡村,实现乡村在经济层面的产业结构多元化和空间多功能化,文化层面的物质文化保存与修复和精神文化的调适与再造,治理层面的内生自组织治理优化和网络治理的构建与深化,有效缓解甚至逆转乡村多重危机;同时,旅游发展在推动乡村各层面发展的过程中释放乡村居民的自主性,构建地方和外部力量的互动场域,共同推动乡村实现"新内生型发展"和持续振兴。

关键词　乡村振兴　旅游发展　地方性　文化传承　乡村治理

---

* 本文是在两篇已公开发表的论文的基础上修改而成,这两篇论文是:孙九霞、黄凯洁、王学基:《基于地方实践的旅游发展与乡村振兴:逻辑与案例》,《旅游学刊》2020年第3期;孙九霞、苏静:《地方文化保护与传承中精英个体的日常实践》,《地理研究》2019年第6期。感谢黄凯洁、王学基、苏静在本报告相关调查研究、资料整理等工作中所做出的贡献。

**　孙九霞,中山大学旅游学院教授、博士生导师,珠江学者特聘教授,广东省社会科学研究基地中山大学旅游休闲与社会发展研究中心执行主任,主要研究方向为旅游人类学、旅游与社会文化变迁、旅游流动性。

引言

随着中国经济社会发展进入新时代，人民日益增长的美好生活需要和不平衡不充分发展之间的矛盾已经成为当前社会的主要矛盾，而城乡发展的不平衡是众多不平衡现实中最为突出的问题之一[1]，乡村发展的不充分也成为诸多社会冲突与问题的根源[2]。在当下快速的现代化和城镇化进程中，乡村社会面临着多重困境，诸如人口外流导致乡村人口结构失衡、农村产业发展滞后、乡村文化边缘化、社会治理失效等问题严重制约着乡村发展和传统村落的存续[3]，并不断带来新的社会矛盾。究其根源，中国长期以来推行城乡二元体制下城市优先发展的战略是背后的结构性因素[4]。在"重城轻乡"和"城优于乡"的观念导向下[5]，逐渐形成了一种国家、社会和个体相互作用的"城市中心主义"的发展逻辑[6]，资源集中配置于城市，农村劳动力向城市流动。其结果是城乡二元结构不断强化，城乡差距逐渐拉大，乡村问题日趋突出，乡村可持续发展无从谈起[7]。城市中心主义的发展逻辑某种程度上忽视了通过乡村传统与现代化要素结合以促成多元发展（尤其是乡村自主发展）的可能性。

---

[1] 刘彦随：《中国新时代城乡融合与乡村振兴》，《地理学报》2018年第4期。
[2] 刘正佳、李裕瑞、王介勇：《新时代乡村振兴战略及其前沿观点——2018年博鳌亚洲论坛相关主题评述》，《地理学报》2018年第8期。
[3] 孙九霞：《传统村落：理论内涵与发展路径》，《旅游学刊》2017年第1期。
[4] 赵海林：《统筹城乡发展必须转变城市偏向发展战略》，《中国乡村发现》2010年第2期；刘彦随、周扬、刘继来：《中国农村贫困化地域分异特征及其精准扶贫策略》，《中国科学院院刊》2016年第3期。
[5] 王艳飞、刘彦随、严镔：《中国城乡协调发展格局特征及影响因素》，《地理科学》2016年第1期。
[6] 文军、沈东：《当代中国城乡关系的演变逻辑与城市中心主义的兴起——基于国家、社会与个体的三维透视》，《探索与争鸣》2015年第7期。
[7] LONG H L, LIU Y S, LI X B. "Building new countryside in China: A geographical perspective", *Land Use Policy*, 2010, 27(2).

正是出于破解社会主要矛盾,解决城乡"一条腿长、一条腿短"的问题,我国提出建立"城乡融合发展"的体制机制和政策体系,明确优先发展农业农村,将乡村作为与城市具有同等地位的有机整体。而乡村振兴成为新时代背景下的国家战略选择,从全局和战略高度来构建城乡融合、共同繁荣的新型工农城乡关系。无论是科学内涵与战略价值,还是战略实施的路径与困境[1],乡村振兴战略将国家发展话语重新回归到乡村本身。在此基础上,关注、探讨和践行战略目标之下具体有效的路径选择,是增强乡村发展动能、实现城乡共融互惠的重中之重。乡村振兴作为一项长远发展战略,若要得到积极稳健的实施,既要张弛有度地循序渐进,也要有针对性地因地制宜[2],面对不同地区的发展不平衡不充分问题,应当结合地方实际问题和地区特征制定发展策略。在众多乡村发展的路径和模式中,旅游对乡村发展、乡村振兴的带动效应已成为各界共识,但乡村旅游发展的一般路径和实践过程、旅游对乡村全面振兴作用的发生机制,仍然需要不断从案例经验中总结归纳。乡村振兴是系统性的,要想厘清旅游成为乡村振兴路径选择的合法性问题,解读旅游对乡村振兴的作用,应当构建系统的分析框架,并借助具体实践解读旅游发展与乡村振兴各维度的关系。

一、逻辑建构:旅游作为乡村振兴的一条路径

乡村振兴是继"城乡统筹""新农村建设"等乡村发展战略之后的又一国家重大战略决策[3]。从上一阶段的"新农村建设"到当下的"乡村振兴",

---

[1] 钟钰:《实施乡村振兴战略的科学内涵与实现路径》,《新疆师范大学学报(哲学社会科学版)》2018年第5期;刘祖云、刘传俊:《后生产主义乡村:乡村振兴的一个理论视角》,《中国农村观察》2018年第5期。

[2] 贺雪峰:《城乡二元结构视野下的乡村振兴》,《北京工业大学学报(社会科学版)》2018年第5期。

[3] 梅立润:《乡村振兴研究如何深化——基于十九大以来的文献观察》,《内蒙古社会科学(汉文版)》2018年第4期。

政策实施的对象从"农村"转变为"乡村",这意味着对"村"的认识从生产性的、以农业经济主导、农业生产方式和生活方式为基础的聚居形态扩大到产业类型更多元、空间要素更丰富的社会实体①。在现代化与城镇化的双重作用下,乡村正逐渐变得复杂而多元②。由此,乡村需要找到其作为一个聚落体系而区别于城市的独特身份及其价值所在,强调乡村互补于城市的经济产业地位及独特的社会文化形态与文化机理等特殊性,有别于以往城市主导乡村发展的路径,城乡要实现均衡和充分发展但同时要凸显城乡的"和而不同"。

20世纪70年代以来,由市场、社区和居民以及政府共同推动的乡村旅游逐渐在欧美地区出现并兴起,乡村与旅游相结合被认为是一条比较有效的全球乡村发展道路③。随着乡村从生产空间向消费空间的转变④,乡村发展过程中开始强调多功能转型⑤。乡村地区的功能不仅是农业商品生产,它们也是娱乐、旅游、休闲、特种食品生产、消费和电子商务的场所⑥。

那么在这样的背景下重新理解,旅游缘何可能推动乡村振兴?本文认为其内在的逻辑在于:旅游的本质特性是生产与消费的"同时性"与"同在性",要素的回流、主体的重聚、社会资本的发展使得旅游在一定程度上能推动乡村地区走向全面振兴。从消费的角度看,城市到乡村的大规模旅游流动趋势逐渐加深,引发城乡在生活和文化上的互动与交流。据文化

---

① 王洁钢:《农村、乡村概念比较的社会学意义》,《学术论坛》2001年第2期。
② 李红波、胡晓亮、张小林:《乡村空间辨析》,《地理科学进展》2018年第5期。
③ LANE B, KASTENHOLZ E. "Rural tourism: the evolution of practice and research approaches – towards a new generation concept", *Journal of Sustainable Tourism*, 2015, 23(8-9).
④ SMITH D P, PHILLIPS D A. "Socio-cultural representations of greentrified pennine rurality", *Journal of Rural Studies*, 2001, 17(4).
⑤ 房艳刚、刘继生:《基于多功能理论的中国乡村发展多元化探讨——超越"现代化"发展范式》,《地理学报》2015年第2期。
⑥ SAXENA G, CLARK G, OLIVER T, et al. "Conceptualizing integrated rural tourism", *Tourism Geographies*, 2007, 9(4).

和旅游部测算，2019年，全国乡村旅游总人次为30.9亿次，占国内旅游总人次一半以上，乡村旅游总收入1.81万亿元，乡村成为城市人旅游消费的重要场域。从生产的角度来看，乡村是旅游生产与供给的场域，旅游消费需求使得乡村特性和乡民传统的生产和生活方式成为重要的旅游资源，既实现了生产要素的逆城市化方向流动，也串联起"城－乡"的互动关系，将乡村嵌入新的城乡关系网络结构中。由此，旅游生产与消费的"同时性"与"同在性"使乡村在保持乡村性的同时能够实现"在地化"发展。

乡村振兴战略所提出的"产业兴旺、生态宜居、乡风文明、治理有效、生活富裕"等内容涉及了乡村发展中的经济、文化和治理等多维层面的目标与诉求，作为一个系统性概念，"二十字方针"描绘的是乡村振兴在各个维度的理想状态和发展目标，全面地定义了乡村振兴的评价维度。其中，"产业兴旺"与"生活富裕"强调经济层面的发展，"乡风文明"强调文化层面的复兴，"治理有效"强调治理层面的优化，而"生态宜居"作为乡村旅游发展的重要前提，是每个乡村旅游地均需具备的条件。因此将乡村振兴的理论与现实维度分解为乡村经济、乡村文化与乡村治理等3个层面展开分析，分别借助典型案例探讨旅游在推动乡村振兴中的具体作用路径、核心表征要素与结果，或能呈现旅游对乡村积极的系统性影响，为乡村振兴寻找可能的实现渠道。旅游推动下的乡村振兴旨在借助经济、文化、治理等层面的振兴，实现乡村在地化发展，塑造乡村自主性，重建乡村活力。

二、地方实践：旅游推动乡村振兴的案例解读

（一）旅游推动经济生产要素的在地重聚

产业衰落是乡村衰落的首要因素，以城市为中心的发展导向下，资金、土地等产业生产要素的净流失加剧了乡村的衰败。因此，乡村振兴的一个重要前提是需要改变生产要素的单向流动，为产业经济发展重新注入活力。在旅游发展背景下，经济资本、文化资本等要素伴随着开发主体的进入以

及本地劳动力的回流,实现了向乡村的反向流动,在地重聚的生产要素驱动了乡村地区的经济结构调整与优化,尤其是创造了多元化的在地就业机会,为乡村居民提供了从事农业劳作以外的发展机遇,推动乡村经济的在地振兴。

1. 乡村经济结构的多元化

傣族园村寨由傣族园景区内的5个自然村构成,隶属于云南省景洪市勐罕镇曼听村委会,村寨居民354户,共计1733人。傣族园景区集中呈现傣族独特的宗教、历史、文化、习俗、建筑、服饰及饮食等传统文化,自20世纪80年代开始发展旅游并已成为国内重要的旅游目的地。傣族园公司作为外来投资企业,对5个村落进行整体开发。公司租用村民土地,与村民保持长期的经济合作关系,员工招用村寨村民,后期出台了村民门票分红制度。村民也逐渐以多元的方式参与到傣族园旅游活动中,如参加傣族园的歌舞表演、泼水活动,经营傣味烧烤、出售旅游工艺品和热带水果,部分介入旅游业较早的村民依靠积累的资金和经验,经营"傣家乐"、傣族民宿、典型干栏式民居博物馆等。傣族园逐渐从农业社区向服务业社区转变,旅游业成为当地主导产业,早在2006年曼春满村便已有超过80%家庭的生计方式从单一传统农业生产转向农旅兼营[①]。

傣族园旅游发展之前,当地居民主要以水稻、甘蔗、西瓜等作物种植为主,每亩每年只有500-1000元收入;旅游发展后,随着村民陆续参与到旅游业中,收入水平得到提升(表1),到2016年,保守估算傣族园五寨人均收入达14300元,高于其所在勐罕镇的平均收入。旅游提升了傣族园村落的经济发展水平,推动了经济结构和收入来源的多元化,村民也逐渐从被动的旅游参与者成为主动的旅游参与主体,有了更多样化的生计方式选择,而村民的消费方式与投资方式也日趋多样,诸如购房、买车、投

---

① 孙九霞、保继刚:《旅游发展与傣族园社区的乡村都市化》,《中南民族大学学报(人文社会科学版)》2006年第2期。

资橡胶林、公司入股等成为常态。

表1 傣族园村民的主要收入来源情况

村民收入来源	收入或参与情况	村民收入来源	收入或参与情况
种植业（水稻、甘蔗、橡胶等）	每年500~1000元/亩（发展旅游前）	傣家乐经营	2016年，共有109户傣家乐
田地出租（租赁方为外来种植大户）	每年3000~5000元/亩（发展旅游后）	旅游公司员工工资	傣族园景区员工工资为1600~2500元不等
土地租赁（租赁方为旅游公司）	2016年825元/亩，共出租930亩	干栏式建筑保护补偿费	2010年后旅游公司一次性补贴15000元，正陆续发放
门票分成	2016年开始，按照实际门票收入20%分红，2016年每户分红约10000元		

资料来源：联合国世界旅游组织西双版纳旅游可持续发展监测报告·2016年。

2. 乡村空间功能的多样化

"乡村振兴"强调乡村具有更加多元的产业类型和更丰富的空间要素[①]，这一转变与20世纪70年代以来西方国家从"生产主义范式"转向"后生产主义范式"的乡村发展理论相契合，即开始强调乡村的多功能发展，乡村空间从作为农业生产主体逐渐向生产、消费和生态等多功能空间转变[②]。"乡村可以通过聚落空间（体系）响应和引导区域城乡人口迁移趋势，提供理想栖居空间"[③]。追求乡村生态环境和慢节奏生活方式的旅游移民迁入乡村地区，推动原来以农业生产为主导功能的乡村地域会转型成为以居住、消费、商业功能为主导的乡村地域。这种转变在一定程度上为农民提供市场机会，改善乡村的基础服务设施，同时激活乡村住宅市场，

[①] 李娟文、倪外、隋文平：《中部崛起中的六省旅游联动发展》，《经济地理》2007年第2期。

[②] MATHER A S, HILL G, NIJNIK M. "Post-productivism and rural land use: cul de sac or challenge for theorization?", *Journal of Rural Studies*, 2006, 22(4). HOLMES J. "Impulses towards a multifunctional transition in rural Australia: Gaps in the research agenda", *Journal of Rural Studies*, 2006, 22(2).

[③] LANE B, KASTENHOLZ E. "Rural tourism: the evolution of practice and research approaches – towards a new generation concept", *Journal of Sustainable Tourism*, 2015, 23(8-9).

刺激本土经济的发展等。

双廊村位于云南大理双廊镇，下辖3个自然村，全村1145户共3769人。20世纪90年代前，双廊镇是有名的省级贫困镇，农业、渔业和泥水匠是当地村民主要的生计方式，彼时双廊的旅游业并没有因为南诏风情岛而发展起来。2004年，双廊镇被划归大理市，大理市政府开始在当地投资建设旅游基础设施，并于2008年在双廊举办首届洱海开海节，双廊旅游开始起步。2012年后，在诸多艺术家的引领下，越来越多的背包客、艺术家、作家等进入双廊，大量从事旅游行业的经营者进入双廊投资，成为双廊的新移民和重要的生活群体。经过近20年的发展，双廊村已成功从原来的"封闭的小渔村"变身为洱海边上的旅游明珠。由外来移民带动发展到本地人广泛参与旅游的过程中，双廊村的沿"海"村民经济收入来源基本转向旅游业。双廊也因此逐渐形成地方劳动力市场，周围村镇村民来此就业，外出务工村民回流，年轻一代从城市回家乡发展，部分村民在旅游移民经营的客栈工作，积累客栈管理经验。部分村民则以房屋租赁收入为基础，依靠前期打工所习得的经验经营客栈或餐馆，实现经济收入的逐年增长。人口结构与产业结构的变化正重塑乡村的空间功能，双廊从传统的以渔业为主、农业为辅的生产型空间，逐渐转变为集景观欣赏、艺术体验、聚落生活、休闲娱乐等多功能于一体的消费型空间。

总结傣族园五寨和双廊村的案例可见，旅游打破了传统乡村社会相对单一的"社会闭环"——即农民生活在农村，从事着农业生产，过着与农业相匹配的生活方式的社会形态[1]。旅游所推动的要素回流与在地重聚，尤其是来自城市旅游移民的介入，使得传统的农业与新要素结合，从而衍生出新的业态。乡村也将超越传统的意义上的概念，不再是与城市完全对立或者是依附于城市的单一农业生产空间，而是在自我独特人文与自然资

---

[1] 刘祖云、刘传俊：《后生产主义乡村：乡村振兴的一个理论视角》，《中国农村观察》2018年第5期。

源基础上，发展出来的多元化、多功能、融入城与乡生产要素的人居形态。这也意味着以往城乡之间对立割裂的关系可以发生转化，部分具备旅游发展资源的乡村通过产业结构和空间功能的调整可以转变成为城乡连续谱上丰富的、不可或缺的中间存在形态，这也为乡村振兴提供了多元化的发展思路。

（二）旅游促进乡村多维文化的自在传承

乡村振兴不仅强调经济发展，更突出乡村区别于城市的独特身份与价值（即乡村性）的重要性。关于其定义，学者们指出：除了土地利用、空间格局、生态环境等物质维度之外，乡村性还应该包括区别于城市的生活方式、价值观点、乡村意象等社会文化维度[①]。同时，乡村性也是动态发展的，可以被理解为建立在传统人地自然联系上的具有本土独特社会文化机理的空间及本土实践。"乡愁"话语导向下的新时代乡村振兴，在一定程度上要求保护、恢复乡村的地方文化，甚至要求在传统与现代有机结合、时代的动态发展中调适、发展与重构乡土文化内涵和文化自信。

1. 物质文化的保存与修复

物质景观是乡村最直观的文化表征。传统建筑破败、村落物质文化符号丢失是传统村落文化衰落的最直接表现，对乡村聚落景观的保存、修复、还原通常被视为复兴传统文化的第一步。旅游的介入，游客凝视的需求，往往最先作用于物质景观层面。当前，大部分乡村旅游发展都首先体现在空间景观中直观可见的传统文化符号的还原与恢复上。

位于贵州省安顺市的屯堡村落起源于明朝初期的"屯田戍边"政策，

---

① 孙九霞、苏静：《地方文化保护与传承中精英个体的日常实践》，《地理研究》2019年第6期；孙九霞、王学基：《旅游目的地居民本土休闲文化与地方实践——以云南丽江为例》，《广西民族大学学报（哲学社会科学版）》2019年第3期；刘相军、孙九霞：《民族旅游社区居民生计方式转型与传统文化适应：基于个人建构理论视角》，《旅游学刊》2019年第2期。

至今仍保留着明朝汉族的文化风俗，屯堡人更是被誉为"汉族中的少数民族"。天龙村是当地最早发展旅游的屯堡村落。2001年在村主任何忠金等带领下，以"政府+旅游公司+农民旅游协会+旅行社"的参与式模式发展乡村旅游。到2008年，游客量超过150万人次，旅游综合收入过亿元。2012年末，贵州旅游投资控股（集团）有限责任公司正式收购天龙旅游公司，接管天龙屯堡旅游经营，并开始大规模征地，同时对建筑风貌、村落环境进行全面整治，对历史建筑进行保护和修缮。在此次整体规划整治中，天龙村较好地恢复了传统屯堡村寨风貌，保存了"一河通贯、四山拱卫；得水藏风、街巷通衢"的山水格局，以及军事防御特征明显的街巷格局，村中历史建筑天龙学堂、"九道坎"等得到修缮，传统的屯堡石头民居房屋也得到完整保存。与天龙村形成鲜明对比的是周边的非旅游屯堡村落，如同样位于安顺平坝区的肖家村。肖家村为传统农业村，村民或务农或外出务工，全村除励志社学堂和玉丹山寺庙仍保留传统的屯堡石头建筑风貌，其他房屋均为新式的现代楼房或平房，村落传统风貌的完整性遭到破坏。除了老妇人身上的"凤阳汉装"外，肖家村看上去与中国其他汉族乡村并无二致。

通过屯堡旅游村落与非旅游村的对比可见，政府及企业主导下的旅游开发，在短期内为乡村注入了大规模的资本，有助于传统村落物质景观的修复与保存。这些物质景观是乡土性的重要组成要素，有助于营造村落的"时间感"与"空间感"。旅游对村落物质景观的修复作用大小与游客的凝视需求、外来资本的投入有着密切联系，城市居民因怀有对传统生活方式的"想象"（乡愁）来到乡村，识别并消费作为文化表征的建筑、服饰、手工艺品等物质文化符号，外来开发主体为当地代表性物质文化的还原与延续注入初始资本[①]。资本要素推动乡土景观的存续和再生产，这也是旅游业区别于其他产业的地方。

---

① 孙九霞：《旅游循环凝视与乡村文化修复》，《旅游学刊》2019年第6期。

2. 传统技艺的保护与传承

传统技艺是民间传承下来的技艺，是非物质文化遗产当中占比最大的部分。每一门技艺都烙着族群独特的印记，凝聚着族群认同和集体记忆，也是在乡村打造文化体验产品的最佳资源。如今，传统技艺失传是乡村文化振兴面临的严峻问题，也是传统村落"活化"与"再生"的契机。其中，技艺传承人的认定、保护及其积极实践是传统技艺得以活态传承、赋能乡村的关键。

大理是我国第一批国家历史文化名城，至今共有16项非物质文化遗产列入国家遗产名录，在政府和众多传承人等多方努力下，大理的传统技艺在保护与传承中也保持着创新，是国内地方文化保护与传承的示范。例如，大理喜洲村民YSW（男）惋感于越来越多的白族人不再穿本民族的传统服饰，于2007年书写《宣白族服装文化》倡议书，致信大理市政府，建议普通民众和政府官员在参加白族重大节日或者出外参加重要会议活动时，一律统一穿上白族传统服饰，并于2008年身体力行，穿上白族传统服饰到各村各镇号召民众积极响应倡议。他还借助媒体的报道和参与游客的自媒体宣传等方式进行自我宣传。参与旅游经营实践也进一步增强了YSW对白族传统文化价值的信心，维护了他作为文化传播者的声誉，间接地帮助他获得了合法性文化身份。双廊村的ZKG老先生（88岁）退休后回到家乡，同样发现久别的家乡文化发展滞后，因此决心改变这种现状。除自己苦练创作外，还通过办学习班、个别辅导、编印书籍等方式，组织群众学习和传承传统文化。他带头对双廊文化进行挖掘、记录、编纂和出版，同时还带着自己的书法作品多次参与抗震救灾及医疗义卖活动，ZKG创造的关于双廊的文化作品对地方文化的保护与传承起到了积极的宣传作用。还有一些地方文化精英，通过政府的传承人认定和保护工作，承担起传播与传承民族手工艺的责任。比如皮革工艺作为纳西族的一项传统手艺，在旅游流动的大环境下，通过设立文化传承人实现了受众广泛的定点式传播。

不同于一些地方因为出现"空心化"导致的文化传承问题，大理因为文化旅游业的发展，参与地方文化保护与传承的主体越来越多，衍生的文化产品、文化商品也日渐丰富。因而文化主体的日常实践被逐步纳入各级政府的文化保护和治理体系，或嵌入到当地的商业发展策略之中。也正是非遗传承人身份帮助本地居民积累了社会资本，争取了诸多社会资源，吸引了许多慕名而来的游客。在政府和NGO组织的支持下，当地传统手工艺得以在更大地域范围内、更加可持续地传播和更新。

3. 精神文化的调适与再造

精神文化伴随着人类创造物质文化的过程而产生，具体表现为宗教、信仰、审美、仪式和艺术等。传统村落的精神文化根植于村落共同体，通过信仰、节庆、仪式活动等得以体现，与乡村意义的构建紧密相连。傣族园村民信奉南传佛教，作为本土的精神文化内核，宗教信仰活动已经渗入到当地人日常生活中。旅游作为一种独特的现代化实践，促使傣族村民的日常生活宗教实践在现代与传统、神圣与世俗之间重新寻找其定位，体现出旅游和宗教生活互相嵌入、宗教信仰从神圣到世俗再创造的变化，从而实现本土化的文化调适与适应性发展。

傣族园的"天天泼水节"将傣族传统的集体祈福活动以泼水形式嫁接到旅游活动中，为游客提供一种参与性且感受性的旅游体验，而不受传统节日固定时间举行的限制。这种具有前台展演形式的舞台化演出本是令学者诟病的扭曲文化内涵的方式，然而面对泼水节的表征在商品化过程中被重塑这一现实，作为泼水演员的傣族村民主动将其从传统仪式的语境中剥离，在身体实践的过程中将其视为一个旅游仪式活动，以达到放松的类阈限状态，在神圣的节日仪式基础上重塑了新的世俗文化仪式。这种灵活的文化调适也体现在对传统宗教仪式边界的重新阐释上。例如，在傣族园，"送寨子"是南传佛教和原始宗教相结合的集体性仪式活动，具有祈福消灾的作用，于关门节前的一个星期四举行。其在旅游发展前曾是傣族村寨对外封闭的仪式，外村或外地人的闯入行为被认为是破坏了仪式秩序，并需要受到相应责罚。然而旅游发展后，村民生活和旅游接待的交织，使得隐秘而神圣的仪式空间和开放的旅游空间不可避免地发生叠合，仪式边界从清晰变得模糊，仪式空间中内外有别的观念逐渐弱化，更多地被村民看作是祈福和祝福的空间，祈福消灾的意义被扩展到游客身上[1]。

旅游发展过程中，傣族的原生文化进行了创造性传递，物质文化经历了选择性的保留与复兴，而宗教精神文化经历了从神圣到世俗的再创造。傣族人选择的是一种既拥抱现实又保持宗教信仰的生活方式，这是传统村落文化传承的一种折中途径。社区作为文化复兴的主体，村民基于集体知识和共同价值纽带的文化身份得以强化，他们重新寻找到村落精神文化的定位，在不断地调适中传递新的文化共识和族群认同。

（三）旅游实现乡村公共治理的地方嵌入

乡村社会是由自然关系联结而成的共同体[2]。人们之间基于共同的历史、传统、信仰、风俗及广泛而紧密的互动实践而形成一种亲密无间、相互信任、守望相助、默认一致的人际关系，基于这样的人际关系，乡村内部具有内生的、有序的协作基础，能显著地维护乡村社会运作秩序、并催生出集体性公共物品的出现。近代以来，现代化、城镇化、工业化等多重因素前所未有地冲击和瓦解着我国乡村社区的社会结构与社区公共性[3]，社区内部原有的道义和互惠制度在逐渐消解，村落共同体所赋予的集体认同感和安全保障在弱化[4]。"公地悲剧""搭便车"、缺乏集体行动力、社区认同缺失等问题直接导致诸多乡村社会公共事务不彰、乡村内衰的后果，乡村公共性重建成为当下中国乡村治理的重要难题。强调社区参与为

---

[1] 孙九霞、李毓：《洁净和身体：西双版纳傣族园"送寨子"仪式空间研究》，《贵州社会科学》2016年第8期。

[2] 斐迪南·滕尼斯：《共同体与社会——纯粹社会学的基本概念》，林荣远译，商务印书馆，1999年，第65页。

[3] 李友梅：《重塑转型期的社会认同》，《社会学研究》2007年第2期。

[4] 林聚任：《社会信任与社会资本重建——当前乡村社会关系研究》，山东人民出版社，2007年，第35-36页。

基础的旅游发展被认为是乡村公共领域重建的方式之一。在我国西南地区，旅游作为地方扶贫、基础设施建设推动的重要手段，被寄予了通过外部资源输入以解决乡村公共性不足所导致的治理难题的厚望。然而，旅游在乡村治理方面的影响似乎也存在着吊诡之处，即以重建乡村公共性为重要目的的乡村旅游，反而容易引发社区内部矛盾和冲突迭起、公共发展资源争夺等社会失序问题，暴露甚至是加剧社区公共性维度建设（包括社区协作、社会整合等）的不足以及社区治理的困境。旅游所引发的社区矛盾，与旅游的经济属性以及旅游资源"公私"权属不清晰密切相关。辩证地来看，这不仅仅是旅游产业特有的弊端，其他的经济产业同样存在；而与之相对的，旅游的文化属性、日常渗透性、与多产业的关联性，以及多元主体在地介入，反而更可能建构起嵌入地方的乡村治理模式。

1. 自组织治理的形成与优化

近现代以来，国家政权建设的全面下渗和快速的城镇化进程削弱了乡村内在的社会秩序，重建乡土秩序、建立合理的治理制度是当下乡村研究的一个重要命题。我国传统的乡村社会治理建立在代表传统权威的"长老统治"基础上[1]，深嵌在传统乡村社会文化价值体系中；而由士绅、地方精英主导的内在治理机制则与中央自上而下的统治共同形成我国"双轨治理"模式[2]，这种模式保障了乡村内在需求的向上传递，使得中央政权能获得来自乡村的反馈[3]。新中国成立后，随着国家权力对乡村社会控制力度的加强，乡村治理体现出极强的国家权力结构逻辑，而忽视了乡村自我的内在管理。尽管改革开放后国家逐渐放松对乡村的直接管理，但被消解的乡村社会秩序在现代化与城镇化的新发展浪潮中并没能得到有效恢复。此后的新农村建设等政策作为由上到下的外部动员建设更是没能实现乡村

---

[1] 费孝通：《乡土中国》，上海人民出版社，2007年，第79页。
[2] 费孝通：《中国士绅》，赵旭东、秦志杰译，外语教学与研究出版社，2011年，第178页。
[3] 孙九霞、黄凯洁：《乡村文化精英对旅游发展话语的响应——基于安顺屯堡周官村的研究》，《西南民族大学学报（人文社科版）》2019年第3期。

内在制度的建立①。新时代下的乡村振兴需要建立有效的乡村治理制度，核心就是激活乡村内生自治能力，培育内生治理主体，建立符合乡村内在发展逻辑、有利于乡村集体治理的制度，从而实现内生型发展。

落水村位于云南省丽江市泸沽湖畔，是泸沽湖最早参与旅游开发的社区，村民参与程度高。旅游发展至今有30多年，已由当初的贫困村华丽转身成为"丽江十大富裕村"之一。作为摩梭人聚居地的落水村，其旅游开发依赖于绮丽的泸沽湖自然风光和独特的摩梭母系文化。旅游为落水村带来经济快速发展的同时，也将摩梭文化纳入到大众猎奇的目光中，当越来越多的游客和媒体对当地文化进行扭曲理解和报道时，摩梭人主体意识和公共责任意识开始觉醒，并主动参与到公共领域进行自我表达。2005年，由地方精英牵头成立了丽江市泸沽湖摩梭文化研究会。协会以摩梭文化的保护、宣传以及社区居民环境教育和社区学校民族文化传承等为主要任务，目前成员超过100人。作为地方自治组织，协会开展了诸多活动，包括积极组织和参加文化研讨会、接待国内外组织和个人的采访及社会实践活动，扩大摩梭文化在世界上的影响力；创建"我是摩梭人"微信公众号，积极向外展示摩梭文化魅力，致力于呈现当地人眼中真实的摩梭人；对内积极提高民众文化参与度，如创办村级博物馆、自主拍摄纪录片，建立社区微信群、QQ群，探讨地方发展事宜，推进自治体系的形成。另外，当地在旅游发展过程中还自发成立泸沽湖景区酒店协会、跳舞队与划船队等民间治理组织，用以规范参与秩序、加强社区内部管理。

落水村自治组织的出现和治理制度的优化，是在旅游流动带来的现代化冲击过程中产生的文化自觉和本土实践的结果。旅游加快了本土和外来文化间的交往互动，使得文化处在一种流动的不稳定状态，这种不确定性引发了交往双方的焦虑，从而"引发对于文化差异的能动性的商讨互动，

---

① 文军、沈东：《当代中国城乡关系的演变逻辑与城市中心主义的兴起——基于国家、社会与个体的三维透视》，《探索与争鸣》2015年第7期。

有可能生发出自由的表述权或公民权"①，最终呈现的是内生治理主体意识的出现和自治制度的建立。

2. 网络治理的构建与深化

网络治理是在自主治理的基础上，主张多元主体参与到治理过程中，建立起良好的合作伙伴关系，既强调团体内部的自主性，也倾向于公私部门、组织以及第三方部门（非政府组织、社会团体等）之间的平等对话、合作共治②。嵌入地方社会关系中的网络治理有利于催生信任、声誉与互惠机制，从而推动社区内部围绕公共资源的供给与分配形成合作性局面，并实现有效治理。旅游发展过程中促发了自组织和治理网络的形成、创新与内化。

明月村位于四川省成都市蒲江县，是一个典型的川西平原汉族村寨。2000 年前，明月村是蒲江县内有名的贫困村，1999 年一度被列为市级贫困村，大量年轻劳动外出务工。2000 年左右，明月村开始引入雷竹、茶叶生产，2012 年之后，明月村依托于内部的雷竹、茶园以及明月窑开始发展文创旅游。2013 年被县政府正式规划定位为"明月国际陶艺村"，开始引入多项外来文创旅游项目。截至 2018 年 6 月，明月村参与旅游经营的有 24 户，以农家乐和民宿为主；外来投资项目正式投入运营的有 20 个，包括民宿客栈、陶艺体验坊、酒馆、餐饮店、特色纪念品店、文创工坊等，并因此而进入明月村的"新村民"有近百人。自发展旅游产业以来，明月村经济收入逐年呈现明显增长，2013 年村人均年收入 11146 元，2017 年人均年收入 20327 元，增长 82.37%。村旅游合作社自营产品和旅游项目实现收入 100 余万元，村民自主经营旅游餐饮、民宿及旅游产品销售等约收入 300 万元。

旅游发展前，年轻劳动力的外流和分散的川西院落空间分布特征，共同导致了明月村内部松散的社会联系与乏力的社区治理状况。发展旅游业

---

① 魏雷、孙九霞：《少数民族旅游社区现代性的本土化实践——以泸沽湖大落水村为例》，《旅游学刊》2017 年第 10 期。

② STOKER G. "Public value management: A new narrative for networked governance?", *American Review of Public Administration*, 2006, 36(1).

后，政府引入了外来旅游移民（当地称之为"新村民"）、社会组织（如明月乡村文化研究社、蒲江"3+2"读书荟等），并推动社区内部成立旅游合作社、雷竹合作社等集体组织；随后，新老村民群体在交往互动中因共同的兴趣组成立了小农生态联盟、明月之花歌舞团、守护者乐队等兴趣组织。至此，原本散沙状的社区，开始形成了具有共同目标和相似认同理念的一个个关系圈子，比如小农生态联盟以推广生态种植、提供农户经济收益为目标，明月乡村文化研究社以乡村文化建设为目标等。不同的关系圈通过关键人物的有意识联结，逐渐形成了覆盖范围更大的合作性、关联性团体，实现了社区公共层面的共同联结，强化了社区的社会资本，并推动了社区内部共同的社区愿景和认同的形塑。

三、结语：旅游推动乡村振兴的地方实践方式与有效路径

新时代下中国特殊的社会经济发展背景赋予了"乡村振兴"深刻的政策和理论内涵，对乡村发展提出了新的且更高的要求与目标。回应当前中国乡村发展实际和国家乡村振兴战略背景，本文基于对以往乡村发展逻辑与过程的反思，探讨旅游作为乡村振兴有效路径的逻辑可能，并结合傣族园、双廊村、天龙屯堡、落水村、明月村等多个案例分析旅游推动乡村振兴的多样而具体的实现方式（图1）。

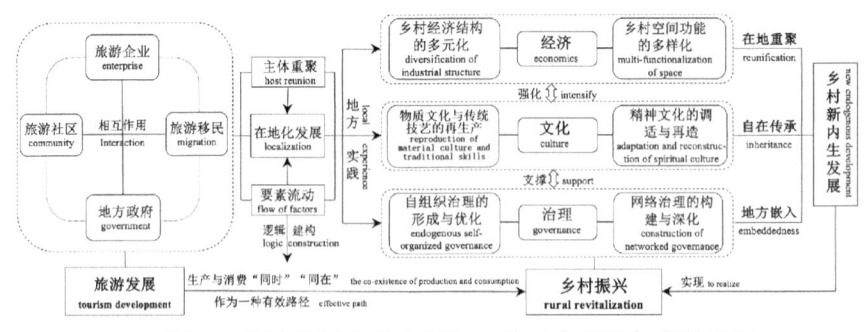

图 1　旅游发展推动乡村振兴的地方实践与有效路径

乡村振兴的理论内涵强调乡村地区在发展过程中凸显或重塑乡村性，并实现发展空间的在地化和发展动力的内生性等多重内涵。从实践结果看，旅游对乡村的振兴包含乡村经济、文化、治理、生态等多元维度，与国家对乡村振兴的二十字要求"产业兴旺、生态宜居、乡风文明、治理有效、生活富裕"遥相呼应，证明旅游发展能够系统性地推动乡村振兴。在具体实践逻辑上，旅游因其生产与消费的"同时性"和"同在性"为乡村地区乡村性的保持与重塑、生产要素与消费活动的在地集聚提供了契机，进一步为乡村发展主体的重聚和主体意识培育提供了可能，乡村也因此确立了城乡互动中的主体地位，旅游可以作为我国乡村地区尤其是西南地区实现乡村振兴的有效路径之一。

在具体的实现路径上，旅游发展将政府、旅游企业、旅游移民、社区居民等众多行动主体重新注入"离土的"乡村社区，成为乡土空间中地方发展的实践主体，携带并运作各类经济生产等资本要素，有效缓解甚至逆转乡村的多重危机，对乡村地区经济生产要素的在地重聚、多维文化的自在传承和公共治理的地方嵌入起到重要的驱动作用；居民的旅游参与强化了村民基于集体意识和共同价值纽带的文化身份，推动乡土社会自我管理、自我更新能力的成长，形成乡村地区有效且持续发展的动力，旅游发展构建了地方和外部力量的互动场域，共同推动乡村实现经济、制度、文化等多维度不同程度的"新内生型发展"[①]。与以往一般性的乡村发展路径不同，我国长期以来的城对乡单向扶持与"输血"在一定程度上抑制了乡村发展的自主性，出现乡村发展内生性发展乏力的问题，旅游推动下的乡村振兴则能够强调在强化外部支持力量的同时实现乡村内生发展。

旅游导向下的乡村"在地化"发展，在解决社会发展矛盾问题的基础上，使得乡村由边缘和被动的客体变为城乡互动的主体，旅游发展为乡村性赋

---

① RAY C. "Transnational co-operation between rural areas: Elements of a political economy of EU rural development", *Sociologic Ruralism*, 2001, 41(3).

予了进步与发展的意含，旅游要素的介入使得城与乡之间互为目的地和客源地，城市依恋乡村而乡村润泽城市，有助于推动城乡平等"互哺"关系的构建并实现城乡之间的"各美其美"和"美美与共"。然而，需要注意的是，旅游发展可以作为新时代背景下乡村振兴的有效路径选择，但并不能被视为实现乡村振兴的万能解药，因此本文并不主张不具备旅游发展条件的乡村盲目发展旅游。同时，在强调旅游发展对乡村振兴的系统性作用过程中，未来研究需要进一步关注经济、文化、治理、生态等不同维度的相互关联与作用关系，以深化和完善旅游推动乡村振兴的系统性框架。

媒介化生活方式视角下乡村文化的价值重构路径 *

王 爽 **

摘 要 传统原真性传承与现代流行性改造之间的矛盾是乡村文化发展中面对的首要矛盾，也是业界和学界探讨的主要焦点。随着媒介技术的革新和广泛应用，乡村和城镇居民的日常生活方式的媒介化特征日益突出，乡村文化也呈现出媒介化发展趋势。在这种背景下，乡村文化建构主体社会关系的虚实融合性和文化空间的多维性等特征，为新时代乡村文化价值重构提供了基础性保障。乡村文化形态建设中的多元主体参与、多媒介呈现和跨媒介转化等成为其社会价值和经济价值重构的主要途径。

关键词 媒介使用 生活方式 乡村文化价值重构 社会关系网络

自习近平总书记在党的十九大报告中提出乡村振兴战略以来，社会各界对乡村振兴实践投入高度关注。乡村振兴，文化先行，乡村文化振兴理应是乡村振兴的题中之义和发展之基。① 学者和实践者从城乡关系、乡村记忆、乡村文化遗产、乡村旅游、艺术活化乡村等角度，探索乡村文化的

---

* 本文为国家社科基金艺术学一般项目"我国解构型大众文化产品价值观引导机制研究（2019BH01004）"阶段性研究成果；山东省社会科学规划研究项目"后疫情时代山东文化旅游产业的转型和升级路径研究（20CLYJ29）"阶段性成果。

** 王爽，山东财经大学文学与新闻传播学院讲师、新闻系副主任，主要研究方向为文化生产、媒介传播。

① 吴理财、解胜利：《文化治理视角下的乡村文化振兴：价值耦合与体系建构》，《华中农业大学学报（社会科学版）》2019年第1期。

当代价值、扎根型乡村文化以及乡村与人的关系等议题。然而，城市化进程加速、农耕文化空间不断消逝的背景下传统乡村文化形态与现代流行元素对立，依然是我国乡村文化振兴中面临的主要难题。要解决这一难题，需要在厘清"乡村文化"的内涵和外延的基础上，重构乡村文化的当代形态及其价值。一般地，广义的"乡村文化是人类与乡村自然相互作用过程中所创造出来的所有事物和现象的总和"①，而原生态的农耕文化是相对狭义的概念。在现代化的背景下，传统的农耕文化必然面临转型和新的发展，因此本文立足于广义的、发展中的"乡村文化"概念。

随着媒介技术的发展，信息传播变得更加便利，文化生产主体更加多元，用户可以获得更加具身化的场景体验，文化空间营造出现虚实相生的新趋势，这既有助于传统乡村文化的原生态保护、保存和传播，也有助于新时代乡村文化社会价值和经济价值的重构，从而为我国乡村文化振兴带来了新的发展机遇。在媒介使用不断进入和形塑普通人的日常生活方式的今天，如何认识乡村文化的创新性发展与传统原真性保护之间的关系，如何借助媒介挖掘和优化乡村文化的社会价值和经济价值，乡村文化重构的方向是什么，这些问题都是当前亟需探索的前沿议题。以乡村文化的媒介化为切入点，本文将主要探讨媒介形塑普通人日常生活方式的背景下乡村文化的社会价值重构和经济价值变现的路径，并尝试提出乡村文化未来的发展方向。

一、媒介使用和媒介思维推动乡村文化媒介化发展

人类社会从口语时代到文字时代、电子媒介时代、万物为媒时代的变迁，体现着媒介对人的身体、感官的不断延伸，媒介正成为人们日常生活方式的重要元素。普通人日常生活方式的媒介化成为理解当下乡村文化

---

① 张艳、张勇：《乡村文化与乡村旅游开发》，《经济地理》2007年第3期。

的重要维度。所谓乡村文化的媒介化"并非一种强迫一方服从另一方的逻辑"①，而是原生态乡村文化情境与媒介情境在互动中共同建构了一种新的乡村文化情境。乡村的媒介化存在三方面的经验证据：一是个体生活样式的变革；二是资源分布结构的转型；三是文化生产逻辑的转向。②而"社会的人"是乡村文化情境和媒介情境互动、乡村文化媒介化发展中的重要桥梁。

（一）全覆盖、碎片化的媒介使用成为普通人日常生活方式的重要构成

媒介使用不仅是人们获取信息的主要途径，更是其精神娱乐的重要来源。随着媒介技术的革新和应用，媒介对"社会的人"的身体和感官的延伸效应日趋突出，媒介思维正在成为普通人日常生活方式的重要构成。伴随移动互联网和终端技术的进步，媒介使用填充了人们的碎片化时间。与此同时，包括广播、电视、报纸、网络展示平台等在内的广播式大众媒介，以及微博、微信、抖音等自媒体平台，通过权威信息发布、主体间互动和用户自主创作、传播等活动使信息生产、传播和引导的权力进一步地由专业机构向用户转移，用户权力的放大和角色界限的消解又进一步激励其参与媒介活动，如此循环往复，媒介使用和媒介思维不断侵入和加深形塑普通人的日常生活方式。

（二）媒介技术推动乡村文化形态呈现和传承视听化、体验化发展

乡村文化形态反映着某一物理空间范围内人们在改造自然过程中所创

---

① 戴宇辰：《媒介化研究：一种新的传播研究范式》，《安徽大学学报（哲学社会科学版）》2018年第2期。
② 李烊、刘祖云：《媒介化乡村的逻辑、反思与建构》，《华南农业大学学报（社会科学版）》2021年第4期。

造的财富总和，主要包括物质（如传统建筑、生产生活工具、景观等）和精神（如民俗风情、民间故事、价值观念等）两种类型。不同物理时空的乡村文化因其所处时代地理环境和时代背景的不同，往往各具特色，这也是学者们反复强调的乡村文化"原真性"的根源。"原真性"乡村文化的传承不仅在于对其进行原貌保护，更在于使其为更多世人所熟知。在媒介技术发展的不同阶段，物质和精神的乡村文化形态的呈现和传播方式各不相同。当前，在数字技术、5G技术、人工智能和虚拟现实技术等的赋能下，人们获取信息和认知理解的困难感不断降低，对信息的参与感和沉浸式体验感也不断增强，乡村文化形态的视听化、体验化呈现日益成为其传承和推广的主要方式。

（三）媒介化生活方式使乡村文化的构建主体趋于多元化

传统农耕文化的形成与维持是以人员流动性较小、边界相对确定的时空经验为必要前提的。万物为媒的趋势下，媒介使用和媒介思维成为引导人们日常生活中注意力投放、信息选择、价值评判和主动参与的重要参考；虚拟网络空间成为人与人之间的社会关系网络搭建的重要载体；乡村文化的构建主体拓展到所有对其产生关注和参与的个体、群体和组织机构等。乡村文化不再是与乡村物理时空直接关联群体独有的产物。乡村文化的"原真性"在多主体参与中遭遇冲击，各种物质和精神层面的乡村文化形态均在媒介生活方式影响下走向现代化、流行化、媒介化、城市化。其中，乡村文化景观、基础设施、建筑风格等的城市化、现代化、流行化趋势尤为明显。在现代科技的影响下，乡村农业生产方式呈现出去人工化、智能化、自动化特征，人得以从繁重的农业生产中解放出来，加之全覆盖、碎片化媒介信息的影响，媒介化生活方式也逐渐成为乡村主流日常生活方式。虚拟网络空间成为乡村文化构建的重要场所，虚拟空间中的所有个体、群体和组织机构，分别获得了不同权重的、原本仅属于乡村原住居民、乡贤和政府等主体的物质和精神层面乡村文化构建权力。

二、媒介化生活方式下多元主体推动乡村文化社会价值转型

传统的农耕乡村文化是生活在该物理空间中的人类改造自然活动的产物，同时又指导着该空间中人们的生产和生活实践。因此，传统意义上乡村文化的社会价值主要表现为其对生活在乡村的人们的规范和引领作用。然而，随着生产力的发展、城镇化进程的推进和乡村文化媒介化的强化，传统的乡村价值交换系统逐渐被多元主体消解，乡村文化与城镇文化的差异性逐步弱化。乡村物理空间的生产和生活秩序在多元主体的实践和媒介参与中被打破，乡村文化的内涵、外延和功能都面临着挑战。"乡村文化"成为一个动态的、发展的概念，"原真性"的农耕文化是乡村文化的重要发展阶段。农耕文化与当代流行文化的媒介化融合使乡村文化的社会价值由价值引导走向价值共建，包括：以媒介组织或个人为主导的复原式乡村记忆重构、以人的流动为依托的乡村文化和空间资源流转活化、以用户参与为途径的传统与现代要素有机融合以及以多元主体共建为手段的乡村文化价值观念重构和推广等。

（一）复原式乡村文化形态的多媒介呈现唤醒传统乡村文化记忆

复原式乡村文化形态呈现，是指将原生态的物质和精神乡村文化形态以文字、图片、音频、视频或场景等不同的媒介形式，突破原真性乡村文化形态的时间和空间限制，呈现到更多人的面前，以唤起人们对乡村文化记忆的关注、认知或参与等。媒介具有复原、重构和唤醒公众对乡村文化记忆的功能。在快速城镇化的进程中，由政府部门、媒介组织和自媒体人作为内容生产主体的复原式乡村文化形态呈现，以唤醒目标群体的乡村文化记忆为主要目标。乡村文化记忆是从发生在乡村时空环境中的诸多具体事件中凝练而来，"通过规范性和秩序性表达了记忆的跨代际延续和共享

的可能性"①，而成为一个区域范围内乡村群体成员需要共同遵循的准则。时空背景是乡村文化记忆形成、传承和传播的关键。媒介技术的发展使乡村文化记忆赖以生存的时空背景得以复原、解构和重构，特色乡村文化记忆得以数字化地保存、保护、传承和传播。与此同时，经由政府部门、媒介组织、自媒体人以及用户等交互作用的议程设置，虚拟社区在信息分享交流中的筛选活动，以及多媒介相同、相关乡村文化形态的重复、强化式呈现，不同方向的乡村文化记忆对公众的唤起效应会有所不同。例如，自媒体人李子柒的乡土文化短视频，在多视角复原、重构乡村文化场景，以及内容、用户、平台的互动筛选机制下，成功地在国内外掀起了向往中国田园文化的热潮。

（二）媒介化生活方式推动乡村文化资源的时空流转活化发展

加拿大学者伊尼斯（Harold Adams Innis）根据媒介的时间和空间属性，将媒介分为时间偏向和空间偏向两种类型。在人类传播的历史上，很长时期内，地域空间是一种基本的社会信息系统，距离是封闭、隔离社会的手段。②不同的媒介技术有不同的传播偏向，使乡村文化资源不同程度地突破时间和空间隔离的限制，迎来更广泛的生存和发展空间。空间反映着社会结构和社会关系，物理空间由有形物质实体延展而成，虚拟空间则由以人为中心的社会互动关系建构而成。媒介使人们对空间的认知由物理空间拓展到物理、虚拟空间与社会互动嵌合的多重维度。在媒介中体验乡村物理和文化空间，可能会引导城镇居民亲身前往乡村物理空间旅游或在以乡村故事世界等媒介产品为代表的虚拟空间中进一步体验乡村文化。在城市空间与文化"侵入"乡村同时，媒介技术也通过拓展乡村文化资源时空流转，

---

① 吕龙、黄震方、陈晓艳：《乡村文化记忆空间的类型、格局及影响因素——以苏州金庭镇为例》，《地理研究》2018年第6期。
② 王斌：《从技术逻辑到实践逻辑：媒介演化的空间历程与媒介研究的空间转向》，《新闻与传播研究》2011年第3期。

建构着多元的、虚拟或虚实结合的乡村故事世界。尽管在城市化的进程中，传统的农耕文化资源的生存时空在不断消逝，但是借助一定的媒介手段，通过在物理和虚拟空间中的流转，原生态农耕文化可以超越时空限制而得到保存、传播和创新，并在新乡村文化建构中发挥重要作用。

（三）用户参与促使乡村文化建设中传统与现代矛盾逐步消解

狭义的乡村文化以传统的农耕文化为主体，与现代流行文化之间是界限分明的。在城乡关系二元对立范式下，乡村文化建设的核心任务是保护好原生态农耕文化、农民日常生活和农耕空间，避免现代城镇文化和大众流行文化的侵蚀；乡村文化与城镇文化、农耕文化与大众流行文化之间的矛盾被认为是乡村文化建设中面临的主要矛盾。上述认知奠基于城乡关系二元对立范式下关于"乡村社会的人"及其互动机制的假设。媒介技术打破了乡村文化由生活在特定时空的农耕人主要建构的限制，使更多的"社会的人"拥有参与到乡村文化建构中的权力。与大量的传统农耕人从乡村物理空间中流转出去相对应，广泛的用户（通常是非传统农耕群体）经由虚拟体验时空流转到乡村文化建设中来，当然，也带来更多的城镇文化和现代流行文化元素。值得指出的是，在传统农耕乡村文化的原有构成要素和生存机制不断消解的背景下，乡村文化在转型中需要形成新的参与主体。实践证明，一味地由政府或商业资本主导进行还原、保护和开发，无法推动乡村文化的可持续发展。在这一意义上，网络用户是新时代乡村文化建设中重要的补充性新生力量。

（四）多元主体共同参与引导乡村文化价值观念的建构方向

价值观是指人们头脑中有关价值追求的观念，它是人们以往生活实践经验和知识的凝聚和升华。[①] 传统的农耕文化对乡村居民的生产和生活起

---

① 仰和：《电视广告对社会价值观念的影响》，《国际新闻界》2000年第6期。

规范和引导的作用，其中蕴含的价值观念是经由长期积累并不断强化形成的。伴随资本、媒介和用户介入乡村文化内容的生产和传播活动，传统价值观念也在乡村文化形态的时空流转中面临着多元主体的解构和重构。相对于传统农耕文化价值观较长的形成和作用时长而言，媒介化大大缩短了乡村文化价值观的更新、发展和历时性检验周期。以吸引用户注意力为目标，解构型乡村文化内容的生产和推广依赖戏仿、拼贴等方式，这将颠覆原有经典乡村文化中的人物形象、故事体系与价值观念等。在这种解构型创新的乡村文化建设活动中，现代流行文化元素得以融入传统乡村文化形态，同时又具有较高的用户参与性、娱乐性和强烈的吸引力。旅游场景产品、文学作品、影视作品、游戏产品等解构型大众文化产品是解构型创新活动中乡村文化及其价值观重要的形式表征，其大众性和解构性连接了乡村文化内容、用户参与和媒介平台。在数字技术的支持下，解构型乡村文化产品的传播主体趋于全民化、传播模式趋于智能化、传播渠道趋于全媒体化、传播效果趋于精准化，多元主体共建和主导的解构型价值观成为新时代乡村文化价值观的一个重要的建构方向。

三、跨媒介乡村文化转化和产品开发承载乡村文化经济价值

乡村文化空间的城镇化、媒介化流转以及乡村文化产业化开发是乡村文化经济价值变现的两种主要方式。以乡村旅游为代表的物理空间流转只是乡村文化现代化发展中的一个表现，乡村文化在经由媒介化、产业化开发实现经济效益的同时，也成为现代流行文化的重要构成。乡村文化的媒介化，不仅表现为物质和精神的乡村文化形态的跨时空媒介呈现，还表现为打造具有版权价值的乡村故事文本及其跨媒介价值变现。叙事学理论先驱普罗普（Vladimir Propp）认为，每个故事的内在叙事结构是相同的，叙事序列的不同使故事传递的意图有所不同。媒介是叙事的载体，包括文字、

语言、图文、歌舞、影像、游戏、场景等多种形式。在媒介融合的趋势下，跨媒介是乡村故事叙事的基本属性，更是一种"世界搭建"的叙事策略。具体地，乡村文化的跨媒介转化和产品开发是指，在乡村文化超级符号打造的基础上，构建具有独特性的乡村文化景观和乡村故事世界产品，以实现乡村文化经济价值的开发和变现。

（一）旅游生活方式推动乡村文化空间重构的经济价值变现

旅游是人们提升自身生活质量的常见行为方式，通过旅游人们可获得以移动、短暂、差异、体验和意义等为特征的精神满足。乡村田园生活方式因与社会多数人的日常生活方式之间有明显差异，而成为乡村文化旅游开发的重要维度。围绕乡村的本土生活方式打造旅游目的地，吸引游客，以达到乡村本土生活方式的旅游体验，是乡村旅游项目投入实现经济效益回收的手段。文化景观是乡村文化的重要载体，是促使人们记住"乡愁"的审美空间，它们或以物态形式的文化遗迹、具有地域特征的地理空间单元（街巷道路、生活空间等）的形式存在，或以乡土人情、民风民俗、社会内生秩序等精神形式存在，它是乡村存续、发展的源动力，是乡村秩序运行的"灵魂"。[①] 复原或重建乡村文化景观对于唤起游客对特定时间和空间的乡村文化记忆有重要作用，因此，在当前乡村旅游开发中，文化景观的复原、复建或重建成为最常见的方式。然而，当前我国的乡村旅游仍然高度依赖游客聚集和身体到场的开发模式。媒介技术的发展和普及，使线上旅游逐渐走进人们的视野，而在新冠肺炎疫情中，云旅游、虚拟旅游等新兴业态因可突破时空局限而获得前所未有的发展机遇。物理空间重建和虚拟空间打造，既符合乡村文化形态保护、传承的空间需求，又为乡村文化的新发展提供了保障。"游客"出于"记住乡愁""猎奇求新"或"快

---

① 孙彦斐、唐晓岚：《乡村振兴视阈下乡村文化景观的价值及实现路径》，《江苏社会科学》2021年第4期。

捷体验"等需求,"访问"乡村文化的物理空间或虚拟空间,用户注意力的投入是乡村文化旅游及其衍生产业链开发的重要依据。

(二)"乡村故事"IP 化打造是乡村文化产业化开发的新风向

源于人类共有的"讲故事"能力和媒介融合进程,故事文本的跨媒介故事世界建构是其产业化开发的主要手段。简单来说,故事世界就是随着故事里讲述的事件不断向前推进的一个想象的整体。[1]讲述者、受众和媒介均在故事讲述和故事世界建构中充当着重要角色。乡村故事是真实发生或依托于特定乡村时空的、虚构而又具体的事件发生过程的描述,乡村故事与乡村生产和生活实践密切相关,是特定物质和精神层面乡村文化形态的反映。讲好乡村故事的前提是拥有基于乡村文化资源的优质故事内容,乡村故事 IP 化打造的过程就是构建优质乡村故事的过程。拥有版权价值的超级符号是乡村故事 IP 化打造的直接目标。具体地,将物质或精神的具有一定辨识度、知名度的人物、角色、建筑、故事情节等符号,借助跨媒介叙事打造为拥有稳定粉丝群体和版权价值的超级符号,并利用超级符号的粉丝影响力和消费力实现多媒介故事产品的价值变现。通过 IP 化打造,可实现乡村故事的大众传播、内涵拓展、形式创新、用户流量吸附和版权价值提升。相对于乡村文化景观开发的"重资产"经营而言,乡村故事 IP 化打造属于"轻资产"经营模式,二者最大的区别在于前者对人员身体到场和聚集高度依赖,后者追逐的目标则是用户注意力和忠实粉丝群体的维护。在乡村文化空间媒介化转型的过程中,以粉丝经济为核心的乡村故事 IP 化打造成为乡村文化经济价值开发的新风向。

---

[1] 玛丽-劳拉·瑞安、杨晓霖:《文本、世界、故事:作为认知和本体概念的故事世界》,《叙事理论与批评的纵深之路》2015 年第 1 期。

（三）用户解构是乡村文化产品推广的主要目标和重要助力

乡村文化产品可分为建构型和解构型两种，二者的核心区别在于对待经典的方式不同，前者多沿用经典，后者则立足于颠覆经典。建构型乡村文化产品包括复原性乡村文化景观、经典乡村文学作品、影视作品等，以尊重乡村文化中的经典结构、价值观念和故事情节为主要特征。解构型乡村文化产品包括基于经典人物的创新性故事文本演绎、融合流行元素的乡村文化景观搭建、用户参与型场景产品等，以尊重和打破用户期待视野获取注意力为主要特征。与建构型乡村文化产品生产中沿用经典不同，解构型乡村文化产品多通过戏仿人物形象、拼贴故事情节和颠覆经典价值观念等方式，既借助经典人物、情节、观念等符号对粉丝的吸附力，又打破用户的固化期待视野为其带来娱乐性和强烈的陌生化效果，从而使更多用户出于猎奇参与到乡村文化产品的生产、推广和消费活动中。与此同时，在媒介使用和媒介思维日常生活化的当下，用户注意力的获取方式已由吸引用户关注转向引导用户参与。根据斯图亚特·霍尔（Stuart Hall）的"编码解码"理论，人在接受文化产品时都会根据自身的社会图景进行解读，用户参与活动是对建构型乡村文化产品解构的过程，也是对解构型乡村文化产品再解构的过程。众多用户的解构型参与经由社群互动中的碰撞、磨合而逐渐形成一条或几条主要的意见方向，并为乡村文化产品推广带来口碑效应。因此，无论是建构型还是解构型乡村文化产品，用户对话题、场景、故事世界等的解构型参与程度直接决定了其推广的广度和效度。

（四）跨界联动是乡村文化经济价值溢出的主要方式

如同"众所周知的'古根海姆效应'就是一座建筑复活一座城市的经典范例"[①]，标志性乡村文化元素可以成为带动乡村及其文化发展的重要依托。建构出可以被不断重复利用、产生持续性经济开发价值的乡村文

---

① 卢旭：《文商跨界融合 助推消费升级》，《中国文化报》2021年8月6日。

标识性资产，是乡村文化发展中打破行业界限、推动资源整合的必要前提。常见的乡村文化标识性资产包括乡村文化品牌和乡村故事IP，从乡村文化产业化发展的角度来看，其跨界方式主要是通过优势资源整合实现新业态的无界限拓展。围绕乡村文化品牌和乡村故事IP进行的衍生产业链建构，将乡村文化标识性符号尽可能广泛地应用于更多产品形态开发，从而实现乡村文化标识资产的跨界变现。例如，《乡村爱情》系列故事IP向电影、主题综艺、主题公园、"象牙山"休闲旅游等的跨界，就将该故事IP的经济价值进行了有效延展。一般地，乡村文化品牌或乡村故事IP的衍生产业链越长，其经济价值的溢出效应越突出。乡村文化标识性符号作为其衍生产业链之间的连接点，可将产业链上不同衍生产品的推广效益叠加联动。科技发展不断推动乡村文化业态更新，在延长乡村文化标识符号产业链的同时，也为不同产业链之间带来了以"科技""媒介""观点""场景"等为代表的新连接点，从而为用户关注的叠加、转移和转化提供更多便利。因此，不同乡村文化产品生产和推广中连接点的数量，一定程度上影响了乡村文化经济价值的跨界联动溢出效益。

四、媒介化生活方式下乡村文化时空与社会网络的融合重构

文化空间和社会网络是乡村文化重构中的两大要素，前者是乡村文化形态赖以生存的生态环境，后者是其持续发展的动力源泉。文化空间或文化场所的本原意义指一个具有文化意义或性质的物理空间、场所、地点，[①]后被用于指代非物质文化遗产的类型，如文化遗址（群）等，乡村文化空间特指乡村文化形态的意义空间。媒介化突破了乡村文化形态的时间和空间限制，物质和精神的乡村文化元素得以跨越时空范畴以多媒介形式呈现，

---

① 向云驹：《论"文化空间"》，《中央民族大学学报（哲学社会科学版）》2008年第3期。

乡村文化空间重构中多时空、即时切换等属性为乡村文化提供了更广阔的发展空间。社会网络常被用于社会学研究中，特指任何组织或个人"都具有与外界一定的'社会关系'与'联结'，都镶嵌或悬浮于一个由多种关系联结交织而成的多重、复杂、交叉重叠的社会网络之中"[1]，关系与联结是社会网络的基本构成。媒介化使乡村文化社会网络中拥有关系、联结的组织和个人无限扩大，现实社会与虚拟社群中拥有产生联结的组织和个人共同成为乡村文化组织方式的参与者。

（一）多维真实叠加的文化空间重构乡村文化发展的生态环境

不同于传统物理时空的"现实"的客观真实性，媒介化日常生活方式下，乡村文化所处"'现实'是指在系统之内经由生产意义的形式被生产出来的一种关联物"[2]，既包括客观真实，又包括媒介建构真实和人的主观真实。视觉、听觉、触觉等感官在人类认知中居于首要地位，媒介通过符号编码为用户带来感官体验实现信息传播和价值认同。媒介建构理论认为媒介以一种预测和模式化的方式，通过对真实的形象进行架构来建构意义并产生影响，它"强调虚拟现实是由媒介活动的行动者与行动者之间，以及行动者与周边环境之间的互动建构起来的"[3]。主观真实多半来自社会情景及媒介的建构而形成的个人"脑中图景"。客观社会真实是媒介建构真实和主观真实的来源和依据，媒介建构真实直接目标是契合用户的"脑中图景"。乡村文化媒介化发展使媒介建构的乡村文化形态真实大量呈现，并对用户的主观乡村文化认知产生广泛的、有意义的影响。人工智能、虚拟现实和5G等技术的应用，更加强了用户对乡村文化参与性认知中的沉浸感。乡

---

[1] 姚小涛、席酉民：《社会网络理论及其在企业研究中的应用》，《西安交通大学学报(社会科学版)》2003年第3期。

[2] Niklas Luhmann. *The reality of mass media.* Stanford：Stanford University Press. pp.3-8.

[3] 江根源：《媒介建构现实：理论溯源、建构模式及相关机制》，博士学位论文，浙江大学，2013。

村文化赖以生存的生态环境由客观真实向媒介建构真实、个人主观真实转移，影响其发展的文化空间也同时由多个层面的客观或虚拟文化空间共同构成，不同客观或虚拟文化空间之间的高自由度切换和叠加效益更加速了乡村文化的建构效率。

（二）虚拟与现实融合的社交网络重塑乡村文化发展的组织动力

文化是由人在社会生产、生活中创造的产物。传统农耕时期客观社会生活中的社交关系是乡村文化形态的主要组织方式。从关系论的视野来看媒介与传播的关系，媒介就成为一种彰显社会关系的象征，而传播则是建构这种社会关系的动态过程。[1]媒介化生活方式下，人与人之间的关系可通过媒介表达，同时媒介传播活动也强化或重构着人与人之间的关系。媒介化使围绕乡村文化形态的社交关系呈现出虚拟化特征。当前，网络虚拟社群中的信息共享是乡村文化产品、信息和价值观传播活动的重要纽带。根据柯林斯（Harper Collins）的互动仪式链理论的观点，互动仪式是一组具有因果关联与反馈循环的过程[2]，互动仪式的发生必须具备人员聚集到同一场所、对局外人设定界限、人们的注意力集中在共同的焦点上、人们在场分享情绪和体验等四个条件。虚拟社群突破了成员间互动的"同一场所"限制，客观现实和虚拟社群中成员间的互动可帮助参与者实现身份认同与社会定位的满足。同时，在媒介化生活方式的影响下，相同的信息筛选机制使身处不同物理场所的居民和网络用户的关注视角、表达方式、价值观念等逐渐趋同，客观现实和虚拟社群中的社交关系对乡村文化形态生产、传播、消费、解构和再建构等活动影响的差异性逐渐缩小。随着媒介

---

[1] 李彬、关琮严：《空间媒介化与媒介空间化——论媒介进化及其研究的空间转向》，《国际新闻界》2012年第5期。

[2] 兰德尔·柯林斯：《互动仪式链》，林聚任、王鹏、宋丽君译，商务印书馆，2009年，第86页。

化进程的推进，客观社交和虚拟社交关系逐步融合，并在媒介信息筛选机制的作用下，共同成为新时代乡村文化建设中的重要组织动力。

结语

当媒介使用和媒介思维深度融入人们日常生活方式，乡村文化媒介化使其原真性传承与现代性发展之间的矛盾得到有效调节，二者可以是双向并行的共生关系。对乡村文化建设而言，媒介化生活方式为其带来了两大影响，即乡村文化赖以存在的空间的多维化和建构主体关系的虚实融合化。也正是这两大变化为新型乡村文化社会价值和经济价值的重构奠定了坚实基础。随着媒介技术和媒介社群组织形式的变革，乡村文化价值重构的方式也会有所变化，探索媒介化生活方式下乡村文化的重构路径是一个值得持续研究的课题。

日本艺术介入社区营造的实践、反思与启示*
——以濑户内、越后妻有和黄金町艺术祭** 为例

王永健***

摘　要　艺术是文化的形象化表达，是地方文化符号的表征。通过艺术项目创造新的文化景观，为社区发展注入新的动力源，这一新趋势引起了社区民众的极大兴趣，成为社区营造的一个重要路径。这是一个将社区的自然环境和人文环境视为资源，并借助当代艺术予以激发和利用，呈现出艺术作品以促进当地社区发展的过程。其主要目标是重振社区活力，寻找未来的发展之路。艺术祭整合了政府、社区与商业的力量，将艺术作品从美术馆、博物馆转移到大地公共空间中，融入了日常生活，激活了艺术的公共资源价值，涵养了社区文化与人心。其深层价值在于它成为世界各国人民文化交流的载体，即以艺术为载体实现与他人的互动，提升了国际化交流水平。

关键词　日本　社区营造　艺术祭　公共艺术

---

* 本文部分内容已经在《粤海风》2021 年第 3 期上发表，本文有一定程度修改。感谢国家社科基金艺术学一般项目"艺术人类学视野下城市艺术区的景观生产与景观消费理论研究"（项目批准号：20BA015）、日本基金会 2019 年度日本研究 Fellowship（RJS-FW）立项项目《日本的社区营造与文化遗产保护》（项目编号：31RE002 Ref.No：10120418）基金提供支持。

** "艺术祭"具有"艺术节"和"艺术祭典"之意，日本政府文部科学省文化厅的官方称谓为"艺术祭"，为了内容论述中尊重原意，行文中统一采用"艺术祭"这一术语。

*** 王永健，中国艺术研究院艺术学研究所副研究员，日本关西学院大学高级访问学者，兼任中国艺术人类学学会副秘书长。主要研究方向为艺术人类学的理论与田野，文化遗产与文化景观。

引言

21世纪以来，中国经济腾飞，综合国力得到了极大提升。与之相伴的是城市化进程加速，大量农民工进城务工，农村人口大量流失，农村空心化问题日益严重。依托于乡村土壤延续至今的文化逐渐失去了传承主体，面临传承危机等一系列问题涌现出来，乡村成为有问题的乡村。同时，城市化的过快发展，社会环境的多样化，也产生了一系列的"城市病"问题。可以说，社区营造的对象不仅是乡村社区，也包括城市中的社区。从中央到地方都在全力寻找解决问题的办法，国家陆续出台了一系列关于"乡村振兴"和城市有序发展的政策法规，足见对这些问题的重视程度。在地方社会，有一些先知先觉的艺术家、建筑师、人类学家等走进乡村，身体力行参与到乡村建设中去，呈现出了一系列艺术介入乡村建设的案例。这其中既有成功的案例，也有不尽人意的案例。当然，这一切都处于探索阶段，仍有很多问题需要反思与探讨。以艺术作为手段介入社区营造能否成为一种可行性路径，是一个颇具挑战性和前沿性的话题。有学者提出质疑：艺术介入社区营造是社区复兴的王牌吗？当代艺术是否能够融入当地社区，为当地人所认同？是否可以发挥全球化的效果？是否可以为当地人带来一些精神上的思考？[①] 这些皆是艺术介入社区营造过程中值得反思的。要回答这些问题，不仅需要研究艺术介入社区营造的实践历程，也需要实证的田野调查。

在这样一个发展背景下，笔者试图在世界范围内寻找一些国外的案例和经验，以给国内的艺术乡建提供可以借鉴的经验和启示。通过文献梳理发现，日本有意识地运用艺术的手段对社区进行营造起步较早，而且积累了丰富的经验，所做工作与中国当下正在发生的艺术乡建较为接近。那

---

① 宫本结佳：《艺术与社区发展的社会学研究：直岛・大岛・越后妻有的记忆与创造力问题》，昭和堂，2018年，前言第3-4页。

么，日本的社区营造经历了怎样的发展历程？艺术介入社区营造的核心文化观念是什么？在社区营造的过程中是如何处理艺术、艺术家与社区、社区居民、文化的关系的？带着这些问题和思考，笔者于2019年9月10日至2020年2月9日赴日本关西学院大学，并申报了日本基金会2019年度"日本研究Fellowship"研究项目，提交的研究计划有幸获得了日本基金会的支持。期间，笔者与日本著名社会学家荻野昌弘教授一起，就"日本的社区营造与文化遗产保护"课题展开了为期五个月的合作研究。笔者查阅了日本学界关于社区营造研究领域的文献，并先后考察了濑户内国际艺术祭、越后妻有国际大地艺术祭、黄金町国际艺术祭三个艺术介入社区营造的实践案例，以期通过文献与田野调查相结合的研究方式来回答上述问题。

一、日本社区营造的发展历程

"社区营造"的概念诞生于日本。第二次世界大战之后，日本的市民或居民有效地利用本社区的资本和文化资源，在自组织模式下对社区进行的具有持续性的营造活动，对战后日本的社区重建发挥了重要的作用。日本建筑学会曾对社区营造做了如下界定："社区营造是以地域社会既存的资源为基础，在多样化的主题参与和协作下，对居民自身附近的居住环境进行渐进的改善，旨在提高社区的活力与魅力，以实现生活品质向上提升的一系列持续的活动。"[①] 可以看出，利用社区资源对社区进行魅力再造和生活品质提升、增加社区居民福祉是社区营造的主要目标。为了更好地理解这一概念，现将日本社区营造的发展历程做一个梳理。

---

① 西村幸夫：《再造魅力故乡：日本传统街区重生故事》，王惠君译，清华大学出版社，2007年，第19页。

（一）解决农村地区贫困和人口过疏问题的初期阶段

20世纪60年代至70年代中期是日本经济高速增长的时期，日本的社区发展伴随农业、工业和城市化进程而逐渐兴盛起来。1961年颁布的《农业基本法》标志着日本农业现代化的全面开展，农业机械化作业迅速在全国普及。机械化程度的提高使大量的农业人口解放出来，工业化发展也吸纳了大量农业人口涌入城市。高速发展的经济使人口越来越多地集中到城市，同时农村人口锐减，很多社区出现了人口过疏现象。相关研究表明：1955年，日本农村人口占全国总人口的比重是43.9%；1978年，这一数字降至24.8%。[①] 到2017年，日本的农村人口的比重仅为6%[②]，如此低的比例显示出日本乡村社区人口过疏的严重程度。这与中国从20世纪90年代中期以来所经历的农业机械化程度提高、大量的农民工进城务工潮、农村空心化问题的出现如出一辙。

在这样的背景下，日本政府提出了"社区营造"的理念，并于1971年颁布了《农村地区引进工业促进法》，以吸引农业人口回乡创业。农业观光开始出现，很多乡村社区兴建了农业观光园、农业历史博物馆、农耕体验区等，以便农民获得较为可观的收益。这些举措在一定程度上使社区面貌得到了改变，乡村社区的人口稍显增长，但是并未从根本上解决问题。

（二）经济低速增长期重塑城乡关系、人与环境关系为导向的中期阶段

20世纪70年代中后期至90年代，日本经济进入了低速增长期。1973年爆发的石油危机，使能源完全依靠进口的日本受到较大冲击，提高了制造业的成本，从而使日本的GDP增长率一度出现了负增长，造成了经济整体大规模下滑。城市大工业的发展，带来的影响是人口继续向大城市集中，

---

① 任震方：《关于日本人口的一些资料》，《城市规划研究》1980年第1期。
② 参见：http://k.sina.com.cn/article_1990953592_76ab8a78001008yrh.html。

乡村人口持续下降；自然生态环境遭到破坏，人与环境的关系亟待修复。曾担任两年日本首相的田中角荣出版过《日本列岛改造论》①一书，介绍了他对日本地方开发政策的基本观点。他试图通过高速公路和新干线铁路等高速交通网络将日本全国连接起来，扭转产业、人口、文化过度向大城市汇聚的趋向，将发展重点转移到地方上，推进地方工业化发展，重新布局全国工业发展格局，从而解决大城市人口过密和乡村人口过疏问题。透过田中的改造策论，我们可以很清晰地看到当时日本大城市过于庞大、地方城镇发展萎缩的城乡关系紧张状态，他试图通过路网联通的手段来改变现有的城乡格局、重塑城乡关系。

经济的低迷导致消费的下降，也使日本的乡村社区再次陷入困境，大量农业观光园、度假村等破产。日本政府开始反思产生这些问题的症结。同时，为保障社区营造能够继续稳定地推行下去，日本政府陆续颁布《市民农园整备促进法》（1990年）、《农山渔村旅宿型休闲活动促进法》（1995年）等法案，这些法案的实施以重塑城乡关系、人与环境的关系为导向，为社区营造提供了政策支持和法律保障。

（三）将举办"艺术祭"作为重振社区活力的新阶段

艺术与社区营造的联系始于20世纪60年代发起的"雕塑的城镇发展"项目，雕塑从美术馆的展览走向户外。自此以后，随着公共艺术的发展，很多艺术项目开始进入社区。2000年以来，日本各地以艺术为手段带动社区营造的案例飞速增长，各方媒体争相报道，引起各界的瞩目，很多社区营造的案例被冠以"艺术祭""艺术节"②等名号出现。吉田隆之将"艺术祭"分为两种类型：大都市举办的"都市型艺术祭"和偏远地域人口过疏化问题较为严重地域举办的"地方型艺术祭"。据统计，从2016年至2019年

---

① 田中角荣：《日本列岛改造论》，秦新译，商务印书馆，1972年。
② 这种艺术祭的形式源自欧洲，意大利的威尼斯双年展和美国的卡内基国际展均有悠久的历史。

举办的艺术祭中，事业费花费超过 1 亿日元的有 13 项。① 项目通过运用社区的历史、自然和文化资源，借助艺术的手段活化没落的社区，尤其是人口过疏的社区和偏远的岛屿等所谓的边缘社区。主办方从世界范围内邀请当代艺术家入驻社区，并为这些艺术家提供空间等各方面支持：让艺术家参与当地社区生活，与社区居民进行互动，他们在这里自由地创作作品，甚至有些作品是与社区居民合作完成的，作品完成后通过艺术祭进行集中展示，以此为手段吸引海内外的游客前来观光。

伴随旅游观光产业的发展，相关产业链开始形成，餐饮业、娱乐业、特色农产品行业等迅速发展起来。这些社区均生产当地特色的产品，有些产品则是限定产地销售。由于地方特色鲜明，这些产品备受游客的青睐。可以说，产业振兴带动了地区振兴，通过消费活动促进社区再造，激活了地方产业，提升了生活品质，达到了重振社区活力的目的。当然，这一切的有序运行离不开完善的法规和政策，日本政府陆续颁布了《日本文化艺术振兴基本法》（2001 年）、《景观法》（2004 年）、《观光立国推进基本法》（2007）等法案，以配合社区营造的发展。经过了 40 年的发展历程，大量艺术项目在社区中得以建立，以艺术作为手段助力社区营造取得成功。

二、三个艺术介入社区营造案例的田野调查

近年来，日本利用当代艺术进行社区营造取得了较为显著的成效，积累了丰富的经验。为研究艺术介入社区营造这一问题，笔者通过翻阅日本相关领域的研究文献，以及与荻野昌弘教授的讨论，确定了在国际上具有广泛影响力的濑户内国际艺术祭、越后妻有国际大地艺术祭、黄金町国际艺术祭为考察对象。之所以选择这三个案例，主要原因在于：其一，这三

---

① 吉田隆之：《艺术祭与地域振兴：从自愿接受艺术祭到合作开发固有的资源》，水曜社，2019 年。

个案例在地理与社区环境层面上具有典型代表意义,其中,濑户内国际艺术祭所在地为濑户内海方圆 1.97 万平方公里的群岛地带,代表了日本海岛地域的社区营造;越后妻有国际大地艺术祭所在地为新泻县十日町市和津南町的山区地带,代表了日本偏远山区地域的社区营造;黄金町艺术区所在地为东京都附近的横滨市,代表了日本城市中的社区营造。其二,三个案例在日本国内和国际上具有较大影响力,艺术祭的举办使社区面貌得到了较大改变,每年有大量的来自世界各地和日本国内的游客专门前往参加艺术祭活动。这些较为成功的案例可以作为典范予以借鉴。

(一)濑户内国际艺术祭

濑户内海位于日本本州、四国和九州之间,自古以来,濑户内海一直是战略运输路线。20 世纪 60 年代以来,日本经历了快速经济增长,但是濑户内地区的大规模工业发展导致了生态环境的严重恶化。此外,人口老龄化严重,渔业资源衰竭,很多岛屿沦为无人岛甚至垃圾岛。濑户内群岛的社区营造始于对社区现状的反思,力图寻找到一条可以重新振兴没落海岛的道路,以吸引离岛人口回流和年轻人来此创业,激活观光消费,复活社区传统文化,找回生活方式的集体记忆。在濑户内国际艺术祭执行委员会(Setouchi Art International Festival Executive Committee)的组织下,通过政府与财团的共同支持,艺术祭尝试利用当代艺术呈现海洋文明与海岛的魅力,展现社区的历史与文化,寻找未来的发展之路,也是一条可持续发展的生态之路。直岛是濑户内海群岛中最早进行社区营造的海岛,自近代以来一直以农业、渔业、航运和制盐四大产业为基础。1957 年,旅游观光委员会在岛町议会中成立,组织系列调查活动,制定发展计划,对该岛的文化和旅游资源进行检讨和重新认识。直岛的文化项目始于 1980 年代中期,利用该地区南部的自然景观,力图将旅游业作为支柱产业。值得关注的是1988 年,"直岛文化村"的构想提出,目的是创造一个培养人们创造力的地方,这种创造力源于与不同的文化背景的儿童、老人、艺术家和企业家等不同层次人群的交流。以实现人与自然、艺术和建筑的对话与融合为主题，以当代艺术为中心的文化事业不断发展，持续至今。

自 2010 年开始，濑户内国际艺术祭开展，每三年为一届，至今已举办四届。艺术祭的目的是激发当地的倡议和岛屿间的合作，促进当地持续发展的运动，以恢复海洋和社区的活力。最初，参与艺术祭的岛屿主要涉及 7 个：丰岛、直岛、男木岛、女木岛、小豆岛、犬岛、大岛，后来规模不断扩大，扩展至 12 个岛和高松、宇野两个港口城市。濑户内国际艺术祭的主题是"海之复权"，就是要让岛民重获对以往生活的自豪感，展望新的未来，希望岛上的老人们在人口过疏、老龄化加剧的现实条件下，生活得更加健康快乐，对社区感到自豪，以此创造海岛的美好未来。同时，还包含着对现代城市状况的反思与质疑，尤其是对地球环境问题的关注。通过对海的重新思考，提防人类动则就要战胜自然的自高自大，强化地球危机意识。[①]

据濑户内国际艺术祭的总策展人北川富朗先生介绍，将濑户内诸岛的历史、民俗、艺能、祭祀仪式与当代美术、建筑、演艺结合起来是最重要的策展理念。[②] 艺术和建筑是将人们吸引到濑户内地区并使其发现独特的历史、文化和景观的有力工具。它们彰显了社区身份，每个社区都植根于其历史和文化之上，反映在世代相传的地方习俗、艺术、手工艺、职业、民俗、节日和建筑遗产中。通过聚集来自不同国家和地区、不同年龄层、不同职业领域的专家和不同艺术门类的艺术家等形形色色的合作者，融入世界的智慧，借鉴日本和外国人士在艺术、建筑、科学、文化、哲学和国际交流等领域的智慧，创造新事物，进而为濑户内地区注入了新的活力，皆对海岛的未来发展至关重要。

[①] 福武总一郎、北川富朗：《艺术唤醒乡土——从直岛到濑户内国际艺术节》，李临安、杨琨、张芳译，中国青年出版社，2017 年，第 67-68 页。
[②] 参见北川富朗的讲座：《艺术唤醒乡土——濑户内国际艺术节》，2017 年 3 月 19 日于中央美术学院。

艺术家来到濑户内，通过与当地居民的合作创作出艺术作品。这些作品饱含他们的生活方式和生活体验，可以透过艺术景观来看待自己生活经历中的地方。事实上，艺术祭也是通过当代艺术呈现的一种集体记忆的再现。一些作品运用了与当地社区居民密切相关的地方，如神社、老民宅等，比如利用直岛上200多年的老民宅创作的《家·计划》。艺术祭对岛上自然景观和自然资源也加以利用，如丰岛美术馆所展示的作品——《泉》：艺术家内藤礼利用丰岛的天然泉水资源，依据地势将美术馆内部地面设计为四周高、中间低，并在地面上留有很多个绿豆粒大小的泉眼，泉水冒出来后，自然往低处汇流，过程中不断汇入其他泉眼溢出的泉水，形成了千姿百态的形状，流动的泉水就是景观，变成了被欣赏的艺术作品，很多游客是跪在地上或趴在地上去体会的，这样的自然艺术充满着诗意和哲学。这些作品的共同特征与当地的历史以及特定的地方资源（老民宅、神社、自然资源）紧密联系在一起，作品与场所不能分离。要欣赏这些艺术作品，需要到当地创作的环境中去。这也是近年来人们审美倾向的一种转变，即开始对与日常生活相关的艺术，以及依据社区历史文化环境创作的艺术作品产生浓厚的兴趣，从近年来参展艺术家和游客数量逐年增多可以清晰地看到这一变化（见表1）。

表1　濑户内国际艺术祭历届展期相关数据统计表[①]

艺术祭年份	展期（天）	参展作品数（件）	游客人数（万人）
2010	105	95	94
2013	108	233	107
2016	108	216	104
2019	107	220	117.8

---

① 数据统计源自：濑户内国际艺术祭网站 https://setouchi-artfest.jp。

（二）越后妻有国际大地艺术祭

越后妻有①国际大地艺术祭自 2000 年开始，每三年为一届，截至目前已举办七届艺术祭。从举办规模而言，这是世界上规模最大的国际户外艺术祭，希望通过整合当代艺术的力量、当地人民的智慧以及社区的资源，以农田为舞台，艺术为桥梁，连接人与自然，试图探讨地域文化的传承与发展，重振现代化进程中日益衰颓老化的农业地区。

越后妻有位于东京都的西北部，是指新潟县南部的十日町市和津南町在内的 760 平方公里土地，属于山区大雪地带。地域面积比东京都 23 区的总和还要大，距离东京车程仅为 2 小时。大概 4000 年前的绳纹时代②已有人在当地居住，深厚的历史文化和独特的地理环境，孕育出代表着日本传统的里山文化③。20 世纪 70 年代起，伴随着城市化和工业化的发展，大量人口外流，老龄化现象和乡村人口过疏问题严重。据官方数据报道："在 2005 年日本的国势调查中，越后妻有地区的总人口为 73777 人，与 50 年前相比减少了 40%，其中最突出的松代町、松之山町两地减少了 70%。65 岁以上的老龄人口超过人口总数的 30%，其中松代町、松之山町两地超过

---

① 越后妻有是一个被建构出来的名称，在"NEW 新潟里创计划"开展之初，如何给该地区取名争论很大，每个市町村各推荐一人参加学习讨论。最初，取名"十日町"争论较大。于是，经过查阅古文献，将妻有庄的十日町市、津南町、川西町、中里村和松之山乡的松代町、松之山町，从中取"妻有"，冠以"越后"的统称，合并起来即"越后妻有"，最后获得通过，这一名称得以固定下来。

② 绳纹时代是指日本考古学分期上的新石器时代，因当时居民使用绳纹式陶器而得名，其文化称绳纹文化。晚于无土器时代即日本旧石器时代，早于弥生时代。年代上限约为前 8000 年（一说约前 3000 年），下限在前 3 世纪稍后。分布于日本全境。营狩猎和捕捞经济，晚期产生农业。多见贝丘遗址。使用打制和磨制石器斧、铲、磨盘、磨棒、箭头等。陶器富有特点，均属炊器，上饰绳纹，稍晚出现其他器类，流行制作具女性特征的偶人。墓葬多土圹，后期局部地区出现石棺墓。存在拔牙习俗。该文化创造者为现代日本人的祖先。（《世界文化词典》）

③ 里山是一个地域概念，指的是日本琵琶湖周边村落。里山文化历史悠久，从绳纹时代延续至今，日式村落建筑成群，民风民俗保存完好，是日本传统村落文化的代表。

了40%。"① 社区萧条、人口稀少、社区发展和文化传承遭遇困境。该地域因日本著名作家川端康成的小说《雪国》而逐步进入人们的视野,小说中描述道:"穿过县界长长的隧道,便是雪国。""越后"是地名坐标,"妻有"在日语中有"死角"之意,意思是说"该地区进出很不方便,是非常偏远的雪乡"。

自1996年开始,新潟县制定了《新潟佐藤庄新计划》,提出了举办越后妻有艺术三年展,并设立了十年地方振兴基金,为社区的复活带来了希望。这是由地方政府发起组织并斥资实施的地域振兴事业,之后122个市町村合并为14个广域行政圈,并实施为期十年的地方事业发展政策,以促进地域发展。14个广域行政圈在各自的行政圈内市町村相互协作,即"NEW新潟里创计划"②,越后妻有的6个市町村成为该计划的组成部分,以"越后妻有艺术链构想"为主题,在2000年和2003年共同举办大地艺术祭。"越后妻有艺术链构想"定了三大支柱计划,即"越后妻有八万人的美之发现""花道""舞台建设"。此外,除了津南町,另外5个市町在2005年通过建设项目(越后妻有交流馆"KINARE"、松代"农舞台"、越后松之山"森林学校"KYORORO)合并,形成了如今越后妻有由十日町市与津南町组成的格局。③ 艺术祭组委会邀请日本著名的艺术策展人北川富朗教授担任总策展人,从1997年开始策划艺术祭,以振兴社区为目标,成功地将当代艺术引入乡村社区,并作为改造乡村社区的手段。

越后妻有国际大地艺术祭的理念是"投入自然的怀抱"——参照里山

---

① 大地の藝術祭東京事務局編《大地の藝術祭越後妻有アートトリエンナーレ 2006》,现代企画室 2007 年,第 10-13 页。
② NEW新潟里创计划是平成6年(1994年)新潟县推出的一项区域振兴计划,规定总项目费用的六成由新潟政府补助,将市町村分为14个广域行政圈,再各自打造中心城市。每个广域行政圈基于独自的构想,发挥地区优势,全民共同参与规划,再现地区魅力。其主要方式并不是建造新的建筑,而是更重视服务,发展文化软实力。
③ 北川富朗:《乡土再造之力:大地艺术节的10种创想》,欧小林译,清华大学出版社,2015 年,第 204-205 页。

和绳文时代祖先的传统，打破地域、年龄及背景文化，建立一个新的令社区持续更新的模式，去传递投入自然的怀抱。艺术祭组委会从全球招募艺术家，鼓励艺术家进入社区，展开田野调查，熟悉当地环境，与农村里的老人以及来自世界各地的年轻义工一起，共同创作。至今已创作出2000多件艺术作品，它们被放置在村庄、田地、空屋、废弃的学校等地方展示。在越后妻有地区有数量较多的废弃的房屋，多位艺术家通过艺术的手段将这些废弃的房屋转化为艺术作品，重新挖掘并发挥这些老屋的价值。如鞍挂纯一和日本大学艺术系雕刻组学生用两年时间完成的《蜕皮之家》、丰福亮的《金色茶屋》、安东尼·戈姆利的《另一个特异点》、监田千春《家的记忆》等，这些作品洋溢着当代艺术气息，又巧妙利用并融合了当地的文化习俗和文化遗产，是社区和谐共生的作品，在当地社区民众和游客中产生了相当高的认同感，让我们重新感受到了人与人、人与物、人与土地之间的关系。

越后妻有里山协力机构是其非营利性法人组织NPO（non-profit organization）①，负责艺术祭活动的组织与实施，其作用不容忽视。前期，NPO组织派人与社区居民沟通，这一沟通过程并不容易，村民并不理解他们为什么要引入当代艺术，因此需要反复做思想工作，随着沟通逐渐顺畅，NPO也就获得了社区居民们的许可。这一过程需要大量人力资源投入，得益于NPO组织的动员能力，他们从国内外招募志愿者参与到艺术祭工作中，这些志愿者具有流动性，超越地域、年龄、专业领域等特征，只要是对艺术祭工作有认同的，都可以参与进来，他们活跃在艺术祭筹备与实施工作的第一线。在前期，任务繁重的工作是规划设计和从世界范围内邀请艺术家入驻，依据越后妻有地区每个村落的特点来设计策展和创作方案，设计

---

① NPO是政府认可的，具有独立性、公共性的，以社区为基础的从事各类公益活动的民间非营利组织。日本的NPO组织模式舶自美国，覆盖社会生活各个领域，行业门类齐全，对日本的文化、科技、社区营造、医疗卫生等领域产生重要影响，成为社会管理和建设的一支重要力量。

方案需要反复与政府和社区居民沟通与修改，招募艺术家的投稿作品的审读也是工作量巨大，受邀艺术家来到驻地后，一方面希望他们能够扎根社区，认知社区的文化；另一方面，让艺术家将全球化的视角带到社区。如此敬业和负责任的开展工作，让社区居民感受到 NPO 开展活动与他们密切相关，他们也主动地参与到具体的工作中来。

表2 越后妻有国际大地艺术祭历届展期相关数据统计表[①]

艺术祭年份	展期（天）	实行委员会事业费（亿日）	参展艺术家来自国家数（个）	参展作品数（件）	游客人数（万人）	经济收益（亿日）
2000	53	5.5	32	153	16.28	127.6
2003	50	4.3	32	220	20.51	188.4
2006	50	6.5	49	334	34.9	56.8
2009	50	5.8	40	365	37.53	35.6
2012	51	4.8	44	367	48.88	46.5
2015	50	6.2	35	378	51.07	50.9
2018	51	6.6	44	379	54.84	53.9

如表2所示，越后妻有国际大地艺术祭开展以来，七届展期已累计接待游客超过264万余人次，实现收益超过557亿日元。前两届艺术祭的举办主要依靠政府投资。到了第三届，新潟县政府的财政支持降至艺术家消耗总费用的三分之一。但是，随着艺术祭影响力的不断扩大，游客数量持续攀升，靠门票和产品销售已可以解决一部分资金。从2009年第四届艺术祭开始，日本文化厅开始资助艺术祭。此外，艺术祭组委会善于利用民间资本，吸纳很多企业和财团加入了赞助的队伍，如JR铁道公司、Benesse集团、BMW公司等知名企业，由此获得了稳定的资金支持，实现了长期可持续发展。艺术祭的参展作品也逐年增加，国际化程度不断提高，吸引了世界各地的著名艺术家前来创作参展，如2018年的艺术祭中，378

[①] 吉田隆之：《艺术祭与社区发展》，水曜社，2019年，第72页；ECHIGO-TSUMARI ART FIELD，https://www.echigo-tsumari.jp/about/history/。

件参展作品来自 44 个国家和地区 335 组艺术家，可见其国际化程度之高。从七届艺术祭所获得的丰硕成果来看，艺术介入社区营造在越后妻有取得了成功。

（三）黄金町国际艺术祭

黄金町位于横滨市中区，离东京都仅 50 公里。历史上黄金町是随着横滨港的开放逐渐繁华起来的，1871 年社区被正式命名为"黄金町"。1872 年，横滨与新桥之间的第一条铁路开通并经过该社区，黄金町距离横滨站仅 1 公里，铁路的开通使这里变得更加繁华。1945 年，美军接管横滨港，在此后的十几年中，该地区聚集了大量的人口。伴随着 20 世纪 60 年代日本经济的高速发展，以及新干线高速铁路的修建，在车站周边以及铁路桥下形成了很多空间，这些空间里聚集了数量较多的商店、违建餐馆和风俗店铺，因此治安环境较差。

鉴于如此局面，社区于 2003 年成立环境净化促进委员会，力图整治社区乱象，重振社区活力。从 2004 年开始，横滨市提出了建设创意城市构想，黄金町也被列入创意城市计划，由政府出面拆除非法的餐饮店，清理风俗店。铁路桥下的空间与铁道公司签订了租期长达 10 年的租赁合同。2005 年，社区发展促进小组成立，当地政府、社区居民与警察等各种组织联合起来，共同维护社区的居住安全。铁路桥下的空间，政府交由非政府、非营利性民间组织黄金町法人 NPO 管理中心[①]（認定 NPO 法人黄金町エリアマネジメントセンター）来负责组织、协调与运营，NPO 负责沟通政府和社区民众，以及负责维护黄金町艺术区的日常运营工作。

黄金町艺术祭从 2005 年开始筹备；2006 年艺术基地 BankART 开业；2007 年横滨国立大学和神奈川大学的学生和居民，提出在铁路桥下的空

---

① 2008 年黄金町第一届艺术祭是由黄金町艺术祭执行委员会负责组织运营，活动结束后，2009 年 3 月执行委员会解散。2009 年 3 月 24 日，黄金町法人 NPO 管理中心获批成立，并开始组织后续活动。

间建立工作室的想法，开始将艺术的手段用于社区营造。艺术祭执行委员会聘请了横滨三年展策展人之一的山野真悟先生作为艺术总监。艺术区实行了一个名叫"AIR"的空间利用计划，包括长期和短期项目。长期项目是指为可以长期在此驻场创作的艺术家提供空间，通常为1年以上。短期计划是指短期驻场或短期出租，通常为3个月的驻场期，以及为短期的展览活动和本地活动提供场地出租服务。最早出现的两个艺术家工作室是Kogane Studio和Hinode Studio。同时，黄金町法人NPO管理中心总结出一整套对艺术家管理和服务的方法，如为驻场艺术家提供免费创作空间，但是管理中心要求艺术家需要利用2-3月的时间到黄金町社区进行田野调查，需要与当地居民进行交流互动，创作的作品要有在地性。艺术家的作品在艺术祭上展览，得到了当地居民的认可。同时，管理中心还开办了黄金町艺术学校，邀请驻场艺术家或文学家等前来演讲，旨在为社区的居民和儿童提供艺术课堂，这也促使当地居民踊跃参加社区组织的活动，呈现当代艺术与社区的新关系。NPO在引入新的文化艺术活动和商业活动同时，也与当地居民、土地所有者和相关方之间就物业管理、项目和活动的实施等建立共识，采取各种措施（区域管理）来确保当地居民和所有访问该区域的人的安全，为实现让您安心度过时光的城市、艺术与地域共存的充满魅力和活力的城市做出贡献。

2008年，黄金町第一届艺术祭开幕，曾经的违建餐馆、风俗店铺等建筑，改造为新开放的艺术家工作室和公共社区空间。艺术区每年举行艺术祭，邀请来自世界各地的艺术家前来驻场创作。截至目前，来自世界50多个国家，如中国、印度尼西亚、韩国、越南、泰国、菲律宾等国家的艺术家受邀入驻创作。该项目旨在将社区重建为城市艺术区，重新振兴社区，实现可持续发展。在这里，不仅可以欣赏到驻场艺术家的现场创作，也可以欣赏到世界著名艺术家的作品。而且，艺术作品不只展示在美术馆、工作室空间中，也展示在日常的生活空间中，如社区的街道、外墙、铁路桥下等公共空间。截至2019年，已成功举办12届艺术祭，黄金町成为著名的城市艺术区和网红打卡地,每年接待大量来自世界各地的游客(见表3),社区面貌得到了根本性的改变。

表3 黄金町国际艺术祭历届展期相关数据统计表 ①

艺术祭年份	展期(天)	参展艺术家(组)	游客人数(万人)
2008	81	24	10
2009	27	9	1
2010	32	39	1.5
2011	83	32	9.25
2012	59	33	2.08
2013	62	16	1.44
2014	89	39	4.34
2015	30	21	1.25
2016	32	56	1.35
2017	88	26	3.87
2018	33	37	1.29
2019	39	23	1.72

日本运用艺术作为社区营造的手段,可以追溯至20世纪60年代的"雕塑的城镇发展"项目,其重要的意义在于将艺术作品展览从美术馆中搬到了社区公共空间中,激活了艺术的公共效应,增加了社区的艺术氛围和艺术景观,深受社区居民欢迎。这一阶段的特点是展示作品,为社区增加艺术景观和艺术氛围。当然,社区民众对当代艺术引入有一个适应过程,最初他们将当代艺术视为异类。原因在于:其一,因为无法理解这些移植过来的抽象的当代艺术;其二,认为它们与自己的生活也没有必然的联系,无法形成认同。

2000年以来,伴随着日本各地艺术祭的相继举办,艺术创作与艺术展览进入到了社区日常生活空间,艺术家出现在创作现场,他们主动参与当地社区生活,与当地社区居民进行通力合作,并将当地的历史、自然和文

---

① 数据统计源自:黄金町认定特定非营利活动法人黄金町エリアマネジメントセンター年度事业报告書。

化资源融入到艺术创作中，创作出既有当代艺术气质，又有当地特色的艺术作品。社区居民的态度开始发生了转变，因为在这些艺术作品中看到了社区历史和日常生活的元素，逐渐理解了这些艺术作品，到现在社区居民认为当代艺术是社区发展的重要资源，也是社区的骄傲和代表性的文化符号，这是在观念层面的一个巨大转变。这些作品放置在社区的公共空间，不仅向社区居民展示，也面向国内外游客展示。这一阶段的特点是利用当代艺术这一国际性语言，邀请艺术家出场，注重社区居民的参与和互动，依据当地资源优势创作各具特色的艺术项目，拒绝同质化现象。艺术介入社区营造在日本取得了较大成功，不仅使社区得以振兴，赢得社区居民的认同；同时也产生了较大的国际影响力，吸引了国内外的游客前来参加，获得了较好的经济收益，为艺术祭的持续运行提供了保障。

三、启示与反思

日本艺术介入社区营造发展历程和三个艺术祭案例带给我们诸多启示。日本艺术介入社区营造具有明确的目标性，即重振社区活力，提升社区居民的生活品质，实现社区文化的赓续和可持续发展。其与中国艺术乡建具有一定的对应性，日本的经验可以为中国当下正在发生着的艺术乡建提供借鉴。

（一）启示

其一，以艺术为载体，挖掘与利用在地文化资源，创生国际化艺术语言，激活艺术的公共效能，使其成为社区营造的一种路径。艺术是一门可以跨越国界与族群的语言，艺术家将世界上最具潮流的当代艺术观念带进来，挖掘和利用当地自然与文化资源，与当地社区居民合作艺术作品。同时，艺术的公共性一直以来是非常值得探讨的话题，美国《艺术杂志》（*Arts Magazine*）1967年曾刊登过一篇名为《美术馆之死》的专题报道，许多批评家认为，作品存放在博物馆中等同于埋葬在墓地中，以此批判艺术的公共性效能难以发挥的问题。艺术家创作中挖掘与利用社区文化资源的过程也使社区的文化得以再利用，他们在艺术祭中创作的作品放置在社区的公共空间中展示，打破了既有艺术只是在美术馆、博物馆中展示的固有观念和范式，让艺术融入日常生活，实现了艺术家与社会发展的互动，激活艺术的公共效应，恢复其社交功能，使文化氛围和艺术景观得以重振和建立，实现了艺术为生活服务，为人们审美服务的目的，进而使艺术在更大范围内产生持久价值，对社区活力重振具有重要意义。

其二，尊重和激发了社区居民主体性，引进专业的设计工作团队，建设"专家工作营"和"市民参与型工作坊"制度。具体而言，建立"专家工作营"，即聘请专业研究团队到社区营造地展开社会调查，以获得该社区历史、文化、民俗、仪式、信仰等方面的信息，为方案设计提供参考文本。举办"市民参与型工作坊"，即吸收当地居民参与讨论，听取他们的意见与诉求，能够针对社区所存在的问题和将来的愿景进行剖析，从而提出设计方案和解决思路。这一商讨过程往往持续时间长，反复次数多，如在越后妻有国际大地艺术祭运行的前 4 年，主办方召集村民开会超过 2000 次；黄金町国际艺术祭在筹备阶段，艺术祭执行委员会深入社区与居民座谈也超过 1000 次。有了如此扎实的民意征集工作，社区居民的想法得到了尊重和采纳，社区营造的设计方案就会符合当地社区的实际需求。

其三，深挖当地特色资源，培育特色产业，拒绝同质化，实现产业创收和可持续发展。千叶大学宫崎清教授将"社区营造"议题分为"人""文""地""产""景"五大类。其中，"产"指的便是社区的产业与经济活动。可见，社区营造是一项经济消费较高的社会事业，而实现社区营造目标需要稳定的经济动力源。因此，打造具有地方特色的产品，实现产业创收，能够支持社区营造发展。20 世纪 80 年代，日本在社区营造中发起了"一町一品"运动，主要是为了各个社区能够保护地方传统文化，发展地方特色产业，为旅游观光服务。以三个艺术祭为例，这些社区通过对本地资源的深度挖掘,创造了独具地方特色的产业,生产富有当地特色的产品,有些产品甚至是限定产地销售。由于地方特色鲜明,这些产品往往备受游客的青睐。可以说,产业振兴带动了地区振兴,通过消费活动促进社区再造,激活了地方产业,提升了生活品质,达到了重振社区活力的目的。

其四,培育非营利性法人组织NPO服务社区营造。1998年,日本政府制定实施了《特定非营利活动法》(NPO法)[①],该法明确了非营利组织的定位、权利义务、业务范围以及与政府的关系。在日本,大部分的NPO组织是志愿者团队或政府设置的附属机构,能够与政府达成公共服务的互补合作关系,以提高公共服务的效率和质量。其优点在于:第一,善于动员社会力量,组织民众参与社区活动;第二,重视与政府和政府组织的合作,有效连接政府与社区,具有上下沟通的功能;第三,在开展活动时,善于调查与采集公众意见,代表公众发声。从历史发展来看,NPO从发起历史街区保护运动,到参与政府制定立法,再到作为主体推动社区营造条例的实施,均发挥着越来越广泛和积极的作用。NPO具有独立性,可以有效地沟通政府、社区与居民,也可以自由地邀请专家、艺术家,开展研讨和创作活动,以及项目的实施,可以保持自身的独立性来运营,其独立的财权是完成以上工作的重要保障。当然,NPO组织也有符合法律规定的运营管理章程,要明确其目的和业务范畴、会员、理事和理事会、议事规则、

---

① 该法第1条规定:"对于开展特定非营利活动的团体给予法人资格,使以志愿者活动为中心的市民自由的社会贡献活动能够促进特定非营利活动的健康发展,增进公益。"NPO组织要想取得法人资格,需要从事以下17个领域的非营利性活动,即1.增进医疗保健或福利的活动;2.促进社会教育的活动;3.促进城镇建设的活动;4.振兴学术、文化、艺术或体育的活动;5.保护环境的活动;6.灾害救援活动;7.地域安全活动;8.维护人权或推进和平的活动;9.国际援助活动;10.促进形成男女共同参与社会的活动;11.培养儿童健康成长的活动;12.发展信息社会的活动;13.振兴科学技术的活动;14.搞活经济的活动;15.开发职业能力或扩充就业机会的活动;16.保护消费者的活动;17.从事前面各项所列活动的团体运营或有关活动的联系、顾问咨询或支持活动。(参见日本NPO官方网站:http://www.npo-homepage.go.jp/data/bunnya.html)。

资产和财务制度等，接受政府和社区监督，以及财务方面的审查，以确保 NPO 运营的规范性。前文所述越后妻有、濑户内、黄金町三个艺术祭的案例，均是按照这样的运营思路运行的，这些 NPO 机构有效地沟通了政府、社区与居民三方，使艺术祭的建议与落地实施成为可能。NPO 对政府人员也提出要求，在工作模式层面进行调适，以更高效率地参与到艺术祭的筹备活动中。就中国国内而言，短期内成立大批的乡建 NPO 存在一定难度，但是作为一种可行性的路径，其自身的运营管理优势可以为乡建提供有益助力，是未来可期的发展方向。

其五，善于利用民间资本，实现有效可持续发展。这是一种带有公益性的市场化行为，即由企业设立以发展文化事业和振兴社区经济发展为目的的财团，股份制运作，财团是大股东，使用分红的方式为社会做贡献。如此一来，资金来源得到了保障，财团也有了投资的积极性，文化事业便能够持续开展下去，免去了资金筹措难的困扰。此举对中国的乡村建设具有重要的启示意义，在中国的乡村建设过程中，由政府主导，投入大量资金，消耗较大，政府负担重。笔者认为，可以借鉴日本对于民间资本的利用举措，吸引民间资本参与到中国的乡村建设中来，鼓励他们投资乡村建设，在法律和政策允许的范围内开展市场化的盈利活动，如此可以大大激发民间资本的参与积极性，减轻政府负担，实现乡村建设的可持续性发展。

其六，通过立法保障社区营造有序发展。在社区营造过程中，日本政府会根据不同时期、不同问题进行有针对性的立法。如日本在经济高速增长时期，对户籍制度出台了专门法案，消除了人在城乡之间自由流动的壁垒，既允许农村人进城务工落户，也允许城市人到农村地区投资创业。日本建立了较为完善的农业耕地和农村住宅流转体制，到农村地区创业或居住的城市人可以租用或购买耕地用来耕作，促进各种资源向农村地区流动。在政策层面对打算到农村地区创业或居住的人来说起到了引导和保障的作用，由此可以及时规避问题。中国自 2017 年提出乡村振兴战略以来，尽管国家层面已出台一系列刺激和保障乡村振兴顺利实施的政策与法规，仍需在具体执行层面出台相关细化的政策与法规，保障乡村振兴的开展。

（二）反思

1. 警惕社区被艺术征用。随着大量艺术项目在社区中的建立，新的问题也开始出现。从社区角度而言，人们开始担心社区的传统文化表达被削弱，社区沦为当代艺术表达的工具。笔者认为，艺术介入社区营造并非只是引进艺术家在社区创造一个艺术事件，更重要的是在出发点上要使艺术介入并与社区及居民发生关系，能够持续产生热度，改变社区整体面貌。日本在进行社区营造时，引入的是当代艺术，不是局限于本土的艺术家，而是从世界范围内邀请艺术家。一方面，艺术家通过与本地居民的合作，共同挖掘社区的文化资源，共同创作艺术作品；另一方面，居民可以通过对作品的解释来告诉游客他们的记忆，并形象化他们的生活习惯，在一定程度上激活了他们参与的积极性，强化了对社区文化的认同。

2. 艺术批评不足。与逐年增多的艺术项目相比，艺术批评明显不足。笔者认为，主办方应邀请一批具有较高水平的艺术评论家参观艺术项目，并进行客观的评介。一方面，可以为下一届艺术祭项目的遴选提供参考；另一方面，也可以为游客观赏艺术作品提供导读。这是在以后的艺术祭举办过程中应该重视的问题。

结语

在全球化时代，随着互联网的飞速发展，信息革命使人们的生活方式和思维方式发生改变，更加注重追求便捷性和参与体验。在这样的背景下，信息的交流和共享更加迅速与畅通，艺术与生活的关系更为接近，人们对新的艺术形式和生活样态的参与热度日益高涨，使艺术介入社区营造，融入人们的日常生活具有了更多可能性和想象力。日本艺术祭整合了政府、社区与商业的力量，将艺术作品从美术馆、博物馆转移到大地公共空间中，融入了日常生活，激活了艺术的公共资源价值，涵养了社区文化与人心。随着参展艺术家、游客人数和收益逐年递增，当地旅游、餐饮、休闲度假、教育等行业不断发展，许多年轻人自愿回到故乡开设餐馆、咖啡厅和小商店等，使没落已久的社区得以振兴。艺术祭不仅是记录社区历史与传承传统文化的有效途径，也是展示社区艺能、习俗和祭祀仪式的有效手段，其国际化的开放心态使来自世界各地的当代艺术家能够扎根于当地的历史与文化资源进行创作，创作完成的作品又成为当地重要的艺术景观，来自不同国家、领域、年龄的游客来此观光，其深层价值在于它成为世界各国人民文化交流的载体，即以艺术为载体实现与他人的互动，提升了国际化交流水平。

综上，艺术是文化的形象化表达，是地方文化符号的表征。通过艺术项目创造新的文化景观为社区发展注入新的动力源，这一新趋势引起了社区民众的极大兴趣。这是一个将社区的自然环境和人文环境视为资源，并借助当代艺术予以激发和利用，呈现出艺术作品以促进当地社区发展的过程。这种做法为社区的再造提供新的思路，创造了新的生活方式和价值观念，改变了当地人的生活。它带给我们的启示有：以艺术为载体，挖掘与利用在地资源，创生国际化艺术语言，突破传统艺术展示范式，让艺术融入日常生活，激活艺术的公共效能，使其成为社区营造的一种路径；要尊重社区居民主体性，"专家工作营"和"市民参与型工作坊"的建设使整个过程更加专业化，并激发了社区居民参与的主动性；深挖当地特色资源，培育特色产业，拒绝同质化，实现产业创收和可持续发展；培育一批乡建的 NPO（非营利性组织），有效地沟通了政府、社区和居民，形成了一种新型的互助与合作关系；善于利用民间资本，实现有效的可持续发展；通过立法保障社区营造有序发展。当然在这一过程中，警惕社区被艺术征用和当代艺术对社区文化遗产的冲击，恰当处理艺术与当地社区文化、居民的关系，增加艺术批评是艺术介入社区营造过程中值得反思和重视的问题。相信随着艺术介入社区营造实践和研究的不断深入，会有更多的案例涌现出来，也会有更多的理论与经验总结出来，我们将拭目以待。

文化蓝皮书
中国乡村文化发展报告

区域报告

乡村振兴背景下浙江省传统村落保护现状以及活化利用路径研究

鲁可荣[*]

摘　要　新时代实施乡村振兴战略的关键在于遵循乡村发展规律和挖掘乡村多种功能和价值。本文通过总结梳理浙江省传统村落保护发展成效及存在的问题，基于乡村价值的理论视域，比较分析了不同类型传统村落价值传承及活化利用的典型创新实践，立足新时代乡村振兴战略目标，构建了传统村落保护利用与乡村振兴的共建共享机制及有机融合路径。

关键词　传统村落　乡村价值　乡村振兴

一、浙江省传统村落保护利用现状、主要措施及取得成效

（一）传统村落保护利用总体情况

浙江是中国传统农耕文明的发源地之一，历史悠久，文化底蕴深厚，既有代表中国南方早期新石器时代（距今约7000~5000年前）稻作文明的河姆渡遗址，又有代表长江下游地区的远古文明（距今约5300~4300年前）的良渚文化遗址。世代浙江劳动人民在长期的农耕生产生活中，形成了大量形态各异、功能多样的传统村落。虽然历经沧桑巨变，这些传统村落依

---

[*] 鲁可荣，浙江农林大学文法学院院长、教授，主要研究方向为农村社会学、农业社会学，近年来尤其关注传统村落、农村社会治理等议题。

然犹如一颗颗璀璨的明珠散落在浙江广袤的山水之间,凝聚着丰富多彩且绵长厚重的多元性乡村价值。

目前,由建设部和国家文物局共同组织评选"中国历史文化名镇名村"的前七批已经公布的487个历史文化名村中,浙江省入选44个,占总数的9%。截至2019年,全国范围内先后五批共有6819个村被纳入到"中国传统村落名录"中,其中浙江入选636个[①],占9.33%,位居全国第一。其中,丽水市有258个村入选"中国传统村落名录",位居浙江首位,其次是金华(101个)和台州(75个)(表1)。

表1 浙江省入选中国传统村落名录中的批次数量及地区分布(单位:个)[②]

地区\数量	第一批(43)	第二批(47)	第三批(86)	第四批(225)	第五批(235)	合计636
杭州	3	5	7	21	16	52
宁波	6	4	8	4	6	28
温州	5	3	1	11	9	29
绍兴	3	1	0	9	12	25
湖州	1	2	2	2	1	8
嘉兴	0	0	0	0	3	3
金华	11	6	4	29	51	101
丽水	9	13	56	81	99	258
台州	2	9	5	49	10	75
衢州	2	4	3	18	27	54
舟山	1	0	0	1	1	3

近年来,浙江省在深化"千万工程"、建设美丽乡村过程中,全面系统地开展了传统村落保护利用工作,取得了较好成效。2010年5月,浙江省农办组织开展了全省范围内特色文化村落调查,重点是对特色文化村落

---

① 在2012至2019年我国先后分五批公布的"中国传统村落名录"中,浙江省入选的村庄数量分别为43、47、86、225、235个,在历次评选的全国排名中名列前茅。
② 根据住房和城乡建设部、文化部、国家文物局、财政部、国土资源部、农业部、旅游局等部门公布的《关于列入中国传统村落名录的村落名单的通知》(第一批至五批)中的数据整理而成。

的自然生态环境、古建筑数量、占地面积、建筑年代、现有用途、建筑特色、文化价值以及自然生态村落的古树木种类和数量等进行摸底。据统计，全省共有特色文化村落609个，其中古村落324个，特色建材村22个，特定年代村落51个，其他生态村落212个。这些特色文化村落呈现出以下特点：建村历史普遍久远（唐、宋、元、明、清各个朝代都有），总体分布呈量多面广且南多北少的状况（宁波舟山沿海及杭嘉湖平原地区较少，绍兴、金华、温州、丽水、衢州等山区及半山区较多），村落规划严谨和谐及风水观念浓厚、古建筑风格迥异及筑造工艺精湛、宗族印记鲜明及文化积淀深厚等。[1] 2017年9月，浙江省建设厅命名了634个村庄为第一批省级传统村落，同时规定住建部公布的浙江省中国传统村落全部列入省级传统村落名单之中，[2] 从而使得更多的传统村落被纳入到相关政府部门所开展的规范性保护与可持续性发展的工作之中。

截至2020年，浙江省共实施八批传统村落保护利用项目，涉及2047个村（重点村347个、一般村1700个），其中丽水市项目村总数量为484个（重点村70个，一般村414个），居全省首位（表2），其次为衢州（333个）、台州（245个）和金华（229个）（表2）。

表2 浙江省前八批传统村落保护利用项目村数量及地区分布（单位：个）[3]

地区 \ 数量	重点（347）	一般（1700）	合计（2047）	位次
杭州	27	151	178	5
宁波	24	116	140	7
温州	32	143	175	6
绍兴	23	114	137	8

---

[1] 浙江省"千村示范万村整治"工作协调小组：《浙江特色文化村落保护开发思路与对策研究》，《浙江省实施"千村示范万村整治"工程建设美丽乡村资料汇编》，2013年。

[2] 《关于浙江省第一批省级传统村落名单的公示（不含国家级名单）》，http://www.zj.gov.cn/art/2017/9/8/art_5525_2247634.html。

[3] 根据浙江省农业农村厅公布的第一至第八批历史文化村落保护利用重点村和一般村名单数据整理而成。

（续表）

地区 \ 数量	重点（347）	一般（1700）	合计（2047）	位次
湖州	16	38	54	9
嘉兴	4	33	37	10
金华	60	169	229	4
丽水	70	414	484	1
台州	31	214	245	3
衢州	49	284	333	2
舟山	11	24	35	11

（二）传统村落保护利用的措施与成效

调查发现，近年来浙江省传统村落保护利用工作的主要措施及取得的成效呈现出以下三个方面特点。

第一，科学规划整体布局，传统村落的保护对象不断扩大。

2003年浙江省启动"千村示范万村整治"工程建设时，时任省委书记习近平指出，浙江省有像兰溪的诸葛村、永嘉的芙蓉村、武义的郭洞村这样历史文化内涵丰富的古村落，要在"千村示范万村整治"中加强对古建筑古村落保护。2010年5月浙江省农办根据"千村示范万村整治"工程建设的实际需要，将特色文化村落仅限于具有有形载体的农村特色文化，重点是古民居村落和自然生态村落两大类。

2012年4月，浙江省委、省政府办公厅发布的《关于加强历史文化村落保护利用的若干意见》，进一步将历史文化村落明确地划分为古建筑村落、自然生态村落和民俗风情村落三种主要类型。2013年起，浙江省每年公布历史文化村落保护利用重点村（约43个）和一般村（约217个）入选名单，并全面开启相关保护利用工作。2016年8月，浙江省政府办公厅发布的《关于加强传统村落保护发展的指导意见》中提出每年选择100个左右传统村落开展重点保护，打造"两美"浙江建设样板。

2018年浙江省委省政府印发的《浙江省乡村振兴战略规划（2018-

2022）》进一步明确指出，对传统村落、少数民族特色村寨、特色景观旅游名村、地理标志产品原产地村、森林人家特色村等自然历史文化特色资源丰富的村庄，全面保护传统村落格局、自然生态肌理、历史风貌等整体空间形态，严格保护文物古迹、历史建筑、传统民居、民族村寨、农业生产遗迹等自然历史文化遗产，尊重原住居民风俗习惯和生活方式……到2022年，预计传统村落保护利用完成率达到79.3%。经过各级政府、社会各界持续十多年共同努力，目前浙江省已启动2000多个村的保护利用项目。

第二，持续出台相关政策，传统村落保护利用力度不断加大。

近年来，浙江各级党委和政府不断贯彻落实"创新、协调、绿色、开放、共享"新发展理念，始终践行"八八战略"①，全面推进美丽乡村建设，为有效促进传统村落保护发展提供了有力的制度政策保障。2003年浙江省委、省政府办公厅《关于实施"千村示范万村整治"工程的通知》明确指出要把保护古建筑古村落作为重要内容。2010年浙江省委、省政府办公厅《关于印发〈浙江省美丽乡村建设行动计划（2011–2015年）〉的通知》指出要培育特色文化村，编制农村特色文化村落保护规划，制定保护政策，在充分发掘和保护古村落、古民居、古建筑、古树名木和民俗文化等历史文化遗迹的基础上，优化美化村庄人居环境。2012年出台的《关于加强历史文化村落保护利用的若干意见》指出历史文化古村落保护利用的总体目标是：在全面摸清历史文化村落现状的基础上，科学编制保护利用规划，科学制定扶持政策，力争到2015年，全省历史文化村落保有集中县规划全覆盖，历史文化村落得到基本修复和保护，彻底改变一些历史文化村落整体风貌毁损、周边环境恶化的状况。同时还出台了《浙江省历史文化名城名镇名村保护条例》，为历史文化名村的保护利用提供了法律依据。

2015年《浙江省美丽乡村建设专项资金管理办法（试行）》规定为历

---

① 2003年，时任浙江省委书记的习近平作出了"发挥八个方面的优势""推进八个方面的举措"的决策部署，简称"八八战略"。

史文化村落保护利用项目村提供财政补助，其中一类县市的历史文化村落保护利用重点村的补助标准为每村700万元，一般村的补助标准为30万元到50万元左右。除了省级资助以外，各地还将投入市级配套资金、村镇整合资金以及撬动社会资本投入，用于历史文化村落保护利用的村庄项目。2016年8月，浙江省政府办公厅发布的《关于加强传统村落保护发展的指导意见》指出传统村落保护发展的总体目标：全面摸清浙江省传统村落保有现状，完整记录传统村落文化遗产，加快建立健全有利于传统村落保护发展的各项机制，重点任务包括，实施全面普查建档行动、实施分级名录保护行动、实施规划设计全覆盖行动、实施风貌保护提升行动以及实施特色产业培育行动。2016年10月，浙江省财政厅、省旅游局、省旅游集团共同设立浙江省古村落（传统村落）保护利用基金，引导社会力量和社会资本投入古村落的项目开发，计划通过5年时间，使基金管理资产规模扩大到50亿元，撬动超过100亿元的社会资本投资浙江省古村落项目，投资覆盖超100个传统村落。

2018年出台的《浙江省乡村振兴战略规划（2018-2022）》明确指出要建设示范精品村，实施"千村精品、万村景区"工程，积极开展美丽宜居示范村创建工作，加强传统村落（尤其是村庄历史街区、历史建筑）的保护利用。每年创建6个美丽乡村示范县、200个乡村振兴精品村、200个垃圾分类示范村、20个传统村落保护利用示范村、2000个A级景区村。继续每年启动43个重点村和200个一般村的传统村落保护利用项目，计划到2022年，新增美丽宜居示范村500个、美丽庭院500万户，入选中国传统村落保护名录的村庄达600个以上。

第三，深化"千万工程"，传统村落保护利用与乡村振兴有机融合。

2003年浙江省"千村示范万村整治"工程建设伊始，习近平就在全省工作会议上强调：要正确处理保护历史文化与村庄建设的关系，对有价值的古村落、古民居和山水风光进行保护、整治和科学合理地开发利用，切实保护好名人故居、古代建筑和历史文化遗迹，做到传承历史文化与融入现代文明的有机统一。浙江省委、省政府办公厅《关于实施"千村示范万村整治"工程的通知》指出，实施该工程须按照统筹城乡经济社会发展的要求，从治理"脏、乱、差、散"入手……要保护生态，协调发展。

2011年9月，时任浙江省委书记赵洪祝在全省"建设美丽乡村，深化千万工程"现场会上指出："要把保护和培育文化特色村作为彰显乡村文化特色的主体，切实加大对古村落、古民居、古建筑古树木、古家具、古农具等文化遗迹遗存的保护、开发和利用力度，加大对传统艺术、传统技艺、传统体育、传统民俗、人文典故、地域风情等非物质文化的发掘、传承和弘扬力度。"2012年12月，浙江省委、省政府办公厅发布的《关于深化"千村示范万村整治"工程，全面推进美丽乡村建设的若干意见》中指出：按照"彰显区域特色、体现农村特点、传承优秀文化"的要求，全面加强历史文化村落保护利用工作。深入挖掘古建筑村落、自然生态村落、民俗风情村落等历史文化村落的个性特色……科学利用历史文化村落历史风貌、优美田园风光和良好生态环境。

2016年8月，浙江省政府办公厅发布的《关于加强传统村落保护发展的指导意见》中指出，为贯彻落实中央和浙江省委、省政府关于加大传统村落和民居保护力度、传承和弘扬优秀传统文化的精神，坚持创新、协调、绿色、开放、共享五大发展理念，按照加快建设"两富""两美"浙江[①]的决策部署，全面加强传统村落文化遗产保护，合理利用，适度开发，努力实现传统村落活态保护、活态传承、活态发展。《2020年浙江省政府工作报告》明确指出：要深入实施"千万工程"，持续改善农村人居环境，培育美丽乡村示范县10个，建设新时代美丽乡村5000个；积极推进"百镇样板、千镇美丽"工程；积极培育一批景区县城、景区镇、景区村，开展传统村落风貌保护提升和美丽宜居示范村创建。

---

① "两富浙江"的目标"建设一个物质富裕，精神富有的现代化浙江"；"两美浙江"的战略目标是"建设美丽浙江、创造美好生活"。

自2003年实施"千村示范 万村整治"工程以来，浙江省结合美丽乡村建设开展相关村庄的保护、修缮和建设，着力挖掘乡土文化根脉，加强非物质文化遗产保护。一批破旧损毁的古建筑得到抢救性修复，一批濒临失传的历史文化遗产和"记忆符号"得到挽救，一批农村文化礼堂和乡情陈列馆、博物馆、村志馆不断建立完善，一批濒危和损毁严重的古村落重新焕发了生机活力，与美丽乡村建设相得益彰，乡村三产融合不断深化，村级集体经济得到有效发展，村民收入持续增长，有效地促进了乡村全面振兴。例如，在杭州，16个省级历史文化重点村的村均集体经济收入由2003年的47.17万元提升到2019年的131.9万元，提高了180%；农民人均可支配收入由1.83万元提升为2.95万元，提高了61.4%；回乡创业人数从220人增加到733人，带动当地农民就业3748人；共培育农家乐203家、民宿208家，带动乡村休闲旅游游客365.58万人，创造经营收入1.71亿元，形成文创产业、农业品牌、农村电商32项。

二、传统村落保护利用中存在的主要问题

（一）多个职能部门参与管理，亟需健全完善保护利用工作的协同机制

近年来，国家、地方各级政府不断重视对传统村落保护利用，相关职能部门出台了一系列相关政策分类实施保护与利用工作。浙江省不断扩大传统村落的保护对象，从最初的古建筑、古村落逐步扩大到历史文化村落、历史文化名村和国家级、省市级传统村落等。然而，中国传统村落、历史文化名村、历史文化村落、国家级和省级文保点等保护利用工作又分属不同职能部门管辖，建设部门负责"传统村落"保护，自然资源规划部门负责"历史文化名镇名村"保护，农业农村部门负责"历史文化村落"保护，文化旅游部门负责文物古建筑保护及文化遗产保护工作，每条线口径不一、标准不一，保护职能相互交叉，尤其文物保护审批流程繁琐，力量和资源

得不到有效整合，造成保护工作推进缓慢。例如，不同职能部门传统村落保护利用工作都要求做相关专项规划，需要基层部门耗费大量人力物力聘请高校院所重复做各种规划文本，但是在具体申报各类项目时并不通用，申报"历史文化村落"时编制的规划，在申报"中国传统村落"时又得重新修编，导致人力和资源的极大浪费，实际效率不高。

由于多个部门参与传统村落的保护利用工作，体制机制尚未理顺，部门职责不清，政出多门不一致，多头管理又协调不够，影响了保护利用工作效率。例如，前几批历史文化重点村省里都有下达土地指标，但是后面几批重点村项目不再享受这项政策，而古建筑开发利用需要原住户异地安置，村民安置建房迫切需要用地指标，基层对政策延续有较强期盼，导致实际工作存在拖延观望乃至消极怠工等问题。

（二）专业技术性人才匮乏，资金缺口大，基层政府和村级组织茫然乏力

由于传统村落保护利用的内容涵盖面较宽，既包括古建筑修复、非物质文化遗产保护、村庄街巷空间肌理规整，又包括村庄资源的整体利用与产业融合发展、乡村文化（尤其是非遗文化）的活态利用等。因此，传统村落保护利用是项系统性工程，涉及古建、园林、农林、水务、旅游等方方面面的工作。古建筑的修复和非遗文化保护传承的专业技术性要求高，目前掌握传统技艺的工匠和手工艺人越来越匮乏，再加上维修材料紧缺和人工成本高，导致许多传统村落中的古建筑维修费用高、维修覆盖面不广、维修质量不够高。目前，省级重点历史文化村落的保护开发与利用，资金投入少则两三千万，多则上亿元。既有的财政政策对于历史文化（传统）重点村和一般村的配套资金差距较大，每年仅有少量村庄被评为重点村。对于一般村，省、市、区县、乡镇财政各级补助一般在90万元左右，其他村落保护利用的资金普遍短缺，再加上乡镇一级自身财力运行困难、大多数村级集体经济薄弱，对于村落的有效保护利用来说，有限的资金投入

只能是杯水车薪。

目前，传统村落保护利用的具体工作主要是由乡镇（街道）政府及村级单位来组织实施。这些单位大多没有相关专业知识，加之行政事务繁重等多种因素制约，难以对所有传统村落的保护利用工作给予有效的指导和监督，只能围绕着政府各种财政项目要求"做文章"，零敲碎打地开展村落的基础设施建设和古建筑修缮等。

（三）偏重于古建筑修复以及基础设施建设，与村庄整体发展协调性不够

笔者所在课题组的调查发现，目前各地政府主导开展的传统村落保护利用工作普遍将财政资金投入重点放在古建修缮、古道修复与改造以及村内道路等基础设施建设方面，较少关注民俗文化、传统技艺的开发以及非物质文化遗产的系统整理、挖掘、传承和展示。当前的传统村落保护利用项目主要侧重于局部区域内古建筑的修复保护，对周边房屋建筑以及村庄空间环境整体格局重视不够。另外，产权归属复杂是古建筑保护的一个难题，因为古建筑大多历经数代传承，为多家共有，难以明确具体产权归属，例如，桐庐县深澳村的恭思堂拥有产权的户数达27户人家，使用权的分散造成古建筑无人管理经营，处于自然损坏与人为破坏的危险中。

一些地理位置偏远的传统村落基础设施比较薄弱，多数古民宅由于年久失修而成为危房，无法进行内部生活设施改造，不能满足居民生活需要。有些村庄逐渐"空心化"，古民宅空置而遭雨水虫害等侵蚀，导致古建筑破损加速。同时，随着农村居民生活水平不断提高，古民宅已不能满足其居住需求，在农村建设用地和宅基地管理的刚性约束下，农民无地建房，违章建房屡禁不绝，一些古建筑周围的历史空间环境被"现代建筑"空间所取代，导致村落原有的历史空间格局和传统乡村文化风貌遭到不同程度的破坏，保护与利用的矛盾日益尖锐。

（四）保护利用工作主要依赖外部力量，村民的主体性和参与性不足

近年来，各级政府普遍采取了招投标形式加强对财政项目资金的管理监督。传统村落保护利用项目是由不同职能部门各自招标分散实施，基本上是由具有专门资质的大中型企业投标中标后自行实施，从而导致基层政府、村两委和村民很少有机会能够参与到这些项目中去。这种主要依赖外部力量采取项目制形式开展传统村落保护利用工作，致使一些乡镇、村在保护利用过程中，滋生了"等靠要"思想，过度依赖上级补助项目资金安排，工作的积极性与主动性难以提高。片面割裂的各自为政的项目制保护利用方式很难做到对村落自然、人文和社会资源的有效挖掘整合，忽视了以村民为参与主体对于传统村落保护利用与活态传承的价值与意义，难以与乡村振兴中产业兴旺、生态宜居、乡风文明、治理有效和生活富裕等目标要求有机融合以及统筹全面发展。

（五）保护管理与开发利用难以有效协同，欠缺对乡村价值和产业融合的深度发掘

近年来，以多个职能部门为主导对传统村落保护管理工作中普遍存在与乡村振兴推进工作不合拍现象，尤其是存在缺少基于乡村价值的和乡村整体发展的"多规合一"的科学合理规划。当前实际工作主要偏重于基础设施等硬件建设以及物质文化遗产保护等，缺乏对非遗文化、人文典故等文化内涵的深层次挖掘整理，未能基于其独特的传统农耕生产、田园生态价值、村落共同体价值以及乡村文化教化价值等，重塑和活态传承乡村综合多元价值，从而导致传统村落的保护管理与村落可持续发展无法有机融合甚至是相互割裂。

同时，越来越多的商业资本和社会力量通过种种途径参与到传统村落的开发中来。通过利用乡村优美的自然生态环境和悠久的乡村人文景观大力发展乡村旅游（主要是农家乐、民宿、研学游等），一些传统村落变成

了生意火爆的旅游景点,然而,过度商业化的开发手段给传统村落的保护工作带来了负面影响。例如,伴随民宿业的盲目快速发展,不锈钢、水泥、喷绘等现代建筑材料和手法的过度使用破坏和侵蚀了传统村落与自然环境的和谐统一,内部过度装修也可能破坏古建筑的原有结构和文化表征。此外,还有一些古建筑修复后依旧空置,尚未合理化利用。总体来看,传统村落的开发利用存在资源碎片化、旅游要素不完备、主题特色不鲜明等问题,产业融合度不高,品牌宣传力度不够,难以满足多层次、多样化和高品位的消费需求。

三、传统村落保护利用的典型创新实践

为了观察和总结浙江传统村落保护利用的创新实践经验,笔者所在课题组选取了浙中和浙西地区的8个不同类型的传统村落作为典型案例开展实地调查,这些传统村落分别是:金华市金东区琐园村和蒲塘村、义乌市何斯路村、东阳市蔡宅村、衢州柯城区妙源村、庆元县月山村、松阳县沿坑岭头村和平田村。通过关键人物口述史、个案访谈法等调查方法,本课题组总结上述案例村的创新实践经验如下。

(一)传统村落的生态生产价值再造与乡村生态产业振兴

1. 以"产业为先、人文并重、协调发展"的何斯路创新实践

何斯路村曾是义乌一个具有800多年历史的贫穷落后的传统山村。自2008年以来,该村在以何允辉为核心的村两委带领下,遵循"产业为先、人文并重、协调发展"的理念,蜕变成为一个宜居、宜业的幸福乡村,并获得国家级"最美乡村示范村""最美田园村""国家AAA级景区"等多项荣誉桂冠。

该村的创新实践包括如下几个方面:第一,立足村庄耕地资源,紧抓市场商机,发展薰衣草种植、加工及旅游融合发展的现代特色农业,使得

何斯路村成为远近闻名的"义乌普罗旺斯"。这一产业模式不仅保护了原生态自然环境，美化了村居环境，更重要的是走出了一条立足乡村特色资源，发展农业特色产业，促进乡村可持续发展之路。第二，传承特色民俗，发展黄酒产业，并举办何氏家酿曲酒节。黄酒产业的发展不仅增加了村民收入，更是复兴了民俗文化，促使传统农耕文化技艺得到活态传承。第三，实行集体经济股份制改造，充分调动村民投身于村庄发展的积极性和主动性，整合村庄综合资源，促进乡村三产融合。何斯路村2011年组建了草根休闲农业专业合作社，推行股份制经济，村集体占股25%，剩下75%的股份由村民和工商资本认购；另外，村两委还对村内生态资源进行专项评估并将其折算成相应股份，使每个村民可免费享受2000股的权益。这些措施不仅盘活了集体经济，也充分调动了村民投身于村庄发展的积极性和主动性。

2. 基于生态宜居环境和农耕文化，发展特色民宿的"云上平田"实践创新

松阳县平田村海拔610米，三面环山，是一个距今900余年的传统村落。该村2013年被评为丽水市级农家乐特色村，2014年入选国家级传统村落名录，2015年"云上平田"民宿被评为丽水市级农家乐综合体。2017年云上平田乡村慢生活体验区荣获中国乡村旅游创客示范基地。

该村的创新实践包括如下几个方面：第一，以新乡贤带动，引进高端设计团队，将传统民居改造成为一个集住宿、餐饮、会务、休闲为一体的民宿综合群——即"云上平田"乡村慢生活体验区。设计师在充分遵循平田古村原来的街巷肌理、村庄空间布局、民居建筑特色风貌的前提下，将传统民居改造成为适宜城市居民休闲度假和体验农耕文化的特色民宿，不仅实现传统农耕文化与城市现代生活理念的有机融合，也有效地修复保护了村民的老民居。第二，立足传统特色农耕生产生活方式，促进小农户与现代农业有机衔接，推动农旅融合发展。一方面，民宿改造及经营为村民提供了建房、餐饮、卫生服务等工作机会；另一方面，在发展民宿、餐饮

产业的基础上，平田村逐渐发展出农事体验以及相关农产品的生产、加工、销售的产业，大幅提升了本村村民的收入，也让他们重新体验到农耕生产的价值、乐趣和尊严，有效地激发了古村的活力。不少在外地打工的村民陆续返乡，加入到村庄的民宿业中，从而使这个昔日空心化的小山村重新焕发出生机和活力。

3. 立足乡村特色资源和农耕文化，以艺术激活乡村的沿坑岭头"画家村"实践创新

松阳县沿坑岭头村海拔700余米，是一个拥有400多年历史的传统村落。2013年前，由于该村日益空心化，被枫坪乡政府列为需要整村搬迁的行政村。近年来，该村全力推进"画家村"建设，成为松阳县乃至丽水市传统村落活态保护发展的示范村。

该村的创新实践包括如下几个方面：第一，新乡贤引领，以艺术激活传统村落。2013年，丽水职业技术学院油画专业李跃亮副教授作为农村工作指导员和沿坑岭头村党支部第一书记，提出立足优美的自然景观和保持较完整的原生态古村落，打造集避暑、休闲、艺术创作的"画家村"总体规划。第二，将改善村民宜居生活条件与改造民宿有机结合，以安全性、舒适性、多样性与本土性为原则，大力发展民宿业。截至2017年底，全村共修复改造民居43户30幢，建成生态民宿13家，拥有接待床位215个。2017年共接待各高校写生创作师生2万余人次，实现旅游经济收入300余万元。第三，经过充分市场调研和精心筹划，运用现代农业创意，打造网红热销土特产品（主要有金枣柿、香菇、木耳、笋干、大红袍、黑豆、黄豆、辣椒酱、姜母茶、端午茶、山粉等12个农产品），并鼓励村民开设网店，极大地提升了农产品的附加值，带动村民增收。

（二）传统村落的教育复兴与文化组织人才振兴

乡村教育是以乡村的实际生活为指针，以帮助农民过上体面的生活以及促进乡村的发展为目标，集家庭教育、村落共同体教育和学校教育为一

体的教育综合体。乡村教育根植于乡村文化的沃土之中,同时,乡村教育又是乡村文化传承的载体,乡村文化在乡村教育中传承、延续和发展。

1.以农耕经验丰富的"老农"为乡村教育主体,传承农耕文化

本课题组发现,在一些乡村,具有丰富农耕生产经验的"老农"们正在自觉地利用自身独特的优势开展农耕文化教育,弘扬乡土文化,建设美丽乡村(表3)。例如,妙源村大部分老年人如今依然在手工制作筅帚、扫帚等一些传统竹编制品,并通过竹编合作社将竹编制品销售到市场。竹编老艺人吴延古还将精美的竹编制品放到村里的农耕文化博物馆,供村内青少年以及外来游客观赏。而蔡宅村的竹编老艺人蔡国龙则将村内空闲的古民居改造成小型竹编展览馆,在馆内陈设各种传统手工竹编品,邀请村内的竹编老艺人向游客以及村内青少年教一些简单的竹编技术,从而促进竹编技艺文化传承。近年来,何斯路村的一些老年人带头挖掘传承黄酒酿造技艺,通过举办黄酒节,吸引中青年村民重新学习酿造黄酒,既拓宽了村民们的收入来源,又有效地促进黄酒民俗文化的活态传承。

表3 案例村以农耕经验丰富的"老农"为乡村教育主体传承农耕文化

主体	村名	载体	客体(教育活动内容)
老农	妙源村	竹编合作社	制作筅帚等传统竹编,并融入市场化的设计理念。
		农耕文化博物馆	展示竹编制品,供村内青少年以及外来游客观赏。
	蔡宅村	竹编展览馆	展示传统竹编制品,供村内青少年以及外来游客观赏及体验竹编工艺。
	何斯路村	黄酒节	邀请专业品酒师对村民自酿的黄酒进行评比并给予相应奖励,带动越来越多的村民参与学习黄酒酿造。

2.以新乡贤为乡村教育主体,传承乡村文化

近年来,随着村庄的"空心化"和乡村文化的荒漠化愈发加重,当初一些离土进城的有知识、有技能、有情怀的贤能人士重新回归"再造故乡",从而形成了"新乡贤"群体,他们利用自身丰富的社会阅历和广泛的社会资本,立足乡村本土,复兴乡村教育,传承优秀乡村文化,建设美丽乡村(表4)。

表4 案例村以新乡贤为乡村教育主体传承乡村文化

主体	村名	载体	客体（教育活动内容）
新乡贤	月山	月山春晚	创作"农活秀"等草根节目，将"月山春晚"表演形式推陈出新。
	妙源	立春祭	根据日常农耕节气编排祭祀礼仪及庆典舞台剧，让青少年参与到祭祀活动中体验农耕文化。
	何斯路	十年百万育才计划	传统文化学习、团队生活历练、外出参观交流。
		何氏宗祠文化礼堂	设立农具陈列室、斯路讲堂等，开展村史村情、感恩孝道、传统礼仪等主题活动。
		功德银行	以户为单位设立功德账号，记录村民日常生活中所做的各种善事。

例如，月山村返乡大学生山妞凭借自己广泛的社会资源，将原来村民自娱自乐的"联欢晚会"宣传营销成为社会各界高度赞誉的"中国最山寨的草根春晚"，并带领村民改编创作"农活秀"等节目，将月山春晚的"乡土性"和"草根性"展现得淋漓尽致。随着"月山春晚"的社会知名度和认可度不断提升，月山村民开始重新认识到乡村文化的独特魅力，并逐渐形成了对乡村文化传承的文化自觉与文化自信。

传统节日凝聚了长期以来村民们农耕生产生活的精神信仰和寄托，是农耕文化的集中体现和重要的传承载体。2016年中国"二十四节气"正式被列入联合国教科文组织人类非物质文化遗产代表作名录，而妙源村则是作为该名录中"九华立春祭"的发源地。为了传承"二十四节气"农耕文化，在妙源村两委的积极支持下，该村返乡创业青年吴海根通过查阅大量相关文献，并结合本地农耕节气传统，推陈出新，提出了"立春祭"祭祀活动的新形式，积极引导村民本色出演立春农耕舞台剧。同时，为了加强对青少年的传统文化熏陶教育并发动他们参与到"立春祭"祭祀活动中来，"微信""微博"等现代传媒手段也被充分用于相关传播活动中。

为了使优秀的乡村文化能够薪火相传，何斯路村新乡贤何允辉回村伊始，就与村两委共同策划推出了"十年百万育才计划"项目，同时提出以何氏宗祠和文化礼堂为主要空间载体开展乡村教育,尤其是针对村内未成年人的传统文化教育。何斯路村还设立了农具陈列室、斯路讲堂,让未成年人切身体验农耕文化,了解村史村情以及新农村建设发展成就等,增强他们对家乡的认同感和归属感。在"十年百万育才计划"中的假期夏令营活动中,何斯路村组织开展了以感恩孝道为主题的传统礼仪、故事会、讲座、演讲比赛等活动,以此引导未成年人知孝理、讲孝德、践孝行。另外,为了重塑"守望相助"的村落共同体的道德教化价值,在退休老教师何樟根、何文奇等新乡贤的大力支持下,村两委积极倡导和创办了"功德银行"——以户为单位设立功德账号,记录村民在日常生活中所做的各种善事,以重塑和弘扬和睦邻里、淳朴敦厚的乡风民俗以及"守望相助"的村落共同体价值。

3. 以文化农民自组织为乡村教育主体,自觉传承乡村文化

本课题组发现,以文化农民[①]为主体形成的各类自组织正在成为乡村教育主体,他们自觉地复兴乡村教育,传承乡村文化(表5)。

表5 案例村以文化农民自组织为乡村教育主体自觉传承乡村文化

主体	村名	载体	客体(教育活动内容)
文化农民自组织	月山村	"助学小组"	开展助学活动,支持办学,激励村民重视子女教育。
	何斯路村	老年电大	开展传统文化及养生保健课程,组建太极拳队、秧歌舞队,举行祭祖仪式、尊老敬老仪式等仪式。
	蔡宅村	老年协会	保护古民居,开办老年活动室,继承和弘扬高跷非遗文化,恢复古宫灯、整修古墓、编村史、续宗谱等。

月山村历来有耕读传家、尊师重教的习俗。明清时期村里的乡绅捐助学田、庙田兴办私塾教化族内子弟。1980年代初,在村民吴绍利的发动下

---

① 秦红增从文化自觉的视角,基于村民将村中能人称为"有文化、有知识的人"的习惯,用"文化农民"指称那些能够接受并拥有现代生产、生活的知识和技能的,在乡村政治、经济、文化等事务中起着重要作用的农民。见秦红增:《农民再造与乡村发展》,《广西民族研究》2005年第2期。

成立了"助学小组",开展劝捐助学活动,激励村民重视子女教育。2000年以来,受撤点并校、城市化趋势的影响,坐落在月山村的乡中心小学学生不断流失。最近几年,村民吴发明、郑书进等人重新发动组建"助学小组",他们带头出资5000元作为活动经费和助学资金,动员家长让学生回村就读,激励学校老师提高教学质量。助学小组多次与乡政府和县教育局领导沟通,争取相关部门支持学校办学。经过几年的多方努力,乡中心小学得以保留,千年古村的乡村教育得以延续。①

何斯路村两委早在2008年就创办了老年电大,为全村老年人开展书法、国画、诗词、健身等传统文化活动,丰富了精神文化生活。同时,老年电大还积极参与文化礼堂建设,举行祭祖仪式、尊老敬老仪式、新生儿入谱仪式以及成人礼等仪式,在夏令营活动中为村里的中小学生开设道德经、弟子规等课程。通过持续地开展这些传统文化活动,逐渐地熏陶和引领村民们尚德、明理、懂孝的观念,增强了村民们的集体意识,重聚民心、重塑乡魂,从而为该村的"美丽乡村"建设塑造了内在的精神动力。

蔡宅村老年协会积极开展抢修明清古建筑和保护传统村落文化等活动。例如,在保存完好的古民居内设立老年活动中心,供老年人开展文化活动。利用闲置的古建筑设立"蔡宅高跷展馆",组织发动老艺人培训年轻村民参与高跷技艺传承活动,该村高跷技艺因此入选东阳市"非物质文化遗产"。与此同时,老年协会还与蔡宅小学沟通合作,开展"非遗文化进校园"活动,推动"踩高跷"与传统竹编手工艺进学校,将乡土技艺文化传承与学校乡土教育有机融合,有效地促进了乡村教育复兴以及乡村文化的传承。此外,老年协会在恢复古宫灯、整修古墓、编村史续宗谱等方面也发挥着重要作用。

---

① 鲁可荣、曹施龙:《文字留村与村落重振:乡村学校嬗变与村落发展探析》,《广西民族大学学报(哲学社会科学版)》2014年第5期。

（三）传统村落的公共文化复兴与乡风文明建设

为了进一步丰富农村精神文化生活，实现农村"物质富裕、精神富有"，浙江省委、省政府从2013年开始在全省范围内大力推进农村文化礼堂建设，整合资源、共建共享，充分发挥农村文化礼堂在提升农民素质、打造精神家园、繁荣农村文化、促进农村和谐中的重要作用。

近年来，随着农村文化礼堂建设工作的不断推进，蒲塘村、琐园村和月山村的公共文化空间和文化传承又重新焕发生机。在各级政府部门的项目支持下，在社会力量以及全体村民的积极参与下，这三个村都先后全面修缮了本村的宗祠等传统古建筑。村民们还重修家谱，将积极健康的村规民约、家训、族训以及先贤事迹等在宗祠中展示，并组织开展诸如儿童启蒙礼、重阳尊老礼、传统婚礼、春节祭祀礼以及"好媳妇"和"五好家庭"评比等传统文化的传承与道德教化活动。同时，结合"三改一拆"工作，拆除宗祠、会堂或学校周边的私搭乱建的违章建筑，重新规划设计村庄，建设文体活动广场、篮球场等，用于开展文体活动。随着文化礼堂的建设和完善以及日常文体活动的开展，蒲塘村、琐园村和月山村以宗族文化为核心的传统乡村文化得以传承和发展，村民的精神生活变得丰富多元，各项"三农"政策以及现代文化科技知识得到有效传播，村民的社区凝聚力和共同体的归属感不断提高，优良的乡村文化的传承发展正在成为促进村落发展的内在精神动力。

四、传统村落保护利用与乡村振兴有机融合的创新机制及路径

按照乡村振兴总体目标，为了充分挖掘利用传统村落多元价值和功能，将其利用保护与乡村振兴有机融合，探索构建传统村落保护利用的长效机制和有效路径，本课题组提出如下建议：

（一）构建传统村落保护利用与乡村振兴的共建共融共享机制

1. 构建多元主体协同参与传统村落保护及振兴的共建机制

虽然从形式上看传统村落只是村民们世代生活繁衍的乡村聚落空间，然而，传统村落凝聚着农耕生产价值、宜居生态价值、文化传承与道德教化的乡村共同体价值等综合多元性价值，传承着中华民族的历史记忆、生产生活智慧、文化艺术结晶和民族地域特色，维系着中华文明的根，寄托着中华各族儿女的乡愁。[①] 因此，传统村落保护发展工作是一项关系到传承中华民族传统优秀文化、建设国家文化软实力的重大公共民生工程。这项工作需要构建以政府主导、村民自主、社会协同参与的共建机制。2018年中央一号文件进一步明确了政府、社会力量、村级组织以及村民等多元主体在乡村振兴中的地位和作用。首先要坚持党管农村工作。健全党委统一领导、政府负责、党委农村工作部门统筹协调的农村工作领导体制。其次要坚持农民主体地位。充分尊重农民意愿，切实发挥农民在乡村振兴中的主体作用，调动农民的积极性、主动性、创造性，把维护农民群众根本利益、促进农民共同富裕作为出发点和落脚点，带动农民持续增收，不断提升农民的获得感、幸福感、安全感。再次要汇聚全社会力量，鼓励社会各界投身乡村建设。最后需要多元主体协同参与。建立有效激励机制，以乡情乡愁为纽带，吸引支持企业家、党政干部、专家学者、医生教师、规划师、建筑师、律师和其他专业技术人才通过下乡担任志愿者、投资兴业、包村包项目、行医办学、捐资捐物、法律服务等方式服务乡村振兴事业。[②]

2. 构建传统村落活态保护及振兴的共融机制

传统村落的多元化价值传承与活态保护发展应该是一个有机体系，一旦传统村落失去了原有的生产生活价值以及无法适应现代生产生活方式的

[①] 《关于切实加强中国传统村落保护的指导意见》（建村[2014]61号），http://www.mof.gov.cn/pub/nczhggbgs/zhuantilanmu/xcjssd/bf/201406/t20140605_1088078.html。

[②] 《中共中央国务院关于实施乡村振兴战略的意见》，http://www.xinhuanet.com/politics/2018/02/04/c_1122366449.htm。

变化，必将衰败或终结。因此，在传统村落保护发展中，必须要构建传统村落价值传承与活态保护发展的融合机制，要科学全面地充分认识到传统村落所具有的农耕生产、宜居生活、文化传承与道德教化等多元综合性价值，并据此为出发点和基本路径因地制宜地探索开展传统村落的科学规划，促使传统村落的综合多元性价值传承与活态保护发展工作有机融合，实现以保护促发展，以发展强保护。①

3. 构建传统村落保护利用与村民安居乐业的共享机制

在传统村落保护中必须要明确其首要和最终目标应该是以村民发展为核心，通过构建传统村落保护与村民安居乐业的共享机制，更好地满足其不断提高的美好生活需求，并最终实现传统村落多元性价值的活态传承和发展。一方面要谨防片面追求经济价值以及过度商业化开发利用传统村落的错误取向，要全面挖掘、整理、保护及有效利用传统村落的历史、文化、艺术、科学、经济、社会等价值。另一方面要坚持以民为本的保护利用原则，注重传统村落保护中的原住民生产生活的乡土性、便捷性、舒适性和延续性，使居村村民的生产生活可以与传统村落保护有机融合。结合传统村落保护利用项目，充分发挥传统村落的特色资源优势和价值，发展传统农耕、乡村旅游、乡村民宿等，扶持和打造"互联网+传统村落"的特色产业发展态势，促进产业兴旺，有效提高村民和村集体经济收入，让村民共享乡村发展成果，实现安居乐业，只有这样才能真正地激发传统村落的生机与活力，实现传统村落的活态保护利用与乡村振兴的有机融合。

---

① 鲁可荣、胡凤娇：《乡村教育复兴与文化传承路径探析——以浙江四村为例》，《广西民族大学学报（哲学社会科学版）》2017年第6期。

（二）促进传统村落保护利用与乡村振兴有机融合的现实路径

1. 进一步加强组织领导，整体统筹科学规划，有效引领传统村落保护与乡村振兴有机融合。

为了扎实推进新时代美丽乡村建设和乡村全面振兴战略，必须要进一步加强各级党委和政府统一领导，将历史文化（传统）整村落保护利用工作有机融合到新一轮"千村精品、万村景区"工程和乡村振兴战略中，健全完善现代化治理体系，整体科学统筹布局，切实推进市、县域层面传统村落建设工作。要健全完善由党政负责人牵头，财政、自然资源、生态环境、建设、文化旅游、民政、林业、文物、宣传等部门参加的传统村落保护利用协调机构，合力做好传统村落保护利用工作。各级农业农村部门要发挥综合协调和组织牵头作用，切实承担政策研究、计划制定、监督检查、评估验收等工作，其他部门要各司其职，认真履职，形成职责明确、分工协作、目标清晰、统筹有力、运转有效的工作协调机制。要以数字乡村为契机，融合乡村产业、生态、人文、艺术内涵，探索传统村落未来乡村建设的路径模式，形成古今融合、城乡互促，着力彰显传统村落的浙江特色品牌，有效引领传统村落保护与乡村振兴有机融合。

同时，要组织综合性专业性团队，高水平编制科学的传统村落综合发展规划。在乡村振兴战略和城乡融合发展的理念下，通盘考虑小城镇发展与传统村落保护利用的有机融合，有序推进县域乡村建设规划与土地利用规划、美丽乡村建设规划等与传统村落规划整合协调，积极推进传统村落的村庄布点规划、建设规划、土地利用规划及美丽乡村建设、生态环境保护等"多规合一"，科学编制村庄发展一体化规划，统筹谋划产业发展、基础设施、公共服务、生态环境保护与生活宜居、乡村文化保护传承等主要布局，有效促进传统村落保护利用与乡村振兴有机融合。

2. 进一步挖掘利用乡村价值，有效促进传统村落保护利用与乡村生态振兴和产业振兴。

浙江省传统村落历史文化悠久厚重、村落形态丰富多样，具有多种功能和价值。在推进美丽乡村建设以及乡村振兴战略中，要充分系统挖掘整理传统村落的经济价值、社会价值、生态价值和文化价值等，在保护保全基础上，要坚持传统村落保护的完整性、真实性、延续性原则，全面保护传统村落格局、自然生态肌理、历史风貌等整体空间形态，严格保护文物古迹、历史建筑、传统民居、民族村寨、农业生产遗迹等自然历史文化遗产，尊重原住居民风俗习惯和生活方式，真正做到科学有序利用，实现以保护促发展，以利用强保护。

同时，要结合"千村精品、万村景区"工程，合理兼顾传统村落所具有的丰富特色资源的开发利用。一方面要适度推进完善村庄生态环境、人居环境和发展环境的建设提升，全面推进农村厕所革命、污水革命、垃圾革命，加强农村生活污水治理设施运维管理，不断提升传统村落的生态振兴和农民生活的宜居幸福感。另一方面要立足传统村落各具特色的资源禀赋、扎实的产业基础、优质的生态资源以及厚重的乡村文化，进一步挖掘利用和拓展传统村落多种功能，拓展农业农村"接二连三"功能，因地制宜推进农业与旅游、文化、教育、康养等产业深度融合，探索生态资源价值市场实现机制，将农业农村经济发展与美丽乡村建设结合起来，因地制宜地建设一批生态融合、产村融合、城乡融合发展的传统村落保护利用的示范村和乡村全面振兴的精品村。

3.进一步发掘整理乡村记忆，有效推动传统村落文化活态传承及文化振兴。

为了适应新时代文化浙江建设新需要，在传统村落保护利用中，要深入开展乡村文化调查与保护，建设乡村文化记忆库。开展传统村落文物调查，加强民俗文化抢救性收集整理，探寻隐藏在乡村背后的历史典故、知名人物、传统故事、文化图腾、特色小吃等，挖掘各地传统村落中的农耕（海洋）文化中蕴含的优秀价值观念、人文精神和道德规范，再现乡愁文化记忆。坚持优秀传统文化与自然生态文化保护兼顾，保护利用与普及弘扬并重，加大村情村史、民风民俗、手技手艺、劝学劝农、生态人居、特产特品等文化挖掘力度,持续开展《千村故事》《千村档案》编撰工作。建立"一村一档案、一村一规划、一村一方案"的传统村落保护利用项目库,鼓励支持建设一批乡情陈列馆、博物馆、村志馆等,把传统村落建成为农耕(海洋)文化活态传承的基地(博物馆)。

同时,要活态传承发展乡村非物质文化遗产和优秀农耕文化,发展壮大乡愁特色产业。培育以传统村落为主体的乡村非遗体验基地建设,组织开展对非遗传承人群研修培训,开展"传承人对话"宣传交流等系列活动。同时,要充分挖掘和发扬传统村落的优秀传统农耕文化,建设一批乡村民俗体验基地和民俗文化村。一方面加强传统节日、传统民俗保护传承,打造文化节庆品牌,深入挖掘传统民俗文化,广泛组织开展灯会、庙会、花会等民俗活动。另一方面加强乡村特色文化资源利用与开发,实施乡村传统工艺产业和文化创意产业发展,促进美丽乡村向美丽经济转化。

4.进一步加强政策支持和基层组织建设,有效完善传统村落保护利用与乡村振兴有机融合的内外协同机制。

传统村落保护利用是实施乡村振兴战略的有力抓手,是新时代美丽乡村建设的重要内容,是中华优秀传统文化复兴的重要环节,因此,要建立健全政府主导、社会支持、村民参与的传统村落保护利用与乡村振兴有机融合的多元主体的内外协同机制。

一方面要加大政策保障和要素支持,各级政府要将传统村落保护利用纳入地方财政预算,加大项目整合力度,保障资金投入。要结合美丽乡村建设和乡村振兴规划,统筹安排土地指标,优先保障传统村落保护利用项目实施。完善相关政策,鼓励社会力量通过投资赞助、众创众筹、合作开发等方式参与传统村落保护利用。

另一方面要加强传统村落的基层党组织建设,强化基层党组织领导核心地位。适应传统村落保护利用和乡村振兴新形势需要,优化发挥党组织领导核心作用的组织设置,大力推进村党组织书记通过法定程序担任村委会主任和集体经济组织负责人。实施农村基层"头雁工程""归雁计划"

和"雏雁计划"，优化提升农村基层带头人队伍，大力推进新乡贤回归和后备干部培养，培育新时代知识型、技能型村干部队伍。同时，要加强对民间艺人、能工巧匠、非遗传承人等乡土实用性人才培育，推进科技进乡村、资金进乡村、青年回乡村、乡贤回乡村，培育传统村落发展的组织人才，促进其内生发展动力。

云南省乡村文化建设研究报告

李 炎 于良楠 胡洪斌*

摘 要 乡村文化建设是乡村振兴的题中之义，同时对乡村组织振兴、生态振兴、产业振兴、人才振兴具有重要引领和推动作用，是乡村振兴的内在驱动力。云南省高度重视乡村文化建设，也已经取得了重要进展，在社会主义新农村建设、美丽乡村建设和脱贫攻坚等重大战略工程中积极推进乡村文化建设，但是当前仍然面临着文化建设意识淡薄、传统文化保护不力、公共文化服务供需"错位"、乡村文化产业发展不充分等问题。"十四五"期间，云南省亟需从完善公共文化服务体系、巩固思想文化阵地、加强顶层制度设计、推动城乡均衡发展、促进文化与相关产业融合、强化科技推动作用、培育沿边和民族地区乡村文化、扩大文化消费市场等方面着手，推进云南省乡村文化建设和乡村文化振兴，助力巩固拓展脱贫攻坚成果同乡村振兴有效衔接。

关键词 文化建设 乡村振兴 云南省

云南位于中国西南边陲，全省土地面积为39.4万平方公里，有1396个乡镇（其中民族乡140个），14300个村（社区），其中2323个居委会，

---

* 李炎，云南大学民族学与社会学学院教授、博导，云南大学文化发展研究院院长，云南大学文化和旅游部文化和旅游研究基地主任，主要研究方向为中国区域文化产业、民族文化传承创新、少数民族艺术；于良楠，云南大学政府管理学院在读博士，云南省文化产业研究会副秘书长、特约研究员，主要研究方向为公共文化和文化产业；胡洪斌，云南大学民族学与社会学学院副院长、副教授，云南大学文旅部文化和旅游研究基地副主任，主要研究方向为中国区域文化产业、文化与科技。

11977个村委会。伴随城镇化、工业化进程，云南乡村经济社会发展取得了巨大进步，乡村文化建设取得了显著成效，进入新阶段，云南乡村文化建设面临新的机遇和挑战。"十四五"期间，云南乡村文化建设要紧紧围绕把云南建设成为我国民族团结进步示范区、生态文明建设排头兵、面向南亚东南亚辐射中心"三个定位"，以铸牢中华民族共同体意识为主线，以社会主义核心价值观为引领，加强乡村思想道德建设，传承和弘扬乡村优秀传统文化，推动乡村公共文化服务高质量发展，扶持壮大乡村特色文化产业，推进乡村文化和旅游融合发展，培育文明乡风、良好家风、淳朴民风，推动乡村文化建设。

一、云南省乡村文化建设的现状

乡村文化建设是一项长期的系统工程，对乡村的振兴和发展具有重大意义。云南高度重视乡村文化建设，在思想道德建设、民族团结进步建设、乡村传统文化保护传承、公共文化服务体系建设、特色文化产业发展、乡村文化人才队伍建设等方面取得了显著成效，乡村文化建设在云南乡村地区经济和社会发展、脱贫攻坚中发挥了重要作用。

（一）乡村思想道德建设逐步加强

乡风文明是乡村文化建设在精神层面最直观的表现形式，是实现乡村振兴的保障。2018年5月29日，中共云南省委、云南省人民政府颁布《关于贯彻乡村振兴战略的实施意见》，提出："坚持物质文明和精神文明一起抓，传承优秀传统乡土文化，加强农村思想道德建设，树立乡村文明新风。"近年来，云南各地州均在乡村思想道德建设方面做出积极回应，利用农家书屋、村文化活动中心、村史室等教育阵地，广泛开展思想道德教育和社会主义核心价值观教育，开展科技文化卫生"三下乡"活动、形势政策宣传教育活动等。在广大群众中深入开展"自强、诚信、感恩"教育，强化群众守法诚信意识。加强农村移风易俗工作，抓好村规民约、文明乡风、家风家训教育，乡村文明程度进一步提高，涌现出一批乡风文明的村镇。

云南省以培育践行社会主义核心价值观为主线，不断丰富农村文明创建的载体，着力构筑新乡贤文化，促进形成和谐健康的良好社会风尚。一是核心价值观真正深入心人。通过加大在广大农村投放核心价值观公益广告力度，制作具有民族特色、农民易懂爱看的墙体彩绘等形式，突出核心价值观的宣传普及。二是移风易俗优化乡村社会生态。针对婚丧嫁娶等活动中封建迷信、低俗庸俗、铺张浪费等现象，突出重点、因地制宜地开展治理，农村社会风气大有好转。三是家风建设促进乡风民风。着力探索推进家教、家训、家规、家风建设，深化"乡村文明行动"，开展规范村规民约和规章制度活动，弘扬中华民族传统家庭美德。四是道德建设载体发挥辐射带动作用。近年来，云南农村先后建立道德讲堂近6000个，"善行义举榜"覆盖97%以上，积极培育新乡贤文化，引导人们见贤思齐，崇德向善。五是乡村文化助力脱贫攻坚，推动文化"造血"，以文化引领脱贫。云南部分村子成立了演艺公司，建成了乡村旅游小镇，带动建档立卡贫困人口实现脱贫。六是乡村文化推动民族团结进步示范区建设，以文化的兼收并蓄、相融相通、"美美与共"促进民族团结进步。这种团结互助模式也跨越了族际、地缘，整合了不同族际的同心力、统筹力、协调力。

（二）乡村传统文化传承发展成效初显

传统文化是国家和民族的灵魂，云南乡村和民族传统文化和遗产具有独特的魅力。"十二五""十三五"期间，云南省委、省政府相继出台的《云南省人民政府关于加强文物工作的实施意见》《云南省人民政府关于进一步加强非物质文化遗产保护工作的意见》和《云南省文物事业"十三五"发展规划》，使云南文化遗产保护形成较为完善的体系。云南省以丽江古城、红河哈尼梯田为代表的五处世界遗产、4205项文物保护单位、14704处不可移动文物点和42万件可移动文物得到充分的保护和利用。

传统村落、民族村寨是农耕文明的精髓和中华民族的根基，蕴藏着丰富的历史文化信息与自然生态景观资源，是传统文化的重要载体和精神家园。云南现有中国历史文化名镇7个，中国历史文化名村9个，中国传统村落708个，中国传统村落数量位居全国第二，占全国传统村落总数的10.47%。历史文化名城（镇、村、街）83处，位居全国前列。2009年，云南省制定下发了《云南省人民政府关于加快推进民族特色旅游村寨建设工作的意见》，设立专项资金支持民族特色村镇发展，有力推动了少数民族特色村镇保护与发展工作。截至目前，云南省共建设了450个民族特色村寨（含150个民族特色旅游村），26个世居民族重点保护和建设了一批民族特色村寨，共计154个村寨被命名挂牌为"中国少数民族特色村寨"。2017年云南省决定命名昆明市石林彝族自治县清水塘村等140个村寨为首批"云南省少数民族特色村寨"，并予以挂牌，进一步加强和规范少数民族特色村寨的保护与发展工作，提升少数民族特色村寨知名度，促进其可持续发展。

表1 云南省乡村文化资源及代表性项目

类别	数量	代表项
中国历史文化名镇	7	禄丰县黑井镇
中国历史文化名村	9	云龙县诺邓镇诺邓村
中国传统村落	708	会泽县娜姑镇白雾村
中国少数民族特色村寨	154	石林县圭山镇糯黑村
云南省少数民族特色村寨	140	石林县清水塘村
中国民间文化艺术之乡	34	古城区大东乡热美蹉之乡
云南民间文化艺术之乡	26	保山市腾冲市固东镇
边疆万里数字文化长廊示范点	1	德宏傣族景颇族自治州陇川县
全国乡村旅游重点村	36	丽江市玉龙县白沙镇玉湖村
中国美丽乡村	4	巍山县东莲花村
全国休闲农业与乡村旅游示范县	2	腾冲市
全国休闲农业与乡村旅游示范点	5	昆明市福保村
改善农村人居环境示范村	10	禄劝县中屏镇植桂村

非物质文化遗产保护传承不断增强。《云南省非物质文化遗产保护条例》得到广泛普及，建立了具有云南特色的非遗四级保护名录体系。"傣族剪纸"和"藏族史诗格萨尔"入选联合国教科文组织认定的人类非物质文化遗产代表作名录。截至2018年5月，云南已认定四级非遗代表性传承人10525人，其中，国家级125人，省级960人，市县级9440人，基本做到了1个项目至少有1名国家级代表性传承人。2011年至2016年，云南省共争取到中央财政非遗保护专项补助资金1.7356亿元，2012年以来省政府每年安排非物质文化遗产项目保护经费1000多万元。

《云南省非物质文化遗产保护条例》中指出："民族传统文化生态保护区实行属地管理的原则，由所在地县级人民政府进行管理和整体性保护。"民族传统文化生态保护区是为了对那些民族传统文化内容丰富、数量集中、形式和内涵保存较完好，传统民居建筑相对集中，自然生态优良的村寨、乡镇进行整体性保护而设立的，是最具云南特色的区域性整体保护，属于云南省在非物质文化遗产保护领域的创新。2006年5月，云南省人民政府批准公布设立省级民族传统文化保护区27个；2009年8月云南省人民政府批准公布设立省级民族传统文化保护区29个；2013年12月云南省人民政府批准公布设立省级民族传统文化生态保护区10个，三次公布设立的民族传统文化生态保护区共有66个。

表2 云南省及主要州市非物质文化遗产保护相关政策

时间	名称
2018年10月	《云南省人民政府关于进一步加强非物质文化遗产保护工作的实施意见》
2018年7月	《昆明市非物质文化遗产保护条例》
2018年10月	《文山州人民政府关于进一步加强非物质文化遗产保护工作的实施意见》
2019年2月	《云南省楚雄彝族自治州彝族十月太阳历文化保护条例》
2019年4月	《云南省楚雄彝族自治州彝族服饰保护条例》
2020年5月	《云南省纳西族东巴文化保护条例》
2020年10月	《怒江傈僳族自治州非物质文化遗产保护条例》
2020年12月	《大理白族自治州非物质文化遗产保护条例》

（三）乡村公共文化服务体系逐步完善

党的十八大以来，云南省委、省政府高度重视公共文化服务体系建设，先后制定出台了《中共云南省委办公厅云南省人民政府办公厅关于加快构建现代公共文化服务体系的实施意见》《关于推进基层综合性文化服务中心建设的实施意见》《关于做好政府向社会力量购买公共文化服务工作的实施意见》《"十三五"时期云南贫困地区公共文化服务体系建设实施方案》等一系列重要文件，省文化厅制定下发《云南省文化惠农专项资金管理办法》《云南省公共文化服务体系建设"十三五"规划》等一系列配套文件，为云南公共文化服务体系建设提供了有力的政策保障。

云南省乡村公共文化服务体系建设成效显著，公共文化服务内容不断丰富、效率不断提升。第一，乡村文化基础设施明显改善。云南省乡村公共文化服务设施网络不断完善，截至2019年底，全省共建有乡镇文化站1445个、村级综合性文化服务中心13442个，文化信息资源共享工程全省乡镇（街道）覆盖率达100%，村级覆盖率达95%。边疆万里数字文化长廊建设为边境一线的26个乡镇基层点和1253个驿站配发设备，实现省、州、县、乡、行政村五级公共文化服务设施网络全覆盖，并向自然村延伸。第二，乡村文化惠民服务深入开展。深入开展"文化大篷车·千乡万里行"文化惠民演出活动，2016-2019年共完成惠民演出48283场，观众人数达6000余万人次；2016-2020年完成"戏曲进乡村"演出活动8000多场，不断丰富农村群众文化生活。同时开展乡镇（街道）综合文化站、村级综合文化服务中心、文艺演出队等"结对子、种文化"活动，加强城市对农村的文化帮扶。扶持业余文艺队、文化经营户，打造"文化乐民"示范村，配备流动图书车和流动舞台车，实现文化供需对接，有效提升公共文化服务的覆盖面，打通均等化服务的"最后一公里"。第三，基层文化队伍得以加强。云南省对1434个乡镇文化站长进行轮训，组织开展"三区"人才培训，选派7074名文化工作者为110个基层文化单位开展公共文化服务，培养基层文化工作者616人，乡村公共文化人员的整体素质得到有效提升。截至 2019 年底，全省 1450 个乡镇文化站从业人员 7089 个，14441 个村级综合性文化服务中心管理人员 16732 个。

（四）乡村特色文化产业发展呈现良好态势

乡村文化产业以乡村文化为基础，以市场为导向，以经济利益为中心，以农民为生产主体，将地域性的文化资源转换为文化商品和服务。近年来，云南省文化厅积极推进国家藏羌彝文化产业走廊云南廊道建设，促进民族文化与生态旅游融合发展，注重把落脚点放在富民效应上的云南文化产业在探索中不断拓展，建水紫陶、鹤庆银器、会泽斑铜、个旧锡器、民族手工刺绣、扎染等一批乡村特色文化产业已成为当地群众脱贫致富的重要途径。

2014 年云南省制定了《云南省民族民间工艺品产业发展规划（2014-2020 年）》，创造性地确立了"金、木、土、石、布"五位一体的云南民族民间工艺品产业发展体系，并在全国率先制定实施特色文化产业发展战略。2016-2017 年，省财政在全面梳理农村文化产业资源的基础上，寻找各民族民间手工艺和乡村旅游资源的优势，以项目补助、贷款贴息等方式安排资金 2725 万元，支持乡村特色文化产业发展。大力培育新型职业农民，鼓励开办家庭工场、合作社、手工作坊、乡村车间，并力争在区域范围内逐步形成具有竞争优势和地方特色的主导产品和支柱产业，构建农村一二三产业融合发展体系。

表 3　云南省特色文化产业示范县、村

项目	县、村
云南特色文化产业示范县（市、区）	腾冲市、石林彝族自治县、古城区、建水县、剑川县、龙陵县、广南县、香格里拉市、瑞丽市、永仁县
云南特色文化产业示范村	鹤庆县草海镇新华村、剑川县甸南镇狮河村、姚安县光禄镇光禄村、石林县圭山镇糯黑村、陇川县户撒阿昌族乡腊撒村、孟连县娜允镇娜允村、华宁县上村社区碗窑村、富民县小水井村、芒市芒市镇芒核村、梁河县勐养镇帮盖村、瑞丽市勐卯镇喊沙村、古城区新华社区、腾冲市荷花雨伞社区、龙陵县龙山镇白塔社区、麒麟区越州镇潦浒社区、镇康县南伞镇白岩村、宾川县鸡足山镇沙址村委会寺前村、玉龙县石鼓镇大新村竹园村、西畴县兴街镇兴街村、宾川县大营镇萂村

鹤庆新华银器村、腾冲荷花玉雕村、大理周城扎染村等传统手工艺品村发展为专业生产基地，与外部市场实现联动，采用"公司+农户"模式、"公司+协会+农户"模式等，在原有手工艺家庭作坊的基础上，以民间艺人的创意为核心，由个体生产发展为社会化大规模生产，拉长了产业链，实现了生产组织方式的创新。楚雄彝族刺绣、建水紫陶、个旧锡器、剑川木雕、尼西黑陶、永仁苴却砚等知名品牌都已成为标识度极高的地域文化符号，创造了较大的经济价值。如楚雄彝族刺绣截止到2020年共有服装服饰经营户400余户，绣娘近7万人，相关非遗传承人65人，彝族服饰、彝绣产业产值从2013年的3000万元增加到2019年的2亿元，成为"十三五"期间着力打造的地方性文化支柱产业，为乡村文化产业向纵深发展提供了良好的条件。

（五）文化旅游扶贫效果显著

在乡村文化旅游方面，2018年2月，云南省政府办公厅正式下发《关于加快推进产业扶贫的指导意见》。"十三五"期间，云南省创建了1个全国旅游经济强县——丽江市玉龙县；创建了8个全国休闲农业与乡村旅游示范县；建设了7个省级旅游强县，并按照"因地制宜，试点先行，分批推进，以点带面"原则，采取旅游特色村、少数民族特色村寨、古村落保护开发三种模式分类推进。

表4　云南民族地区乡村旅游类型

乡村旅游类型	村庄
旅游+茶产业	茶王村、安石村、德安村、曼短村
旅游+特色高原农业	新寨村、西邑乡、待补镇、银杏村
旅游+民族文化	那柯里、老达保、勐景来村、翁基布朗古寨

截至2015年，实现社会资金投入26.8亿元，共建成350个旅游特色村和民族特色村寨。先期完成的200个旅游特色村综合收入达75.95亿元，占全省乡村旅游总收入的27.2%，直接吸纳就业人员5.6万人，间接吸纳

就业人员13.8万人。2017年以来,全省乡村旅游投资超过210亿元,接待游客1.8亿人次,实现总收入1600亿元,累计带动直接就业46万人、间接就业135万人,助推18万贫困人口脱贫,320个乡村旅游扶贫重点村脱贫出列。2016年至2018年,云南乡村旅游按照"旅游活动全域化、旅游配套全景化、旅游监管全覆盖、旅游成果共分享"的要求,创建60个旅游强县、60个旅游名镇,提升改造60个旅游小镇,创建200个旅游名村、200个民族特色旅游村寨、150个旅游传统古村落,支持建设100个旅游扶贫示范村,努力实现了云南从旅游大省到旅游强省的跨越。

二、云南省乡村文化建设存在的问题

乡村文化建设是一项长期系统工程,需要持续不断的重视和投入。受经济社会发展相对滞后、综合交通不便、乡村文化建设投入不足、文化人才匮乏等现实因素的制约,云南乡村文化建设和发展总体相对滞后。与乡村振兴的总体要求相比,当前云南乡村文化建设面临的矛盾、难点、问题较为突出,乡村文化建设依旧是乡村振兴和发展的薄弱环节。

(一)乡村建设中文化建设相对不足

目前,部分政府在乡村建设中更关注的是把农村经济提高到新水平,轻视了乡村文化建设。部分乡镇、村干部对乡村文化建设的重要性缺乏认识,忽略了乡村文化建设对经济发展的潜在影响。甚至有的乡镇跟风大建设、大发展,破坏了乡村的自然风貌、古民居、古遗址等,极大地限制了乡村振兴的水平和乡村发展的内生动力。

当前云南不少乡村在推进文化建设的过程中,还是主要依赖政府"自上而下"单向度的管理模式,农民主动参与文化活动的欲望不强。由于农村青壮年大部分外出务工,留守在家的大多是妇女、儿童、老年人,他们无时间、无条件、无能力参加更多有益的文化活动,导致乡村文化建设和群众文化活动难以开展。乡村文化建设是一个多方参与的动态过程,仅依靠地方政府和乡村社区的能力是远远不够的,需要充分考虑乡村居民在乡村文化建设中的核心和主体作用,积极调动乡村居民的主观能动性,充分发挥外来企业的积极作用,结合乡村发展实际,建立适合的管理模式。同时,正确处理和协调乡村社区、政府、企业以及第三方资本在乡村文化建设中的角色关系、利益分配等尤为重要。

(二)乡村优秀传统文化保护有待加强

乡村传统文化产生于本土,反映了一个地方的文化发展历史,反映了当地群众的审美情趣。大量优秀的民族文化、民间文化散落在云南的乡村地区,这些乡村优秀传统文化既是农民生活的不可分割的一部分,也是乡村振兴重要的文化资源。云南作为一个广为人知的"民族文化大省",文化产业、旅游产业的发展在很大程度上依靠文化资源。重视保护和发展云南的"特色乡村文化",是建设民族文化强省的重要条件和关键的基础工作。但是目前云南不少地方在推进乡村振兴的过程中,往往忽视了乡村传统文化,忽视了农民的审美情趣,对优秀传统文化保护的重视程度不够。

传统文化的遗存不仅包括文物,还包括一些古老建筑以及日常的劳动工具与生活用具。云南的很多乡村在主流文化、外来文化的冲击下发生着变迁,村寨个性特点正在逐渐消失。不少乡村手工艺制品和珍贵实物难以得到妥善保护,许多传统文化培训、展演活动无法正常开展,农村现存的非遗传承人等文化主体生活状况并不理想。

作为一个旅游大省,发展旅游业给云南带来了巨大的经济效益,但旅游开发对云南乡村传统文化的保护也造成了不利影响。在利益的驱动下,旅游地区的农民将面对更大的商业诱惑,使他们的一些文化活动更倾向于商业表演,失去了原有的自然与淳朴。当地人为了迎合旅游者需求而对一些传统民俗进行过度开发,忽略了对传统文化内涵的深入挖掘。长此以往,真实的乡村传统文化会渐渐被商业化表演所取代,旅游者对此类旅游活动的兴趣也会降低，旅游地也会失去原本的文化吸引力。

（三）乡村公共文化服务供需不对称不均衡

云南省乡村地区公共文化基础设施建设底子薄、欠账多、投入不足[①]，是构建现代公共文化服务体系的最大短板和瓶颈，"补短板、填空白、达国标"的任务繁重而艰巨。在乡村振兴热潮中，云南各地的乡村建设工程如火如荼，公共文化建设呈现大投入、大发展、大提升局面，基本实现公共文化设施全覆盖，但是"建"的问题解决了，"管"和"用"的问题仍没有解决，部分乡村地区仍然存在公共文化服务供需不对称不均衡的现象。一方面，农民迫切需要丰富的文化娱乐生活；另一方面，乡村公共文化服务主要采用农民被动接受式的供给，农村电影放映、文化科技"三下乡"、"文化大篷车"等活动尚未建立长效机制，并不能按时有效到达每个行政村。

这几年国家、云南省加大了对基层公共文化设施的建设，实施了一系列的文化惠民工程，农村文化建设切实得到了加强，部分乡村地区硬件设施逐步建立和完善，但是软件建设相对滞后。有些公共文化场所无专人负责，"空壳"现象突出，现有文化资源尚未得到有效利用；有些文化站的功能定位与当地的实际情况不匹配，在开展文化活动过程中存在盲目性，没有根据群众的需求来设计安排文化活动。这些问题都造成乡村公共文化设施利用率低下，乡村公共文化服务无法真正做到便民、惠民、利民。

（四）乡村文化发展缺乏活力

云南属山地高原地形，山地面积33.11万平方千米，全省山区、半山

---

① 2019年，云南省人均群众文化业务活动专项经费4.1元，低于全国6.11元的平均水平，排全国20位。人均拥有公共图书藏书量0.44册，排全国27位，平均每万人拥有公共图书馆面积84.3平方米，排全国24位，平均每万人拥有群众文化设施建筑面积221.28平方米，排全国25位。

区面积占94%，坝区占6%，耕地面积4200多万亩，人均占有耕地约1亩，是多民族的边疆山区省。全省高山、江河纵横交错，区域发展不平衡较为突出。部分偏远边疆民族地区如乌蒙山区等地，文化活动只能"全靠送"，由县级以上文化单位组织配送文化活动，不能满足群众的精神文化需求，且缺乏自主选择文化活动的条件和平台，乡村文化发展空间有限。

乡村自组织文化活动缺乏活力，而且区域发展不平衡、文化活动质量也参差不齐。曲靖、玉溪、普洱等地乡村自组织文化活动较为活跃，其他州市相对较少。从形式上看，乡村业余文化团队演出节目多以舞蹈、歌曲、小品为主，群众文化活动多以集体舞为主；从内容上看，传承乡村传统文化、体现乡村历史文化底蕴的作品不足，创新能力不强。无论是在内容还是表现形式上，乡村文化活动整体处于低水平、浅层次、小规模的局面，导致乡村文化建设缺少生机和活力。

（五）乡村文化产业发展不充分

改革开放以来，旅游业成为云南经济发展的重要支柱产业之一，伴随旅游业的兴起，乡村特色文化产业迅速崛起。但近几年，云南旅游业发展出现系列问题，也深刻影响了云南乡村、民族特色文化发展。

云南乡村特色文化产业缺乏民族差异性文化的体现，更没有区域性特色的展示。乡村文化产业方面在"金、木、土、石、布"产品上模式单一化，难以突出地域特色，呈现出同质化趋势。事实上，不同地区的乡村文化都呈现出不同特点，如果云南在乡村文化资源开发过程中受到经济利益的驱使，诸多村落统一民居建筑风格、民族元素、旅游产品，趋向单一化、肤浅化、功利化，乡村文化建设就难以走得长远。

云南虽然拥有丰富的文化资源，但在发展过程中缺少对乡村文化资源的充分挖掘，大多集中于传统的手工艺品和旅游演艺产品。在"互联网+"的时代背景下，云南对乡村文化资源的开发利用与动漫产业、影视产业等新兴业态的结合程度较低，乡村文化产业的内涵及创意不足，附加值不高，相关产业链不长，缺少品牌竞争力。

（六）乡村文化人才匮乏

文化人才队伍是推动乡村文化建设的主导力量，目前云南乡村文化人才十分匮乏。一方面，由于云南乡村地区经济和社会发展长期处于落后状态，导致乡村文化人才大量外流，一些有文化的农民长期流动在外，留守在农村的大多为文化素质较低的中老年人和妇女儿童，乡村文化活力严重不足。另一方面，农村现存的一些民间艺人、民间文化人士由于未被重视和缺乏有序组织，他们的文化素养和文化热情随着年龄的增长而逐渐消失，乡村传统文化后继无人。此外，乡村文化建设的干部队伍配置不强，人员缺位现象较为普遍，农村基层干部人员老化，学历低，缺乏专业能力，对乡村文化建设的理解不到位，工作应付多的现象较为突出，未能适应新时代乡村振兴的需要，这些现象已经严重阻碍乡村文化活动的开展，在很大程度上，人才匮乏已经成为制约农村文化发展的重要因素。

三、云南省乡村文化建设的对策建议

伴随打赢脱贫攻坚战、全面建成小康社会，"十四五"是我国开启全面建设社会主义现代化国家新征程、向第二个百年奋斗目标进军的重要时期，乡村振兴和发展也进入新阶段。乡村振兴是一项长期性、系统性、整体性、综合性的工程，乡村文化振兴在乡村振兴中发挥着"培根铸魂"的重要作用，是乡村振兴的内在驱动力，也是推进乡村组织振兴、生态振兴、产业振兴、人才振兴的重要支撑。云南作为西部边疆多民族地区，乡村文化振兴在乡村振兴中的作用和价值尤为突出。新时期加强云南乡村文化建设，是实现巩固拓展脱贫攻坚成果同乡村振兴有效衔接的重要手段，是铸牢中华民族共同体意识的重要途径，是推进美丽乡村建设、乡风文明建设和城乡一体化发展的重要内容，也是建设云南文化强省的重要基础和保障。

新时期，主动对接国家和云南省重大战略和重大工程，将云南乡村文化建设放置在更宏阔的视野中考量，深入认识文化在乡村全面振兴中的灵魂地位和引领效应，着力推动乡村文化建设与发展，助推乡村全面振兴。结合国家"一带一路"、长江经济带、新一轮西部大开发等国家战略和重大工程，从乡村文化建设的视角深入解读国家战略和重大工程，开展国家战略和重大工程与云南乡村文化建设之间关系的研究。贯彻落实云南省建设民族团结进步示范区、生态文明建设排头兵、面向南亚东南亚辐射中心"三个定位"，按照打造绿色能源、绿色食品、健康生活目的地"三张牌"的要求，发挥云南乡村在生态环境良好、民族文化多元富集和面向南亚东南亚民族民间文化交流方面的优势，强化云南乡村生态文明建设，贯彻落实民族团结示范村建设，推动乡村文化合作交流，让人与自然和谐共生，创建乡风文明的美丽乡村，以文化繁荣助力云南乡村的全面振兴发展。

（一）加强顶层设计，注重近期与远期相结合，因地制宜、循序渐进地推进乡村文化建设

云南乡村文化建设是一项长期艰巨的历史任务，乡村文化建设既要有紧迫感和责任感，也需要立足现实，尊重文化发展规律。在强化顶层设计的同时，充分认识乡村文化建设的艰巨性和长远性，结合云南地方实际情况，有序推进乡村文化建设。应结合国家、云南省乡村文化建设总体要求，加强与国家乡村振兴战略规划的对接，在重大政策、重大工程、重大计划上与国家规划有机衔接。做好顶层设计，以规划引领乡村公共文化高质量发展，深入研究实施乡村文化建设的关键问题和重大政策，因地制宜推进乡村文化建设，避免"一刀切"的同步推进，高质量高水平编制云南乡村公共文化服务建设的相关规划。

分阶段来看，云南乡村文化建设近期应着重关注乡村公共文化服务体系、乡村特色文化产业等问题，长期来看应着重关注乡风文明建设、乡村社会治理等问题。受制于经济社会发展、地形地貌、交通等因素影响，云

南省乡村公共文化基础设施历史欠债加大。因此，近期要加强乡村文化硬件、软件建设，尤其是边疆、民族、山区的乡村，满足农民基本公共文化服务需求。乡风文明是一个长期艰巨的任务，需要几代人的努力坚持。乡村文化建设的主体是广大农村群众，传承乡村文化、民族文化需要全社会的参与，培育文明乡风、良好家风、淳朴民风和乡村治理体系是一个潜移默化、不断养成、培育的过程，对待乡村文化建设，既要保持时不我待的紧迫感和责任感，又不可一哄而上、一味追求快、搞成新的"大跃进"。

从空间上看，云南乡村辽阔、地理地貌复杂、民族丰富多元、经济社会发展不均衡、乡村类型多样、村情差异较大，进行乡村文化建设，一定要坚持因地制宜、分类指导、精准施策，针对不同区域、不同类型的乡村，制定和实行分区分类的差别化推进策略，鼓励探索多种形式的乡村文化建设模式。昆明、玉溪、曲靖、楚雄等地区乡村经济社会发展相对较好，乡村文化建设需要的时间可能相对短一些，而怒江州、迪庆藏区、乌蒙山区、滇黔桂石漠化区、普洱、临沧、文山等沿边、民族、山区的乡村文化面临更为复杂的环境，乡村文化建设必然是一个长期、艰巨的任务。

（二）统筹城乡发展空间，关注重点区域，分地区、分类别、有重点地推进乡村文化建设与发展，构建乡村文化建设新格局

不均衡是云南乡村发展的重要特点，结合现代化进程、乡村现代转型发展、乡村经济社会发展现状、乡村社会结构、乡村地理区位、气候环境等综合因素，可将云南乡村划分为中心城市周边的乡村、重要交通通道节点的乡村、旅游景区（点）周边的乡村、孤立偏远的乡村、乌蒙山贫困山区乡村、民族文化富集的乡村（村寨）、边境地区的乡村等是十几个类型。应当结合云南不同空间、不同类型、不同发展水平的乡村循序渐进推动乡村文化建设。

当前云南乡村文化建设的重点，应是发展水平相对滞后的乡村，聚焦贫困地区特别是深度贫困地区。因此，要重点关注滇中地区、乌蒙山区、

滇黔桂荒漠化地区、澜沧江流域、迪庆藏区、怒江州深度贫困地区、革命老区、高寒地区等乡村文化建设与发展。积极争取中央财政加大对我省贫困地区基本公共文化服务保障资金的支持力度，编制我省老少边穷地区公共文化服务体系建设发展规划纲要。按照国家基本公共文化服务建设的要求，以贫困地区的广播电视服务网络、数字文化服务、群众文体广场、乡土人才培养、流动文化服务、农村留守妇女儿童和云南特有人口较少民族文化帮扶等为重点，集中实施一批文化扶贫项目，落实国家"对贫困地区安排的公益性文化建设项目取消县以下（含县）及西部地区集中连片特困地区地市级配套资金"的政策。促进省级部门对口帮扶，深入实施边远贫困地区、边疆民族地区和革命老区人才文化工作者专项支持计划，加大文化人才交流和项目支援力度。

依托昆明、曲靖、玉溪、楚雄等经济社会发展相对较好的州市中心城市的强大消费能力，统筹城乡发展，抓住"钱、地、人"等关键环节，破除一切不合时宜的体制机制障碍，推动城乡要素自由流动、平等交换，发挥城市人才、资金、技术等集聚作用，推动中心城市周边乡村文化建设，支持有条件的乡村发展乡村休闲、乡村旅游等特色文化产业。围绕大理－丽江、普洱－西双版纳、腾冲－瑞丽等旅游线路，以及重要景区景点，发挥旅游线路和景区景点客流量作用，辐射带动周边的乡村文化建设。引导具备一定条件的边远村镇，依托当地丰富的文化资源或生态环境，在保护优先的前提下，创意开发演艺娱乐、民族民间工艺、特色节庆、健康养生等文化产品和服务，形成多点并进的乡村特色文化产业发展态势。

（三）巩固农村思想文化阵地，加强边疆民族地区社会主义核心价值观建设，助推民族团结进步示范区建设

以社会主义核心价值观为引领，关注云南乡村地区、民族地区宗教文化、民俗文化，强化国家意识、国家认同，加强民族团结同心建设，推动民族地区稳定发展。深化中国特色社会主义和中国梦宣传教育，大力弘扬民族精神和时代精神，落实云南"民族团结进步示范区、生态文明建设排头兵、面向南亚东南亚辐射中心"三个定位，打好"绿色能源""绿色食品""健康生活目的地"三张牌，将美丽云南、美丽乡村建设、国情省情州情乡情村情、乡村优秀传统文化教育等项目紧密结合起来。多形式、有针对性地开展社会主义核心价值观的基层宣讲和学习培训，把社会主义核心价值观内化为各族干部群众、乡村居民的共同理想信念和精神力量，外化为建设美丽乡村、促进乡村发展、实现乡村振兴的实际行动。处理好社会主义核心价值观的先进性与乡村文化、民族文化具有的广泛性之间的关系，推动乡村文化、民族文化与核心价值观相互借鉴、加强交流、和谐发展。以坚持中国特色社会主义共同理想为先导，充分发掘各民族、乡村文化所蕴含的优秀思想理念和价值，积极树立和弘扬社会主义核心价值观，形成强大的民族文化、乡村文化感召力和凝聚力。

结合乡村的文化传承、家庭教育的特有方式，提高乡村居民爱国、爱民族、爱边疆、爱家乡、守护家园的观念意识，推进公民道德建设工程深入乡村。深入开展爱国主义、集体主义、社会主义教育，深化民族团结进步教育，挖掘、表彰、宣传"乡村好人""乡村能人""乡村道德楷模"等。以开展"做文明乡村人""弘扬中华美德、建设美丽乡村"等活动为载体，加强社会公德、家庭美德和个人品德建设。

深入贯彻中央推动民族团结进步的要求，充分发挥云南多民族和谐共处、少数民族较多以村落为单位聚居的特点和优势，在现有民族团结进步示范村的基础上，进一步加强民族团结进步示范区的文化建设，树立和弘扬"民族团结、文化多元、开放包容、互相帮助、共同进步"思想观念；鼓励多民族群体在文化艺术、传统技艺、乡村转型发展等方面充分开展经验交流，促进部分先发展的民族村落与老少边穷地区的民族村落结成"民族团结进步友好互助村"，不断充实民族团结进步示范创建的内容，按步骤落实云南省民族团结进步"十县百乡千村万户"示范创建活动。

（四）充分利用现代科学技术，助推乡村、民族地区传统文化有效保护传承和合理创新发展，重塑乡村文化生态

加强云南优秀农耕文化遗产保护，推进濒危优秀农耕文化抢救工程，建设"云南农耕文化示范区"。清晰划定乡村历史文化保护线，推进乡村文物古迹、传统村落、民族特色村寨等建设，保护好现有乡村文化生态环境；提升现代村镇建设与地方历史风貌，激活乡村文化生境自我修复和创新的内生机制。

强化新技术、新媒介对乡村传统文化保护传承、传播的支撑作用，依托数字化、互联网、云计算等现代科技，开展云南乡村文化资源普查工作，建设包含云南乡村历史、经济、社会、文化发展动态数据的云南乡村文化信息数据库，加强全省乡村民族民间文化资源有效保护、传承、管理、监控与预警。对接国家文化资源数据库、数字博物馆、非物质文化遗产保护传承、国家文物保护、历史文化名村名镇、线性文化遗产保护等重大工程，建设云南民族文化资源库和乡村文化信息共享平台，推动全省乡村文化和民族文化的保护、传承与创新发展。

完善云南乡村光纤宽带和无线网络覆盖，推进电商、App、小程序等开发使用与乡村文化传播，及乡村旅游指引和服务、农特产品营销深度融合，缩短乡村文化建设与现代消费方式之间的距离，构架乡村文化消费的新型模式和便捷网络平台。鼓励文化旅游企业和研究机构，利用互联网、数字化、3D、AR、VR等技术，建设"历史文化名城名镇名村数据应用平台"，强化对历史文化名村名镇的保护与利用。对接"一部手机游云南"，建设一批基于互联网和数字化技术的"七彩云南数字化名村"，通过"互联网+乡村"的建设路径，让云南乡村走向全球，实践"云南的、民族的、乡村的就是世界的"。

在网络覆盖的基础上，充分利用科技改善和提升乡村文化生活，统筹建设简单易用、高效快捷、资源充足、服务规范的乡村文化网络载体。对接云南网络文艺精品创作传播计划，实施乡村网络文艺创作传播计划，鼓

励广大乡村居民参与网络文艺作品创作和传播，使网络文化建设惠及广大农民群众。利用网站、"两微一端"等网络宣传平台，围绕脱贫攻坚、惠农助农、弱势群体帮扶等主题，打造各类乡村网络公益频道或专题，积极推动乡村网络公益主题的新媒体作品创作，打造具有较强影响力和公信力的云南乡村网络公益品牌。加强全省乡村网络监督管理，统筹推进乡村网络舆论引导、网络文化建设、网络文明传播、网络公益活动，营建"互联网+"时代的云南乡村文化新生态。

（五）坚持国家标准与地方特色相结合，对标补齐公共文化基础建设短板，创建云南乡村新型文化空间

按照"完善公共文化服务体系、深入实施文化惠民工程、丰富群众性文化活动"的要求，针对当前区域间、城乡间公共文化服务发展不平衡不充分等主要问题，以促进社会公平正义、增进人民福祉为出发点和落脚点，加大改革创新力度，在做好乡村基本公共文化服务保障的同时，兼顾补齐短板和纠正偏差，完善乡村现代公共文化服务体系，推动乡村公共文化服务高质量发展。对标补齐和完善乡村公共文化服务基础设施建设之外，结合云南实际，关注云南各地区民族、乡村地区实际需求，完善乡村文化广场、乡村大舞台、乡村戏台、群众文体广场等公共文化空间。重点完善易地扶贫搬迁集中安置区公共文化服务体系建设，丰富脱贫群众的精神文化生活，持续激发欠发达地区和农村低收入人口发展的内生动力。因地制宜，依据当地民族特点、历史文化特色，建立乡愁纪念馆、乡村博物馆、村史馆、民族文化展示馆等新型公共文化空间，保持村落文化景观良好的文化风貌、历史风貌，抵御因旅游开发或片面的经济发展带来的负面影响，为乡村留住持续发展的核心资本，为时代留住乡愁。依托中国民间文化艺术之乡、云南省民间文化艺术之乡、中国传统村落、少数民族特色村寨等，开展"艺术乡村"示范项目建设，提升乡村文化建设品质。着眼于乡村优秀传统文化的活化利用和创新发展，因地制宜建设文化礼堂、乡村戏台、文化广场、非遗传习所、民俗文化展示馆、历史文化展示室等主题功能空间。

结合云南民族多元特色，广泛开展群众性文化体育活动。以"我们的节日"为主题，挖掘乡村传统节日、民族节庆、民俗活动资源，开展彝族火把节、哈尼族长街宴、白族三月街、傣族泼水节、壮族三月三、苗族花山节等具有云南民族特色的群众性传统节日民俗活动；支持各州（市）、县（区、市）举办各类主题性群众文艺活动，重点办好中国农民丰收节、农民工文化节等节庆活动；传承和发展民族民间传统体育，广泛开展形式多样的群众性体育活动。鼓励群众自办文化，支持依法依规成立各类乡村群众文化服务团队，支持曲靖、普洱等地农民文化户发展。

（六）加快乡村特色文化产业发展，促进文化与相关产业融合发展，推动乡村文化高质量发展

依托云南丰富的中国传统村落、少数民族特色村寨、历史文化名镇（村）、非物质文化遗产等资源，着力培育发展乡村文化旅游、民族文化体验、演艺娱乐等特色文化产业。落实云南传统工艺振兴计划，重点支持以"金木土石布"工艺美术品生产为代表的乡村特色文化产业发展。从资金、人才、产品编创和监管等方面支持"农村文化户"发展，依托市场、资源、空间等要素相对集中的区域，培育建设乡村特色文化产业群。

推动文化与旅游融合发展，大力发展乡村文化旅游业。结合美丽乡村建设，在全省建设一批"美丽村寨"文化产业综合体。面向全球和全国范围招募精品酒店、特色民宿的优秀品牌和运营团队，在乡村一级系统规划、统筹实施"系列精品酒店 + 非物质文化遗产传承中心 + 特色产业展示营销平台"的"美丽村寨"产业综合体建设，构建文化旅游新业态。紧密结合美丽乡村建设，培育乡村网红，开展民族民俗文化旅游示范区建设试点，规划打造一批兼具教育性、艺术性、体验性的乡村旅游线路。

推动文化与农业融合发展。建设集农业生产、加工、营销、物流、文化体验、休闲观光等全产业链的现代农业庄园。结合省级民族传统文化生态保护区规划，试点建设一批具有示范作用的"文化农庄"，探索非物质文化遗产资源与旅游资源相融合并有效利用的新途径。结合哈尼梯田世界遗产保护、景迈山古茶林申遗等工作，加强对云南梯田稻作系统、古茶园与茶文化系统、果树作物复合系统、水生作物生态系统、水旱作物轮作系统等农业文化遗产和油菜花、荷塘、红土地等农业文化景观的文化发挥和保护。根据高原特色农业现代化建设的目标任务，依托核心发展区域、重点产业板块、优势农产品产业带、现代农业示范园区、特色产业专业村镇的建设，重点围绕"云系"品牌中云茶、云菌、云花、云果、云咖、云药等特色优势产品，加快推进农耕文化、创意体验、健康养生、乡村旅游与现代农业融合发展。

推动乡村文化与特色小镇融合发展。边疆、民族、山区是云南的基本省情和特点，贯彻落实《关于规范推进特色小镇和特色小城镇建设的若干意见》《云南省人民政府关于加快特色小镇发展的意见》等相关文件，依托云南独特地域文化、乡土民俗、民族文化、传统工艺、民族服饰美食等资源，以文化基因和文化元素提炼为核心，以创意和再生设计为手段，培育建设一批体现乡村特色的特色小镇。通过云南良好的田园生态风光、丰富多元的民族文化发展乡村特色旅游；通过一二三产业融合发展、产城融合发展等带动周边基础设施、公共服务等布局优化、功能提升，激发乡村现代化建设活力。

（七）结合供给侧结构性改革和消费转型升级，培育建设中心集镇现代文化消费服务体系，引导和扩大城乡文化消费市场

结合供给侧结构性改革和消费转型升级，对接昆明、丽江国家文化和旅游消费试点（示范）城市建设工作，积极培育城乡文化消费市场。发挥中心集镇交通、区位优势，以及聚合周边乡村、联结城乡的功能，结合新型城镇化建设与城乡一体化发展，培育中心集镇现代文化消费服务体系，推动具有地方特色的乡村文化休闲娱乐、旅游业、民族演艺业发展，整合协调、优化配置城乡文化资源和消费市场。

结合日益健全的公共文化服务体系，制定一系列激励乡村文化消费的政策措施，设立云南省乡村文化消费补贴基金，采取各类文艺商演活动对本地乡村户口群众折扣优惠等措施，以政府购买部分文化消费回馈乡村居民的方式，带动乡村本地文化消费，形成文化消费氛围。重点培育曲靖、昭通等地区城乡文化消费市场，依托曲靖、昭通等地区的人口优势，通过政府引导、加强宣传营销，激活和提升人口大区的城乡文化消费能力。

结合新型城镇化、美丽乡村与特色小镇等规划建设，在加强基础文化设施，完善公共文化服务体系，提升公共文化产品供给能力与均等化的同时，强化城市现代文化消费与中心集镇、乡村社区的互动。充分利用中心城区的商业区域、特色街区和各县区城镇的公共文化设施，结合文化宣传活动，系统性地引导和鼓励民族演艺、艺术创意集市、公益文化活动、商业文化宣传展览等活动的举办，将乡村文化请到城市、将城市文化消费能力导入乡村，营造城乡文化消费氛围，构建以城镇为中心、以乡村为拓展的消费空间。培育具有地方特征，满足年轻消费群体，满足时代需要，以影视文化、音乐舞蹈、网络游戏、文化信息、休闲娱乐、工艺美术等为主题的城乡文化消费社区。

打造文化旅游乡村特色消费集群。结合新型城镇化和文化旅游小镇、民俗旅游乡村等建设，充分发挥云南乡村民族民间演艺、工艺品制作、节庆会展、田园生态等方面的特色资源优势，加强对乡村产品创意、产品质量的指导与服务体系建设，培育城乡文化休闲与民族演艺、工艺品和艺术品消费市场，鼓励有条件的乡村开展民族演艺、工艺品和艺术品创意设计和现场制作、销售，充实乡村文化旅游的特色文化消费内容，拓展外来游客文化消费市场，培育本土文化旅游乡村特色消费集群。

（八）强化沿边乡村和民族地区文化建设，培育建设文化口岸、文化集市，推动跨境文化交流与合作

发挥云南4000公里边境线周边乡村、民族地区富集的文化资源以及地缘、族缘、文脉相通的优势，培育一批以乡村为单位的文化口岸、跨境

文化集市。依托国家口岸沟通、交流和集聚的功能，结合新型城镇化、城乡一体化发展，完善国家口岸周边地域文化特色、民族文化特色突出乡村的公共文化服务体系，重点培育瑞丽、磨憨、河口、南伞等国家口岸周边特色村落的文化产品集散、民族民间演艺、文化旅游和特色工艺品发展，形成口岸乡村特色文化产业发展集群。

围绕"国门文化"建设，发挥云南沿边地区与周边国家和地区保持经贸往来的通道优势，以跨境文体赛事、民族节庆、会展为重要载体，开展形式多样的跨境文化交流合作。依托景颇族万人目瑙纵歌盛会、傣族泼水节、傈僳族阔时节、新米节、中缅胞波狂欢节、跨境村晚等重大活动，树立中国良好形象，传承弘扬民族优秀文化，进一步为推动文化交流融合和文旅项目合作提供平台。借助"一寨两国"等特色乡村在跨境交流合作中的影响力，通过政府引导、社会资本支持，培育一批集文化展示和交流、特色文化产品生产与销售等功能为一体的跨境、边境乡村文化集市。依托中心城市、交通枢纽城市周边资源富集、特色突出的乡村，结合特色小镇、美丽乡村建设，培育一批宜居、宜商、宜文、宜游的现代文化乡村，作为中心城市和交通枢纽城市文化品牌、城市功能的辐射、扩散和承载空间，形成内陆乡村文化口岸和文化集市，通过与世界各地的特色民族文化村落等缔结友好村落的方式，将本土乡村文化和世界乡村文化尤其是南亚东南亚特色文化集中展示，培育一批兼顾文化"走出去""引进来"的文化交流合作特色文化新乡村。

文化蓝皮书
中国乡村文化发展报告

案例分析

青田范式：中国乡村文明的复兴路径

渠 岩*

摘　要　乡村复兴的核心价值在于在地关系的复归、礼俗社会的重建以及香火文明的延续。艺术家渠岩将具有创意性、引导性和辐射性的当代艺术与乡村相融合，尝试在乡村经济发展的同时，恢复被长期的社会改造破坏和疏离的乡村伦理与道德秩序，恢复家序礼教和文明礼仪，建构出与时代衔接的乡村社会。他提出的"青田范式"和他在青田开展的一系列艺术乡建实践，将为考察和探索中国乡村文明复兴和现代化转型带来重要价值。

关键词　艺术乡建　青田范式　乡村文明　复兴路径

青田是广东的一个普通乡村，它呈现出特殊的地域风貌和独有的乡村形态，传统线索清晰可见，历史遗存有迹可循。它既是岭南文化的有机组成部分，又展现出水乡特有的独特魅力。既保留了完整的村落物质形态，也延续了鲜活的生活现场。在这个平凡的小水乡背后，蕴藏着中华文明神秘的密码。在青田可以触摸到一个完整的乡村体系，水系、河涌、祠堂、榕树、民居、家宅、庙宇、书院，以及村中随处可见的土地信仰，呈现出完整的乡村形态与文明秩序，以及丰富多彩的乡村生活。但与此同时，青田同样也遭受了现代化的裹挟以及社会改造的冲击，同时又面临乡村凋敝的危机。

* 渠岩，艺术家，广东工业大学城乡艺术建设研究所所长，广东工业大学"百人计划"特聘教授，硕士生导师，中国艺术乡建的发起者与实践者。

村落环境破败脏乱,河水污染;空心化非常严重,街上只能依稀看到留守老人;年轻人大都在城里做生意或打工、居住,生活富裕后也不愿返乡。隐形的乡村礼俗破坏同样严重,这与长期的社会改造和物质主义的侵蚀有关。虽然青田村落形态保存较好,传统的线索和历史脉络仍在,但也已奄奄一息命悬一线。仅有岌岌可危的文明余烬,如不用心点燃,必将灰飞烟灭。

笔者于2007年最早在山西太行山的许村身体力行地介入乡村建设,2015年底来到广东顺德青田村,在青田乡建中采用文化和文艺复兴的方式,为乡村注入精神和灵魂,尝试使传统文化中富有生命力的部分得以启动,找回失落的文明。2017年,笔者首次向社会公开发表《青田范式:中国乡村文明的复兴路径》。"青田范式"建立在对青田乡村地方性知识尊重的基础上,强调地方特例的青田经验,以地方性为主线,可归纳为九条范式。这九条范式包括对青田乡村的历史、政治、经济、信仰、礼俗、教育、环境、农作、民艺、审美等各个方面的概括总结,并成为完整体系进入青田建设,每条再以具体的线索作为基础元素展开,作为地方性传统来和时代衔接,形成新的文化价值与社会形态,建立丰富多彩的"乡村共同体"社会,以期使乡村走出困境并有效解决现实问题。青田范式九条如下:

第一条:刘家祠堂——人与灵魂的关系——(宗族凝聚)

第二条:青藜书院——人与圣贤的关系——(耕读传家)

第三条:关帝庙堂——人与神的关系——(忠义礼信)

第四条:村落布局——人与环境的关系——(自然风水)

第五条:礼俗社会——人与人的关系——(乡规民约)

第六条:老宅修复——人与家的关系——(血脉信仰)

第七条:桑基鱼塘——人与农作的关系——(生态永续)

第八条:物产工坊——人与物的关系——(民艺工造)

第九条:经济互助——人与富裕的关系——(丰衣足食)

当代艺术具有超强的时代引导性和广泛的文化辐射性,是具有灵魂和生命力的创意,不但可以挖掘出青田的历史脉络,还可以有效提升本地的文化价值，恢复乡村中天地人神的共同体精神。艺术家通过身体力行的方式"融合"乡村，嫁接、催生、点燃在地生命力的星星之火，实现人与自然、人与社会的"和解"。重要的是，我们还要在乡村经济发展的同时，恢复被长期的社会改造破坏和疏离的乡村伦理与道德秩序，恢复家序礼教和文明礼仪，并使之与时代衔接，构建出完美的乡村社会。所以，乡村复兴的核心价值为：在地关系的复归，礼俗社会的重建，以及香火文明的延续。

一、乡村中的文化

（一）乡村中的文化传统

"乡村"是在世界中不断生成的行动者。乡村在不同的历史阶段、情境和互动中，会转变为不同的文化角色，并在这些角色扮演中主动调整其姿态。这即是说，"乡村"是不断生长的文化母体，它涵括文化地理学上的远近内外，又贯通历史意义上的古今中西，同时还转化并兼容来自城市、官方、庙堂、江湖及域外的文化营养与杂质。在此意义上，乡村中的文化及其传统能保持异质杂陈的特质，且具备流动、多元与开放的特性。故而，我们不能用本质主义的眼光——即"一个乡村一种文化"，或"乡村就是某种文化方式"——来理解乡村中的文化传统。相反，乡村中的文化及其传统，具备网络意义上的开放气质；而乡村在其中或许并不起眼，但在文化意义上却是极为重要的行动。

1. 青田乡村的历史演变

青田是广东省佛山市顺德区杏坛镇的一个桃花源般的古村落，有着400多年的历史。在明朝万历年间，太公刘古桥的次子刘瑶泉、幼子刘卓霞从安教片大社坊迁至青田，开辟新村，因这里田野青青，一望无际，遂名其"青田"。这里是名副其实的鱼米之乡，刘氏祖辈逐渐在此立下根基，他们辛勤地叠土为基、挖洼为塘，经过二十几代人的辛苦劳作、繁衍生息，慢慢地将青田开拓成今天的模样。

青田的天地人神系统也是丰富多彩的，信仰生活也随心所欲。青田有丰富的民间信仰和节庆习俗。村中共有关帝神厅一座、社稷神坛三座、土地庙三座，每家每户住宅门口都会供奉私宅土地神。此外，村民家中可能供奉着更多神祇，大多有主神关帝、祖先神、龙神、井神、天官、灶神、门神等。青田从村内到户外都有神祇保佑，走进每家每户，更有神灵守护。逢年过节还有一些专门的祭拜活动。近年来，青田村民已经陆续恢复和延续了一系列祭拜与民俗节庆活动，比如龙母诞游龙舟、烧番塔成人礼和敬老围餐等活动。总之，青田的神祇信仰是丰富多彩的。正如葛兰言所说："在每一个住宅，在对农耕地的崇拜仪式之外，都要加上一个对未开垦土地的崇拜，用于这种崇拜的家神被安置在房子中央的天顶开口处，通过这里，大自然的生生之气以及孕育生命的雨水可以直接渗透到家族土地的中心。"

2. 青田的乡村自治系统

广东顺德乡村自治的传统延续至今，社会组织力非常活跃。早在2014年就成立了刘氏宗亲会。乡建团队进驻以后，青田村民就很快地成立了几个自治组织，行动之快，频率之高超出了预期。刘氏宗亲会和青田坊慈善基金这两个组织在青田民间活动中起到了主要的作用，这两个组织的人员也高度重合，由几位有责任心和公益心的村民支撑起了各项活动，在他们的带领和感召下，村民也逐渐理解接受和积极配合各项活动。组织大多以青田的年轻人为主，他们也想参与到青田的复兴发展中，并积极地贡献出自己的一份力量。

青田每年都会由村里的慈善会举办很多丰富多彩的民俗与公共活动。青田敬老宴是慈善会每年举办的基本活动，每年一次的敬老活动就是他们必须要办的保留节目。慈善会组织者还在围餐的过程中举办慈善拍卖，拍卖所得的善款再用于下一次的慈善和民俗活动。在举办前他们会在村中张贴公告，也会挨家挨户地发传单通知村民，在千石长街上摆上百桌围餐，非常热闹，敬老宴邀请本村150位左右的60岁以上老人聚餐，届时还邀请大社和福田的刘氏宗亲来参加活动。端午"龙母诞"庆祝活动会摆一场盛大的围餐，青田千石长街上摆满了300多围，每围10个人，不单单是犒劳从龙潭参加龙舟活动的青田村民，也是为了迎接在外工作学习和居住的乡亲们，吃龙舟饭也是端午季最重要的亲人举家团聚的欢乐时光。

（二）乡村文化新秩序的构建

"乡村"在此成为艺术行动的主体和艺术行为发生的文化主场。在"乡村"这块文化空间中生长与发生的历史记忆、文化传统、诸神崇拜、日常生活与情景，便是以"乡村"这一复合并生长着的文化空间为载体，以在地村民为文化主体的审美互动和情感表达来体现。简言之，凡促进乡村意义网络中人神、人人与人物情感沟通，以及日常生活交流与世界意义流动的文化行为或审美实践，都可被视作乡村中的艺术和文化。

1. "青田论坛"

2018年5月18日-24日，我们联合北京大学人文社会科学研究院在青田举办青田论坛。汇集了国内外社会学、人类学、历史学、艺术学以及乡村问题的专家学者们围绕"中国南方乡村的变迁与重建"主题展开讨论。学者们从对青田乡建实践的审视和思考出发，探讨更广泛意义上的乡村问题，也为青田乡建提供重要的理论和思想资源。

本次会议和考察活动，对在青田一线的乡建者来说，也是一次宝贵的学习机会。参加会议的学者们不但会对乡村做出精准解读，也可能会对青田乡建工作提出不同的看法甚至批评，而这都将成为今后艺术乡建工作的宝贵资源和养料。专家学者们从各自学科的角度，对乡村的历史和文化做出了独到的见解和深刻的分析，也对今日乡村在现代化的变革面前要如何应对，做出了深入分析；同时，对青田的乡建实践，提出了许多建设性的指导和有益的建议，使我们对乡村的历史和内涵又有了进一步的了解。

2. 青藜讲座和乡村讲堂

青藜书舍坐落于青田千石长街的西侧，面对荷花风水塘，这是青田的显要之地，也是青田旧时的教育机构。在青田乡村恢复"青藜书舍"意义深远，这将把青田与中华传统文明链接，增加青田的文化含量与历史底蕴。青藜书舍是青田连接历史与传统的最佳方式，而设置"青藜讲堂"将要在青藜书舍中传道济民。

"青藜讲座"采用一种沟通村民的全新方式进行交流，让青田村民先了解自己的历史，并认可我们的乡建行动，这无疑是对"青田范式"莫大的鼓舞和支持。2017年6月20日，青田的"青藜讲座"正式开讲。着眼当下，"青藜讲座"以青田为现场，在村民之间搭建起互助交流的新平台，以乡村文化、乡村生活、乡村建设等为主题，以村民和乡建者（包括乡村基层工作者、乡民、学生、志愿者等）为参与主体，注重当地村民与乡建参与者的沟通与互动，传播乡建理念，强化乡建队伍，提高乡建水平。村民们认为，这种接地气的专业知识分享，不仅可以解除他们生活中的困惑，也有助于维系人与人之间的关系。讲座自开办以来，从参与人数、会场秩序和听后回馈来看，这种形式已逐渐得到青田村民的认同，并深得喜爱和赞赏。

"乡村讲堂"（乡村振兴大讲堂系列讲座）也同时启动，由顺德区农业局与岭南乡村建设研究院共同筹办，致力于培养和提升顺德乡建工作者和村居基层干部的乡建理念和实践方法。大讲堂分别邀请国内著名乡建专家和学者讲课，以期使学员们在课堂中重新认识乡村价值理念和乡村复兴意义，为顺德乡村保育工作提供思想资源和宝贵案例，对顺德地区的乡村振兴工作起到积极的引领作用。

3. 青田乡村生态永续

在青田范式"人与农作物关系"中提到青田传统的生产方式——桑基鱼塘。复兴桑基鱼塘的自然农法是构成青田农业生态循环以及实现乡村复兴的重要一环。桑基鱼塘是珠江三角洲独特的鱼桑生产生态循环农业模式——用"挖深鱼塘、垫高塘基、塘基植桑、池中养鱼、池埂种桑"的综合种养殖模式，通过鱼塘，把桑、蚕废弃物或副产品转化成高蛋白营养产品——鱼，被联合国教科文组织（UNESCO）誉为"世间少有美景、良性循环典范"的自然生态循环生产系统。桑基鱼塘孕育了青田特有的水乡文化，具有丰厚的民俗民风和人文底蕴，对它的保护与利用，将成为延续历史与文明的新节点。

"青田范式"的专家组成员、广东省农业科学院廖森泰教授，在青田主持恢复"桑基鱼塘"的生态循环系统。他带领相关专家团队和村民一起，复兴种桑养蚕、循环养鱼等农业形态。以廖森泰教授的帮扶为契机，乡建团队与广东农科院合作成立美塘公司，专门为恢复青田桑基鱼塘所设立，力求在村民中起到示范作用；结合桑基鱼塘养殖实际需求和村民意愿，通过基塘分离，对基地进行美化，进而设计出具有顺德水乡韵味的塘基工作间。工作间与自然相得益彰，互惠共利，接续了当地传统民居的原生样式，生动自然、简单质朴，延续了当地的构造传统，具有鲜明的乡村和地方的本土特征。

4. 村民觉醒

由于盲目跟风和受诸多因素的影响，村民在建设房屋的过程中，普遍追随城市化的节奏和欧陆化的风格，毫不犹豫地拆掉具有传统风格的老宅，盖起西洋建筑风格的楼房，从而使青田的传统风貌逐渐消失。我们始终在坚持和传播一种理念，即在乡建中要尽量尊重岭南传统的营造法式，争取更多地使用当地建筑材料和元素，用当代的技术手法修复青田的民居建筑，这些民居建筑在不同时空中的苏醒过程，就会带来一个全新的意义和很有价值的实践。这个方向不会有错，这也是希望和达到与村民相互交流沟通的过程，我们不能省略和忽视这个过程。

当村民看到乡建团队尊重传统风貌改造的民居后，逐渐接受和认可了这种乡村保护理念和措施，并主动向乡建团队请教，为他们改造民居提供建议和帮助。一些原来准备拆旧房建洋楼的村民，也逐渐改变了想法，在尊重传统风貌、保护民居理念的基础上，自己动手修复家园。村民刘宝庆自杏坛中学退休后，将自己在青田的一处荒废的祖屋改造成自己的书房。他表示："从改造来讲，这对于村民是有利而无弊的。修复乡村巷道、荒废住宅、书舍和几百年前的古建筑，对于体验本地的文化以及追溯人对传统文化的认识都是很有帮助的。渠教授的做法对于村子的自然环境，以及人的生存环境起到很大的作用。虽然说这些做法没有增加表面上的收入，但实际上这是一种无形的资产。"

"我将祖屋修复好，一是配合艺术乡建，二是通过修复增加自己对传统建筑理念的思考，在这个基础上将传统文化融合到祖屋的修复当中。"刘宝庆希望用自己的方法营造自己的生活，其祖屋修缮依循"修旧如旧"原则，房屋和院落的尺度、制式和风貌不动，尽量保持历史原貌和营建风格，融入基本的生活设施和条件，再设法收集一些能使用的老物件和旧材料，用到维修的工程中去，达到水到渠成、天衣无缝、浑然天成的效果。更出彩的是，他将家里留存下来的两只很长的旧船桨分别挂在门口的两边，据刘宝庆说，这两只船桨是他父辈使用过的。

5. 重建家园

礼俗社会崩解是今日社会道德溃败的原因。传统社会的乡村伦理和礼俗秩序，是在不断进行的家礼实践中得到申明和强化的，进而逐渐构成乡村社会最核心的价值观和文化传统。要解决社会道德危机，必须从重建礼俗社会开始，治疗由治理术下的制约性和惩罚性带来的社会病症。在青田只有重建礼俗，培育美德，美好家园才能成为现实。

团队找到了一个切入点和突破点，即从珍惜家园环境开始做起。重塑乡村家园感的第一步，就是爱护我们世世代代受其滋养的土地和环境。青田乡建团队就是从志愿者做起，从捡垃圾开始，从一个人发展到村民参与，他们的文明素质与家园责任感在这个过程中开始慢慢提升。刚开始，有些乡建团队成员看不惯村民乱扔垃圾，甚至随手将食品包装纸扔进荷花塘的行为。他们制作好了告示牌，牌子上写道"禁止乱扔垃圾"，并准备竖立在荷花塘边。笔者深感这样的做法不妥，便马上制止，因为乡建者来到青田，不能高高在上地指手画脚，应该以身作则，从自身做起。笔者当年在山西许村带头捡垃圾，感动了村民也跟着一起做，后来达到了村民自觉维护环境卫生的目标。因此，青田的乡建团队要先行动起来，与其苍白无力地宣传和呼吁，不如就从身体力行开始。

团队十分欣喜地看到，在青田家园行动中，从一个人到几个人再到一群人，从家人到邻里再到乡建者，从我们到你们再到他们，亲缘、地缘性关系呈现出复归的趋势，而这也是村民们所依附的最基本的社会关系。从村落环境的美化，到乡土关系的修复，最终达到礼俗关系的重建，点滴之中，朝夕之间，青田家园在行动。

二、文化中的乡村

（一）文化中的乡建实践

乡村被不同的文化所塑造、表述和想象。此处的"乡村"既涉及观念、价值和意义，又与不同时代话语的实践方式、知识类型及文化主体的诉求相关联。具体而言，今日乡村被不同的文化价值所辐射——比如传统的礼失求诸野、近现代的封建蒙昧以及当代的牧歌田园；同时，也被不同的时代话语所笼罩，从经济层面的改革、发展到今日文化层面的介入及创新……必须指出的是，文化中的乡村并非都是想象之物，它还在事实上促成了今日乡村社会关系的失序与重构，同时也使乡村的主体性变得更具模糊性与争议性。

1. 多主体联动

2015年12月，笔者受顺德区农业局邀请，来顺德杏坛镇做乡村考察；2016年初，带领广东工业大学城乡艺术建设研究所乡建团队进入青田，开始长期与榕树头村居保育公益基金会、顺德杏坛镇政府、青田村民小组、青田坊慈善基金会等"多主体"进行乡建的"联动"复兴实践。

乡村建设中采用的"多主体联动"也就成为团队工作方法，这个方法在青田实践中经受了考验。这里的多主体指的是村民、新乡贤、村委会、企业家、学院、政府、艺术家等。"多主体联动"应用于实践中，"青田计划"不同主体如下：

（1）村民——在青田村生产和生活的村民；

（2）新乡贤——热爱家乡的青田官员和文人；

（3）村委会——青田村基层政权；

（4）榕树头乡村保育公益基金会——当地热爱公益事业的企业家；

（5）广东工业大学城乡艺术建设研究所——青田工作坊师生；

（6）杏坛镇政府——当地政府相关部门的主管人员；

（7）艺术家——热心乡村建设的公益艺术家与专家。

这些主体联动的本质是协商，要最大化调动他们的参与性，任何一方都表达出自己的看法，这也是民主的核心。

2. 青田调研与"规划"

"青田范式"是新时期乡村建设的转型，尝试以"去规划化改造"的方式对乡村社会进行文化重建。这里的"去规划化"包含对"乡村规划与改造"的批评性反思，从而杜绝脱离乡土社会文化脉络与主体诉求的"乡村建设"。"去规划化"的乡建实则是一场基于当代中国乡土文化修复的多主体实践，是社会、文化与感知觉"三位一体"的整体实践。不论是艺术工作者、知识分子还是地方精英，都需要积极地渗入到当地人的文化知识体系之中，尊重乡土文明和历史文脉，重视当地人表达情感的媒介，以及与陌生世界建立沟通的渴望。

基于此，2016年初，由笔者率队的广东工业大学城乡艺术建设研究所，组织社会学与人类学、建筑与乡村保护团队进行了长达一年的青田村落现状调研工作，第一阶段是历史脉络和民俗文化的调查记录——村落社会调研（隐性价值），第二方面是村落形态和建筑遗存的勘测整理——村落空间调研（显性价值）。其中，村落社会调研包括梳理历史、人口、空间逻辑、宗教信仰，溯源节庆习俗、文化艺术、族谱、地方志等。青田空间调研报告的内容包括空间格局与肌理、现状用地分析、现状建筑整体评估与分析、典型民居建筑空间形态分析以及环境景观、交通道路、基础服务设施的分析,并绘制了青田村典型建筑的图纸。青田调研以探寻青田的"地方性知识"为初衷,采取体验式参与观察、深度访谈、文献研读等方法,挖掘"九大范式"中的基础元素。最重要的是,调研者更多地站在当地人的立场上,倾听他们讲述自己的故事,力求建构出青田人自己心目中的社会文化空间,进而为"青田范式"的实践提供依据。

在这两个方面完整的调查研究和测量整理的基础上,才做出了完整的青田复兴规划书。在此基础上,继续做各项具体的村落基础设施、历史建筑修复以及相关建设落地项目。

3. 青田村落环境改善

经过乡建团队的努力,青田乡建初步成果得到了村民和当地政府的认同。2017年10月6日,佛山市长朱伟到访青田,对"青田范式"理论体系和青田乡建实践十分认同,认为是全市乡村振兴的典范,并提出由市财政支持2000万元用于青田公共建设和乡村保育。杏坛镇政府负责项目统筹和实施,榕树头基金会提供技术咨询,青田队委与村民沟通和释疑,多方努力下,包括污水处理、河涌清淤、文物修复、石板路修复在内的整体工程,2019年1月基础建设一期完工,使青田村落面貌和村民的生活环境得到很大改善。

青田村落改造是一个系统工程,团队遵循整体保护原则,坚持有机换代、逐渐更新以及循序渐进的温和措施,使村落整体慢慢复苏,保持村落的历史可读性和永续经营性。在此过程中,我们坚持:第一,突出特色,保护原真。对本村有价值的和标志性的公共建筑进行重点保护修缮,比如村落风水、神殿庙宇、祠堂书院、民居家宅等。第二,修复有特色的古村风貌,作为乡村鲜活的历史风貌和文明传承的延续。第三,严格控制开发性建设,在青田村落内不增加新的建设项目和旅游设施,不破坏原汁原味的自然和历史形态。第四,以自然村落的肌理为主调恢复纯朴乡村的绿色风貌,紧紧抓住青田特有的水系河涌、水村相依的特色。总之,我们充分尊重青田的历史遗存、水系文脉和地形地貌,保留青田原来的风格和神韵。既尊重传统文脉，又具有现代化生活方式的体验。村民刘瑞庆直言："经过修复后，青田村的环境变好了，乡村活力被唤醒，村民们的生活也舒心了。我很喜欢现在的状态。"

4. 去旧迎新：旧房活化改造

"青田范式"尤其倡导旧房活化改造这个方向，因为旧房在乡村里具有非常重要的文化价值，这既不是盲目地留恋与怀旧传统民居的美学魅力，也不是一味地强调"修旧如旧"的建筑修复相关技术问题，更不只是为了乡土建筑遗产的保护。在青田旧房民居的修复和改造中，团队选择了三个废弃的民居作为改造的示范。传统民居的奇妙之处，就在于其有着细密的法则与规定，这是修复和完善遭到现代性破坏的青田民居的重要依据。保护乡村由家族维系的共同体完整性、神圣性和秩序感。在修复形式上，我们力求保持与建筑年代相吻合的历史痕迹，同时也实现了功能的提升，在不破坏建筑外观形态的基础上实施空间改造，以满足现代化的生活需求。如此一来，既保留了青田传统建筑的风貌，又具有现代的生活功能，让这些闲置、废弃的旧房得以复苏。在改造过程中，也让村民看到作为乡村文化基本载体的老民居的价值，在不改变民宅原有制式的前提下实现历史与现代的融合，实现传统心灵与当地智慧的接续。我们将竭尽全力地保留每一个历史记忆与时间的印记，让不同时代的痕迹和气息在青田融汇共生，各自诉说自己的故事，展现不同的优雅浪漫。

由于"青田范式"乡建理论出台并持续在当地发酵，以及这三个旧房民居改造的成功，再加上乡建团队的准确推广与传播，默默无闻的水乡青田，顿时声名鹊起，一跃成为顺德地区，乃至佛山地区乡村建设的排头兵和典型案例。一直无人问津的青田也成为顺德地区村镇干部参观学习的榜样。村民刘瑞庆也说："渠教授的到来，为青田带来了新的面貌，让我们青田村又像以前一样焕发活力。让我们感受到前所未有的自豪感。"

（二）艺术乡建实践

"艺术乡建"主要是指以艺术实践显现出来的文化形态。"乡村"在此作为艺术实践的他者而存在，而被放置于"艺术"这一外部且具备一定权威性的话语和实践之中，为"艺术"这一既是话语又是实践的行为及事件所塑，所言及所在；一方面，它带有行动者－艺术家自身的文化抱负、政治诉求和审美理念；另一方面，体现作为审美对象的乡村背后的时代特性、处境及可能性。在此意义下，那个本体意义上的"乡村"便转化成不同审美主体行动中的滑动能指和欲望符号；同时，还承载着当代艺术介入范式、问题意识及艺术家理想与行为的离散之域。

1. 上善若水：艺术龙舟行动

2019年的端午期间，笔者在"顺德水乡艺术季"中策划了一场"青田艺术龙舟行动"，以此来回应今天所面对的社会问题与现实困境。在青田当地的民间节庆中融入当代艺术的理念与策略。在一年一度的龙潭"龙母诞"游龙庙会活动中，青田派出艺术家与村民组成的龙舟介入龙母诞辰的庙会活动当中。这是当代艺术介入乡村民俗活动的文化行为，其意在以当代艺术家即兴参与活态地方民俗活动的方式——一种注重积极介入、激发及创生的文化传播与创造手段，彰显地方小传统在大众时代的文化自信，及地方传统在文化多元主义时代中应保有的文化自觉。

具体而言，此次当代艺术龙舟行动借"龙母庙会游龙舟"传统民俗活动，来弘扬顺德一带"水"的象征意义和文化价值，特别是要落实"青田范式"中的"人与环境关系"。与此同时，"龙母庙会游龙舟"活动，也因当代艺术家的行动实践——艺术参与、在地创作、文化互动与情感创造力，从而使"游龙舟"活动在时空上具备更开放的意义架构及现实传承的可能性。在此意义上，此次青田的当代艺术龙舟行动，不是民俗"展演"意义上的地方文化售卖，即所谓的"文化搭台，经济唱戏"；也不是用"保护"的袈裟，越俎代庖地将地方文化加以"物化"的"非遗"行为；更不是当代艺术家在自我优越感的造势下，对地方文化进行的一次利己主义之美学盗用。相反，它更像是针对乡村当代的文化困境，进行的一次颇具想象力的越界行动事件。

当代艺术龙舟行动以在地文化的现实处境为前提，用开放且兼顾多面的文化交流样式，即超越地方文化保护主义与民粹情结的方式，又不受单一价值体系支配的自我技术式的实践，来激发地方文化在历史过程与文化碰撞中的能动性。此次龙舟行动以"上善若水"为主题，目的在重建地方民众同水系生态的情感记忆，重启人水之间的礼物关系，找回人与自然的神圣秩序。此外，当代艺术龙舟行动还兼顾时代问题及话语，提出"水系环保"的理念，以引起地方政府对地方环境与文化的重视，并强调他们应负起的责任。

2. 青田民谣：端午民谣演唱会

中国乡村的民间歌谣历史悠久，最早见于《诗经·园有桃》："心之忧矣，我歌且谣"。古人将歌与谣统称为"歌谣"，同时也会把"民间歌谣"称谓为"民歌"。顺德一带广为流传的民间歌谣当属"龙舟说唱"，龙舟说唱是岭南地区的一种民间说唱艺术，起源于清代，20世纪50年代前流行于县境及广州方言地区，以顺德腔为正宗。顺德目前传承较好的还属青田村所在的杏坛镇，现已成为国家级非物质文化遗产。

有感于乡村民谣的巨大魅力，2018年的端午节，笔者组织的"妞妞与歌"青田民谣演唱会正式在拉开帷幕。民谣歌手妞妞的一首首歌曲都倾情奉献给了青田。演唱会也将青田端午的节日气氛推向高潮，青田也迎来了久违的欢乐气氛，村民们也喜气洋洋地沉浸在音乐的气氛中。青田妇女歌舞队也登台表演，妇女们情绪高昂饱满，富有激情地狂歌劲舞，将端午演唱会推向了一个高潮。2019年的端午节，青田民谣演唱会得以延续，这次演唱会增加了许多新的内容和形式，首次推出专门为青田创作的歌曲《青田引》，为青田所歌，富有诗意和浪漫。同时我们也邀请了青田村民刘宝庆和伍翠芬参加，演唱他们专门为家乡创作的歌曲，表达对家乡的热爱和美好的祝愿。

演唱会落下帷幕，村民们久久不愿意回去，优美的乡谣乡音在他们的心中久久回荡。艺术的魅力是无穷无尽的，也是润物无声的，会慢慢地植入村民的心中生根发芽，不久就会成长出参天大树，这些大树就会护佑着青田的子孙后代。青田终于有了自己的民谣《青田引》，村民也将在自己的家园里继续传唱这首民歌。

3. 水的赋权："敬水仪轨"和"一口口水"

顺德一带有丰富的水资源，"水"也呈现出其重要的文化价值。人们的生产和生活都与水发生着密切关联，人们从生计、生育到精神活动，都与河流、鱼塘、雨季、龙王的生命想象缠绕在一起。由"水"生出来的日子和人生背后，又是围绕"水"而来的信仰风格。然而，不可忽视的现实却是现代工业化生产及生活方式，破坏了地方水系的文化秩序，使原本人、神、水、土间的互惠关系受到阻隔。艺术家苍鑫和吴高钟与青田村民一起用艺术行为表达对水的关切和污染的忧虑。用人与自然的亲近方式表达个体生命和水的关系，提醒人们对当地水资源的爱护和对水污染问题的重视。

苍鑫此次为青田带来了行为作品《敬水仪轨》。这组作品延续了他一贯的思考和表现，即对自然的持续关注与精神的超验回归。他要在青田的水塘里体验原始秩序的行为，通过自然及天人合一的礼仪过程，创造出一个视觉震撼、神秘又直通现代人心性的超自然的世界。2019 年 6 月 9 日下午 3 点左右，作品实施正式开始，苍鑫将 24 位男女表演者分成两组，象征阴阳两界。他先带领 12 个男性下水，正好和水上 12 个女性形成阴阳组合，形成水中岸上相互对应的状态，共同配合完成水下与岸上的拜水仪式。岸上的 12 位女性以"金字塔"造型的材料堆为圆心围成一圈。水中的行为正式开始，12 位男性跟随苍鑫逐个下水，苍鑫站在圆圈的中央。随着他的引导，12 位男性与苍鑫一同潜入水中，13 人瞬间消失在水中，水面上飘起 13 朵涟漪，3 秒后 13 人再次出现在水面，连续三次后，苍鑫在水中缓慢地解开缠在左手手腕上系着红绳的银针。他张开嘴，用手指捏紧了舌尖，将刚解下的银针穿透自己的舌尖，旋即舌尖流淌的血液与鱼塘水相融合。

水中庄严神圣的艺术结束以后，苍鑫缓缓游向岸边，上岸后直接走向金字塔旁。这个"金字塔"造型有五层，自下而上放置着对应五行的物品。五行在中国的哲学和宗教中有着非常重要的地位，五行对应着自然万物与人之间最基础的关系。苍鑫手拿煤油，围绕金字塔将其浇洒在底层的木板上，随后木板被点燃，并燃起烈火，由木化成火，金字塔的五行形成。苍鑫围绕着燃火中的金字塔走了三圈后跪地虔诚礼拜，最后站起深鞠一躬，剪断舌尖的红绳，仪式结束。

第二天，著名艺术家吴高钟的行为艺术作品《一口口水》也开始实施。他采用生活中顺手拈来的"倒虹吸"原理，号召大家完成一个公众参与式的作品。吴高钟邀请参与者站在青田河道边，将塑料软管吸入的河水，通过嘴巴再吐到玻璃瓶中，反复吸水吐水，直到装满500毫升的玻璃瓶。看似简单的动作，却异常考验大家，因为河道水质的污染，自然会让参与者的心理产生抗拒。正如吴高钟所说："这次行动确实是需要大家付出勇气来参与的，因为我们可以看到这个水质，实际上是非常混浊、非常脏的，大家用自己非常珍惜的嘴亲口把这河水一口口吸上来，我认为有意思的地方是我们用嘴去亲口吸这个水。"当克服了对污水的害怕之后，紧随而来的就是在反复吸入过程中对身体的挑战。一方面软管的又细又长增加了吸水的难度，另一方面还要掌控好吸入嘴巴的水速和水量刚好不被误喝，再一方面要持续吸入直到剂瓶装满水。在日常生活中，我们通过吸水与吐水，装满500毫升的玻璃瓶，是一件轻而易举的事情，但在这次行为过程中，参与者们却花了15分钟乃至更长的时间去完成。持续吸水已让嘴巴变得有些麻木，但却让参与者们更加清醒地认识到水污染带来的口腔不适和保护水的重要性。

每一次从软管到嘴巴再到剂瓶，水在这过程中经历清洗和融汇，嘴巴成了过滤和融合器，一边过滤了部分杂质，同时又将自己口水混入其中，最终完成了一次人与自然的对话。除此之外，还有一个用意就是将这些剂瓶水存放十年。吴高钟特意强调说："我认为比较重要的是将这一瓶瓶水存放十年，它的变化是什么？我之前做过类似的想法，随着时间的推移，它不断地再变化，这个变化的过程就是时时刻刻在警示我们对水源保护的重要性和迫切性。"

4. 成人礼仪："烧奔塔"民俗活化

"烧奔塔"是青田保留下来的地方传统民俗活动，其文化意义体现在乡村青少年的"成人礼"仪式上。然而，由于近代不断的文化改造与反传统运动，乡村中的民俗活动逐渐抽离其文化内涵，青田的"烧奔塔"活动也就变成了娱乐层面的节庆活动。因此，在烧奔塔的节日中重新恢复早已丢失的"成人礼"仪式，有利于让村民回到曾经熟悉的礼俗传统中，让社会重新认识礼俗的意义和传统的力量。

自2018年开始，团队每年都会在中秋节举办烧奔塔暨成人礼民俗活动。"成人礼"分两个阶段举行，挖塘泥是第一阶段，而中秋晚上烧番塔是第二阶段的重头戏，在热闹的烧番塔活动中，隆重地为青少年举行"成人礼"宣誓仪式。在挖塘泥的过程中，青少年光着脚板在这滚烫的石板路上行走，姑娘和小伙子们提着木桶，拿着簸箕，沿着千石长街奔向河边，挖取河泥。石板炙热，河水清凉，少年用身体接受大自然的考验。河面平静，河底情况却复杂莫测，松软的河泥混着尖锐的石子或垃圾，让人每一步下脚都需要谨慎选择，少年亲身体会到社会发展对环境的污染。挑战难不倒出生于水乡的孩子们，水性好的男孩自发远离河岸负责潜水挖泥，将挖来的河泥互相传递，运送至岸边，并在村里长者的指导下垒砖砌塔，将红砖在地上摆放成一个圆。

在中秋当晚的活动中，参加"成人礼"仪式的青少年们在父母的陪伴下来到现场，他们身着正式的服装面带着神圣和庄严的神情等候仪式开始。在大家的期待中，主持人登上舞台宣布"成人礼"仪式正式开始，在台下的青少年听到主持人叫到自己的名字依次上台，他们满怀喜悦和感恩的心情站在一起，由主持人带领他们朗读成年的"宣誓词"。冠礼结束，鞭炮开投，番塔炉火燃起。火花贯通塔身喷出塔口冲天而上。火光照亮了围在塔旁的人们，也点亮了青田中秋的夜空。烧奔塔寓意代代繁衍不息、开枝散叶、风调雨顺。火焰冲天伴随火星点点如雨飘下，如上天在回应这片土地虔诚的人们。每年的烧番塔将会伴随着"成人礼"仪式，每次点燃的花火都宣告着一群青少年步入成人的殿堂，庄严而神圣，如青田这片土地一般，绵绵不绝，生生不息。

5. 青田学院：乡建理念碰撞的现场

青田学院坐落于青田村北街，由一座红砖老宅修复而成，屋旁400多年的老榕树一直守护着青田，和这里世世代代的村民一起经历着风雨变幻、沧海桑田。如今，大树依旧屹立，枝叶依旧繁茂，河水依旧清澈，这个天地人和的乡村环境引来了具有学术引领性、研究创新性和在地实践性的青田学院，思想、艺术、乡建的资源不断集聚，探索、求真、务实的传统不断升华，让青田焕发出新的生机与魅力，更让"青田范式"有了更深层次的内涵和划时代的影响。

青田学院是广东工业大学、顺德区杏坛镇政府、榕树头村居保育公益基金会合作的乡村建设教学与实践机构，也是广东工业大学落地青田的艺术与乡建研究与教学机构，承担着艺术乡建的教学、科研、实践、创作与交流任务。从"青田乡建"到"青田学院"，将从乡村建设的具体实践转化到乡村未来的知识生产。青田学院将教学融入乡村，用传统文化启动艺术，用在地实践改革艺术教学，用乡村文化激发当代艺术的创作。

青田学院是为社会提供思想活力和创造性价值的知识智库。这将决定青田学院在历史变革中所承担的时代责任和价值走向，青田学院必须承担起这个崇高的历史使命。青田学院作为顺德地区当代艺术和乡村建设的引领和先导，必须给社会提供前沿思想与文化观念，贡献取之不竭的想象力和创造力。青田学院将会诱发异常深刻的乡村文艺复兴，有效解决目前中国乡村存在的困境与难题，也能重建"真善美"的真谛，从而激发这个迷失与痛苦时代的精神活力。青田学院在中国社会面临转型和文明复兴的背景下，将以崭新方式将国际当代艺术思想与策略带入青田，引导学生在乡村创作出一批影响时代的创新成果与作品。青田学院不是传统意义上的实体学院，更不是传统意义上的僵化教学，而是让陷入困境的当代艺术教学找到出路和方向，使其重新回到中华文明的母体——乡村，获得灵感、活力与激情。青田学院将启动当代艺术创作计划，包括"铁皮屋"多媒体实践计划、"无祖之乡"主题影片拍摄计划等，这些作品将成为青田的永久收藏，将使青田和顺德地区积累一笔宝贵的文化与艺术财富。

结语

乡村是由一定的宗族组织样式和人伦道德秩序构建的文化生活样式，是基于宗族血缘关系及想象，而在繁衍与安守间展开的社会剧场。它区别于以流动、陌异及变化为特征的都市世界，但这不等于说乡土世界没有流动或排斥变化，只是乡土世界的"流动"为的是深沉的回归，"变化"为的是更好的生根，类似在四季更迭中酝酿着的对收获的期盼与团圆的期待。总之，乡土世界呈现一种生长着的树茎关系和轮转的圆周运动感。

我们从青田接续依稀可辨的历史线索，点燃奄奄一息的文明余烬，在多主体的在地社会实践中，尝试重现岭南乡村文明复兴。另外，我们进入青田，赋予和增加了青田新的活力，重要的是能够让生活在青田的村民对他们的家乡有骄傲和自豪的感觉。当一个人在一个地方生活的时间久了后，是很难再有这种新鲜的感觉了，所以需要一个外来者的眼光，通过持续的行动，激活他们早已麻木的心灵与情感，让青田村民发现乡村生活的魅力和色彩。

总之，通过青田多维的透视角度，能够找到中国社会转型的很多关节点。青田地处珠江三角洲，是中国市场经济极为繁荣的地区，而乡村文化传统又有大量遗存，两者之间的关系乃至张力，是观察中国社会变迁最好的视角，能激发出很多重要的理论问题。青田乡村的复兴，不只是具有保护这个特定村落的意义，也不仅仅是具有发展乡村经济和保护乡村物质遗产的价值，还有通过具体的乡村实践，考察和印证中国文明现代化转型这一完整课题的理论意义。

弘农试验：以乡土文化复育推动乡村振兴*

何慧丽　刘　坤**

摘　要　乡土文化的弘扬发展是夯实乡村振兴之文化根基的重要举措。弘农书院作为乡村公益教育组织，通过开展综合性乡村振兴试验，为外来主体介入村庄振兴实践、复育乡村文化提供重要平台。该试验主要进行了如下四方面的探索：服务于大学生的耕读实践教育、服务于农民的乡土文化教育、服务于组织振兴的新型合作经济组织培育、服务于在地化"一懂两爱"人才的培养教育。其中，知识分子群体、本土返乡青年与村干部群体等各主体间利益往来、社会关系重塑、思想文化交流等呈现出从量变到质变的"螺旋式上升"的发展过程。"弘农试验"探索出了一条以乡土文化复育推动乡村振兴为实现路径的宝贵经验。

关键词　乡土文化复育　乡村振兴　弘农书院　以文化人

一、弘农书院及其所在村庄概况

（一）弘农书院概况

弘农书院是在河南省灵宝市民政局注册的非营利性社团组织。为了贯彻和响应党的十八大所提出"构建生态文明，建设美丽中国"的号召，弘

---

* 本文主体内容发表于《文艺理论与批评》2021年第6期，收入本书时有修改。

** 何慧丽，中国农业大学人文与发展学院教授，博士生导师，主要研究方向为乡村治理与乡村建设、农村社会学。刘坤，中国农业大学人文与发展学院2019级硕士研究生，主要研究方向为乡村治理与乡村建设、耕读教育与乡土文化。

农书院于 2013 年 4 月 12 日在豫西的一个村庄里正式揭牌成立，中国农业大学何慧丽教授是其主要创始人之一。灵宝市焦村镇罗家村村委会、焦村镇民间十二社、江苏吴江众诚实业有限公司、中国人民大学乡村建设中心、中国农业大学农民问题研究所等单位参与了书院的筹建工作。

弘农书院的取名体现了这一组织的一些基本理念。"弘农"二字取自汉武帝时代此地的古郡名，同时寓意"弘扬农耕文明"，有着弘扬优秀传统文化、进行乡村建设的双重含义。之所以叫"书院"而非"学院""学校"，既是为了强调中华传统书院所讲究的"欲做事、先做人"的育人之道，也是为了强调在地化的知识与优秀传统文化的传承。

弘农书院提出了"尊道贵德、和合生态"的立院宗旨。其中"尊道贵德"出自《道德经》第 51 章"道生之，德畜之，物形之，势成之。是以万物莫不尊道而贵德"。"和合生态"则是知识分子面对当今社会发展过程中所出现的一些严重问题而提出的应对理念，这些问题主要表现为人与人、人与自然、城与乡、人的身与心、社会的生产力与生产关系之间的不协调。弘农书院试图聚合多元主体的力量——包括致力于乡村建设的知识分子群体、弘扬优秀传统文化的企业家、地方文化人士、农村管理者、公益组织、农村能人、返乡青年等，各方协调合作，一起开辟出一块关注传统文化、社会科学、生态农业和可持续农村发展的"试验田"。

本着以上宗旨，弘农书院从复兴、发育（二词简称"复育"）乡土文化做起，在以下几个方面进行逐渐递进的综合性试验探索：

第一，中华文化道德培训：继承优秀传统文化，教化道德人心，旨在应对离土断根之精神文化问题。通过带领村民研学《道德经》《论语》《大学》《中庸》《弟子规》，弘农书院摸索出了适合于村庄的道德讲堂、耕读班、读经班等道德培训形式。

第二，养生保健培训：综合礼仪、太极、食疗、卫生常识等知识，旨在解决留守群体之身体疾病问题。弘农书院开发了食疗培训、八段锦及五行养生操锻炼、原始点按摩与姜汤调治等课程。

第三，生态农业技术培训：结合自然农法、传统农耕技术和民间农艺知识，旨在根治农业石油化所带来的土壤污染等问题。弘农书院探索出了外出研学、邀请外来专家讲课、"陪伴式边干边学"等可行有效的方式。

第四，农民合作培训：综合政策法规、市场知识和乡土管理知识，发育农民合作组织，旨在解决小农"一盘散沙"之社会经济问题。弘农书院探索出了集中培训、组团外出研学、干中学、以实践为师等解决方式。

第五，探索其他与生态农业、农民合作、传统文化教育相关的研究、培训、推广工作。

总之，弘农书院的初心是：以具体的小微努力践行国家生态文明战略，在土壤修复、食品安全、农人身心健康与家庭和睦幸福等方面，进行贴近生活的扎根尝试。

（二）焦村镇罗家村概况

焦村镇地处河南、陕西、山西三省交界处，属温带季风气候。境内地形以土塬和丘陵为主，国土面积约126平方千米，耕地面积8.9万亩，下辖38个行政村，总人口51396人。镇域经济以苹果、桃、食用菌等特色农业产业为主，果园种植面积在5.3万亩左右，年栽培食用菌500万袋以上。由于焦村镇苹果和桃等传统品种老化、其品质与市场需求不匹配、低端市场日渐饱和，大量果树被砍伐，土地撂荒严重，大量农村人口外出打工，留下来的"60""70"后依然坚持按照传统的生产方式耕种、经营着自家的果园和农田。最近几年，镇政府提出打造"万亩苹果长廊"以发展镇域特色农业经济；同时鼓励养殖业快速发展，并引进一家龙头企业——广东温氏食品集团股份有限公司，带动农户走"公司+农户"的规模化养殖模式。

罗家村由4个自然村组成，共计462户，1827人，共有13个村民小组，3800亩耕地，4500亩一般土地，6800多亩山地，62名党员干部。近年来，罗家村年轻人开始外出全国各地务工，然而大部分人并没有能够获得在大城市定居生活的能力和资本，而是最终选择本镇或者本市买房定居。随着青壮年劳动力大量外流，村庄只剩下老人、妇女、儿童，村庄原有的农业发展也处于近乎停滞状态，村庄整体日渐衰败和凋敝。

罗家村的命运在2013年前后发生了改变。这一年，由何慧丽等乡贤人士主导的弘农书院和村两委主导的弘农沃土合作社同时揭牌成立；次年，经历换届，以村支部书记王登波为首的新一届村两委班子得以组建。随后，在外来乡贤的引荐下，罗家村骨干力量先后前往河南省兰考县三义寨乡南马庄村、仪封乡胡寨村、山西省永济市蒲韩种植专业合作联合社、安徽省黟县碧阳镇碧山村、河南省信阳市平桥区郝堂村等地考察学习村庄综合发展经验。罗家村根据本地实际情况和资源禀赋，借鉴外部经验，经过8年的探索，走出了一条"强化村社共同体建设、创新集体经济模式"的发展道路，即"传统文化＋信用合作＋生态农业"三位一体的发展思路。目前罗家村合作社入股社员380余户（占村庄总户数80%以上）；总资金量550余万元；2020年发放互助金借款360余万元，支持200余户发展苹果、香菇、养鸡、养牛、养猪等产业；2020年资金占用费收益40余万元。村集体发展高标准生态苹果种植基地300余亩；发酵床生态养猪基地2个，生猪存栏100头；养牛基地1个，存栏140头；2020年村集体经济收益18万元，2021年村集体经济收入预计达到30万元。

二、弘农书院8年来的探索与实践

（一）服务于大学生的耕读实践教育

弘农书院的第一类实践是新时代高等教育改革的实践探索，即通过面向大学生开展以乡土文化为基础的实践教学，培养大学生的人文情怀与实践素养，引导学生建立"到田野学知识，为社会做学问"的价值追求。8年来，弘农书院主要形成了如下四种实践教学方式：

第一种方式是以支农社团大学生为主体的夏/冬令营活动。活动的参与主体是高校支农社团的成员，例如河南大学、河南农业大学、中国农业大学等高校在校学生。夏/冬令营的内容主要是耕读教育，"耕"是指通过认知农作物、从事相应季节简单的农耕实践，从而认知乡村；"读"是指研读《论语》《道德经》《中庸》《大学》《弟子规》等优秀经典，以及国家关于乡村文化建设、农民合作组织建设的政策文件等。书院成立至今，共举办了8次夏/冬令营活动，比较有影响力的有2014年的"豫陕冀大学生夏令营"、2016年的"中欧非高级发展研究大学生夏令营"等。

第二种方式是以硕博士学生为主体的研究生教育的辅助培养。8年来，每一年寒暑假，中国农业大学等高校的老师们会带领硕博士研究生团队前来弘农书院开展耕读实践教学。教学方式主要包括：修身——晨读晨练、适当劳动、应季简单饮食调理、矫正作息时间等；调研——针对乡村社会现象，进行参与观察、半结构式访谈、口述史记录等；乡建——辅助村史村志撰写、辅助合作社培训、辅助生态农业扎根培训与陪伴工作等。这些乡土实践可以让学生亲临现场，理解学问的本质，触发对学术研究的新感悟，帮助学生建立"到田野学知识，为社会做学问"的价值观念。8年来，弘农书院成为中国农业大学人文与发展学院硕博士研究生学术训练的重要平台。

第三种方式是以社会学本科生为主体的实践教学活动。面向本科生的实践教学活动包括小学期实践教学、本科生科研训练项目、大学生创新创业计划项目。在2013和2017年，弘农书院曾经开展过两次大规模的本科生小学期实践教学活动。在任课老师的指导下，社会学本科生以班级为单位来到弘农书院，完成社会实践，撰写调研报告和论文，并获得2-3个学分。本科生科研训练项目（URP）旨在从本科开始培养学生的研究意识及能力，至今共有6届URP学生在书院开展过实践教学活动。此外，还有两个本科生团队以弘农书院的乡村试验作为案例，围绕农业"生态"转型的议题，完成了国家大学生创新创业计划项目。

第四种方式是由公益基金会支持的耕读研学项目。在浙江敦和慈善基金会的资助下，弘农书院于2015年做了一期耕读研学项目——通过全国公开招募，5位大学生在弘农书院进行了为期一年的学习。这5位学生以及项目负责人——时任书院秘书长的大学生车海生，均受益匪浅。

（二）服务于农民的乡土文化教育实践

弘农书院的第二类实践是通过对农民进行乡土文化教育，达到弘扬乡土文化、促进乡村文化振兴的目标。主要实践活动包括面向全体村民的道德讲堂、为村中老人过生日等敬老活动、乡村文艺队的组织发动、《弘农儿女》大戏演出活动（包括孝亲剧、生态剧）等。这些活动将"孝亲为根、生态为本、合作为纲、文化为魂"作为基本原则。通过弘扬优秀传统文化，融入新时代生态文化，活动激发了村民建设乡村的主体性，初步达到了"以文化人"、用乡土文化激活乡村的目标。下面就书院针对农民所开展的文化育人活动进行简单介绍：

其一是儒商牵头举办的道德讲堂活动。在成立之初，弘农书院就启动了针对本地村民的道德讲堂活动，项目牵头人是广东籍的儒商代表李文良。道德讲堂所讲述的主要内容是《道德经》《孝经》等中华传统文化的经典。在此项目中，村级合作组织和弘农书院邀请了专业老师来为村民讲解相关内容，同时，也请一些当地的村民"现身说法"——以现实生活中的例子来消化所获得的关于经典的理解。

其二是乡贤给村中的老人集体过寿等孝亲敬老活动。弘农书院一般在春季和夏季组织给老人过寿的活动。在合作社联社或者其下属合作社的组织下，合作社内的老年社员（主要是80岁以上的老人）以及社员家里的老年人汇聚一堂，集体过寿。而年轻社员则会给这些老年人表演文艺节目，并献上蛋糕、汤圆等食物。有时也会组织这些老人集体唱红歌或做一些适当的小游戏等。此外，从2013年以来，弘农书院结合端午节、中秋节、重阳节、腊八节等传统节日来举办孝亲敬老活动，共计9次。

其三是以书院为平台培育乡村文艺队。从2012年底开始，在乡贤的大力推动及村委会的支持引导下，弘农书院为村庄培育了几支文艺队，比如腰鼓队、秧歌队、盘鼓队等，通过文艺活动来组织动员广大村民。值得一提的是，村民们通过对腰鼓、秧歌、盘鼓的技能学习，激起了他们的集体意识，增强了对村庄的认同感和归属感。

其四是组织文艺骨干及村民唱《弘农儿女》大戏。在乡贤的推动和村民们的积极参与下，弘农书院开始组织《弘农儿女》大戏的排列与演出活动。大戏剧本的主要内容是："在灵宝小秦岭娘娘山脚下，董家村有个世代老农名叫董农业，董农业夫妇生了个考上中国农业大学的儿子董爱民，董爱民大学毕业响应国家政策，回村当了个热衷于合作经济组织建设和搞生态农业的大学生村官。故事就在董爱民与其女朋友、村支书及村民若干、省委书记等诸多角色之间展开……"

整个大戏分为三部分，分别是弘农儿女孝亲剧、弘农儿女生态剧、弘农儿女合作剧。目前，大戏已经在罗家村及周边10余个村庄演出，最远还去过郑州演出，每次演出效果和社会反响都非常好，《弘农儿女》也因此被称为新时代的《朝阳沟》[①]。

以上四类活动设计的初衷在于对村民进行文化启蒙，其中，前三类活动是初级启蒙，主要是为了营造村庄"孝老爱亲"的文化氛围，丰富村民的精神文化生活。第四类活动则体现了"弘农试验"的文化特征，即在扎根乡土和农民生活的基础上，创造性地提出了孝亲、生态、合作"三位一体"的乡村新文化，既是对优秀传统文化的传承，又结合新时代的要求，体现了生态文明和乡村振兴的鲜明特色。

---

① 《朝阳沟》是一部经典的现代豫剧，由河南豫剧院三团在1958年5月19日首演于郑州，1963年由长春电影制片厂摄制成戏曲艺术片。

（三）服务于组织振兴的新型农民合作经济组织发育

在前述两类实践的基础上，弘农书院的第三类实践是，为了服务于乡村组织振兴的两类新型农民合作经济组织的发育。在弘农书院的协作下，罗家村新型集体经济、弘农农业专业合作社联合社这两类合作组织得以发育并成长，其过程体现了"精神变物质"的巨大功效。具体阐明如下：

其一，在罗家村集体经济组织的成立和发展过程中，书院起到了重要的引导、陪伴与人才支持的作用。2013年以前，罗家村的集体经济处于负债状态，经历8年的发展，初具规模和影响力，总资产达到600万。当然，这个过程不是一帆风顺的，弘农书院在人才培养、思想引领和组织发展等层面发挥了重要的作用。具体来说，首先，正是在"弘农试验"的文化促发下，罗家村村两委主导成立了村级弘农沃土合作社；合作社的原始股东为19个，其中12个是由弘农书院感召而发动的。其次，在合作社发育的中期阶段——即2017年到2019年期间，罗家村对村合作社进行改革，成立村新型股份合作经济，得益于弘农书院发起的盘鼓文艺活动所发挥的凝聚作用，合作社取得了100多户村民入股100万的巨大成绩，换言之，弘农书院在合作社增股扩股改革中起到了巨大助力效应。再次，2021年，罗家村通过配股（农民每户投入2000元，村集体配股2000元）发展壮大新型集体经济，弘农书院为村里所培养的人才在其中承担了重要的组织协调工作。

其二，书院直接影响、发育、推动了周边村庄6个农民专业合作组织的成立与成长，并以之为分社于2019年组建了弘元农业专业合作社联合社。这个超出村庄的联合社，成为灵宝市供销社改革的一个典型经验。弘农书院为弘元农业专业合作社联合社确立了"以孝为先、以德为本、义行天下"的经营文化内核，并且由它培养了多年的青年农民为经营骨干力量。这样，联合社在信用合作、生态农产品的销售、品牌打造和生态农资及生活用品的购买方面，始终都离不开弘农书院通过"以文化人"所发挥的内力作用以及协助性的陪伴作用。

总之，在引导、陪伴和支持豫西两类新型农民合作组织的过程中，弘农书院所发挥的关键角色可以概括为：将乡土文化内置于农民自组织，使乡村组织振兴获得一种自下而上的内源力。

（四）服务于在地化"一懂两爱"人才的培养教育

弘农书院的第四类实践就是在地化培养懂农业、爱农村、爱农民的人才，这些人才以返乡中青年农民为主。从2013年至今，"弘农试验"实际上是通过一系列参与式的活动和"干中学、学中干"的方式，对返乡青年进行全方位培养。从修身齐家的传统文化学习，到生态理念、合作意识与技能的操练，从"家和万事兴"的家庭文化建设，到对"三农"政策、市场理论的把握等方面全方位地培养在地新型农民。值得一提的是，这些新型农民的培养方式都是陪伴式的，因而可以说是一个真正扎根乡土的生命成长过程，培养出来的人才大都成为具有"孝亲力、合作力、生态力、组织力"的新型职业农民和基层工作者。以罗家村为例，目前有10个年轻家庭回乡创业，从事生态苹果种植、发酵床养猪、肉牛养殖等；还有弘农书院所培养的一些骨干人才已经进入村委会任职，成为乡村善治和振兴的重要推动力量。通过8年陪伴式的乡土人才培养，10余个家庭的命运因此发生了改变，年轻的夫妇选择了回乡创业、和家人一起生活，他们的孩子也拥有了一个非留守的、可以享受父母亲情陪伴和国学经典滋养的美好童年。我们有理由相信，他们的下一代会对乡土和乡村有着更为强烈的情感，有可能成为未来乡村建设的生力军。

2021年4月12日是弘农书院8周年院庆，在这个具有特殊意义的时刻，书院培养出来的"孝亲、合作、生态"方面的人才代表，分享了他们在书院的成长故事。孝亲代表樊少欢谈道："一个人改变了，懂得孝亲敬老，一个家庭也就改变了，一家人在一起，过得健康开心才是最大的幸福。"8年来，合作社代表刘巧珍每天都在与小农户打交道，在此过程中，刘巧珍与农户之间建立了相互信任和理解的紧密关系。生态农业代表陈振丰在书院学习传统文化的过程中，明白了"心态决定生态""先做人后做事"

的道理；认为孝亲与教育是分不开的；所以，身为父亲，他努力为孩子树立好榜样；身为子女，他尽心尽力地孝敬父母；身为农民，他尊重每一片土地。由书院培养出来的以上三位青年农民代表认识到能够和自己的家人一起在村庄其乐融融地生活，食用有机农产品，享受村庄的自然生态，因而他们完全不再向往大城市的繁荣生活，而是宁愿选择留在村庄，以实际行动回报老人、回报村庄、回报社会。这些在地化"一懂两爱"的人才，恰恰是乡村振兴最急需的关键要素。

三、"弘农试验"中的多元主体分析

书院八年来的发展过程并不是一帆风顺的，知识分子以乡贤身份主导下的"弘农试验"，是一个不断在与乡土、乡村、乡民的磨合中"波浪式前进"和"螺旋式上升"的过程。在这个过程中，处于不同位置的多元主体必有差异化的诉求和观念，因而也必会带来行动分歧。但是，多元主体都怀有共同建设家乡的心愿，因而在矛盾纠缠中能够彼此不舍，在妥协或退让中能够达成合作，最终使得参与其中的主体大都获得程度不一的反思与提升。八年中，大量张力矛盾的出现与解决，都验证了一个道理，即：所有内生型的发展都是一个不破不立、不矛盾无进步、合作与张力纠缠发展的过程。

（一）书院 "螺旋式"发展中的张力与合力

自成立之初，书院就是作为一个矛盾统一体而存在和发展的。一方面，作为书院创始人的知识分子，与信任之并为之提供基础性支持力量的村两委，二者都有着发展乡村、振兴乡村的愿望，这是二者得以合作的共同利益基础。另一方面，知识分子和村委会关于书院的发展设想是有差异的——知识分子情系农耕文明，渴望践行家国情怀，回报乡土社会，因而注重基础性和长远性的发展，将书院的发展方向定位为"文化本位"；然而村两委在社会大环境的影响下，最期待的是产业的发展，谋求更多的是明显的经济效益，因而将书院的发展方向及其直接作用期盼为"经济效用"。因此，书院的发展必然是双方博弈的过程，其中既有合力又有张力。

当然，在书院发展不同阶段，合力与张力强弱也在不断变化，以此为标准，弘农书院发展过程大概可以分为四个阶段：首先是在知识分子主导下的初级合作发展阶段，其次是发展过程中的合中有分阶段，再次是参与主体的反思与弥合、分中有合阶段，最后是走向新的高级整合合作阶段。正是在这样一种从综合到分化，再到"若即若离、对立统一"中，因为有各参与主体的反思与妥协，具有"中和位育"特点的新合作才成为可能。

具体来说，在2012年至2014年的书院初创期，村两委非常支持并积极参与弘农书院的文化工作以及其动员发育的弘农沃土合作社的工作，外来乡贤和村两委经历了一个一体化发展的阶段。到了2015年前后，弘农书院因为各方参与主体的认知和诉求不一致，在处理事务上出现了一些矛盾与分歧，因而就变成了"合中有分"的格局，即弘农书院由知识分子来引领发展——知识分子主要从外面引来资源，在村庄里以各种勉为其难的活动方式，独立地发挥教化人心和以文化人的作用；而弘农沃土合作社则由村两委支配发展，在弘农书院最初协助其成立合作社并整合资源的基础上，以扩大合作社经济实力为目标，独立自主地运作合作社的发展。在这个阶段，知识分子和村两委之间的这种紧张关系时而减缓，时而加剧。此后，书院发展进入了一个"若即若离，对立统一"的阶段，在这个过程中，双方都在反思——知识分子反思自己的方向虽然正确，但是却部分忽视了事物发展的客观条件和村民的行动逻辑；村干部也在反思，若离开书院的文化滋养，只是追求经济收益，合作社是否真的能持续地发展下去？正是因为双方各自"反求诸己"的建设性反思，"弘农试验"在2019年前后又出现了"合"的趋势，具有转折点意义的事件包括：其一，乡贤主导的弘农书院提出创意思路，罗家村两委主导的弘农沃土合作社带头做行动，二者在超出村庄的焦村镇弘元农业专业合作社联合社的成立中发挥了合力作用；其二，同年由乡贤及其所联系的专家牵头、村干部代表和返乡青年参与联合组建的弘农团队，积极争取到了该年度三门峡市"招才引智"项目——中国农业大学灵宝乡村振兴研学基地项目，这为以罗家村为基础的乡村发展带来了可观的政治与经济资源。在这一过程中，各方都意识到了"团结就是力量"。村两委和村民们认可了弘农书院开展文化教育的长远的基础性价值，随后，以外来人为主导的原有弘农书院理事会团队逐步退居幕后，弘农书院的日常事务由村集体推荐的返乡青年独立运营管理，继续使弘农书院对村集体经济组织和联社组织的经济效益发挥"以文化人"效用。至此，一个有着主位感和参与感的、相互补充相互成就的"中和位育"的新合作格局就形成了。

（二）从量变到质变的本土人才培育过程

书院在村庄8年的发展也培育了一批本土人才，而人才培养的过程就是陪伴成长的过程，也是从量变到质变的蜕变过程。乡村振兴最为关键的是培育乡土人才，尤其是对本土青年农民的培训，因为他们才是乡村振兴最可靠的主体力量。然而，相比于大学生教育实践，农民培训要艰难许多，其过程是缓慢的，需要更多的耐心与陪伴。弘农书院8年的实践表明，对于农民的教育和培训是一个从量变到质变的过程，这个过程中会有迂回、有曲折、有争吵、有妥协，当然也有鼓励、有陪伴、有和解、有提升，所以也是在一个难舍难分的纠缠中"波浪式前进"的过程。书院目前培养出来的几个青年农民，其回乡创业之路都不是一帆风顺的，起初有家人的不理解、社区的不理解。例如，在做"发酵床养猪"的新探索时，村民更多的是怀疑和观望，家人更多的是争吵和冷战。然而在经过一两年的探索、沉淀后，才逐渐被家人，被乡土社会所接受，在此过程中，他们最大的收获是对新生事物发展规律的把握以及自身素质和能力的提升。总之，弘农书院的精神熏陶是渐进式的，使农民重新回溯生产、劳动的本质，以及反思其与土地、自我、他人的关系，并最终引导他们自然地走上互助合作、生态发展的大道。就这样，一场场精神向物质的蜕变，在弘农书院及其影响的村庄里，不断地发生着、上演着。

以弘农书院总干事樊少欢为例，她认为自己的成长都是被"逼出来"的。8年前，她还是罗家村一名最为普通的农村"怨妇"，这和她童年成长的"爱"的缺失有关[1]。生活的压力、对家人的不满、对欲望的追求，让她并不安心，抱怨的话语时时挂在嘴边，动不动就发脾气，全家人都要看她的脸色行事，家庭气氛非常紧张。2012年10月她认识了何慧丽老师。之后，何老师组织大家在村里开展孝亲活动，让村里的儿媳妇给婆婆洗脚，找家人的优点，认自己的错误。通过给老人理发、照相、按摩等一系列的活动，她懂得了感恩，深深地认识到家庭和睦比腰缠万贯更重要。在何慧丽的带领和推荐下，她和爱人轮流外出学习，长见识学知识，两人也不吵架了，学会了彼此感恩、换位思考，更多地去理解他人。2015年10月，她被推选为弘农书院总干事，通过举办"弘农故事汇"活动以及经常外出学习交流，樊少欢的语言表达、活动组织等能力及见识和思想都得到了锻炼和提高。回想这8年弘农书院以及合作社的工作给她带来的变化，她说"用脱胎换骨来形容一点儿也不过分"。书院让她更深刻地体会到，利人就是利己，"在农村干事虽然累，但是这种累让人心里踏实，就像一颗种子，播撒在大地上，只要有向上向善的力量，每一次付出都是在成长"。

从某种程度上来说，8年来弘农书院探索形成了一套乡土人才培养的模式和机制。这个人才培养机制的核心特点就是"以文化人"，其人才培养的理念是"孝亲为根、生态为本、合作为纲、文化为魂"，各参与主体在此过程中各取所需、互相成就。"以文化人"主要是指，书院对内开展传统文化教育。目前已经开展"亲子读经班"70余期，每周六定期开展一次，除此之外，书院经常组织社员一起晨练八段锦、养生操，在书院内逐步形成了"以文化人"的浓厚氛围。除此之外，以弘农书院为平台，弘农团队

---

[1] 贺照田：《从社会出发的知识是否必要？如何可能？》，《文艺理论与批评》2018年第6期。该文创作缘起于2018年作者在弘农书院调研时对书院总干事樊少欢发言内容的感触。

目前已经做了20余次乡村研学、假期夏令营、多期大型弘农论坛等活动，建立了"中国农业大学灵宝乡村振兴研学基地"等，也为弘农书院的升级发展营造了良好的文化环境。总之，书院8年来的发展过程就是各个群体在一起共同修学、互帮互助、各取所需的过程。对知识分子来说，这8年的试验完成了改造自我、调研社会和参与乡建这三个目的；对于农民来说，这8年是培养合作能力、生态意识以及市场政策把握能力，不断适应现代社会的、修身齐家的过程。总之，在"弘农"上要真正践行"文化本位"，早期的一个个的外在力量介入，早期的一场场的文化活动开展，在村庄日常生产生活中持续地"以文化人"，把"尊道贵德、和合生态"的理念融入村民的日常生活中，融入与农民切身利益攸关的乡村组织发展中。

（三）知识分子作为主导力量的反思

知识分子在跟农民结合中，必须充分尊重农民的主体性，做好引导与陪伴成长的工作。这8年的"弘农试验"，作为发起者和主要推动者的何慧丽自身及其团队的付出和消耗是巨大的。出于对书院发展的重视，起初书院的大小事她都要过问，为此经常"劳力劳心"，可是书院和村里的人对于她及其团队的想法和付出时常不理解，因而有点"费力不讨好"的意思；书院的年轻人也因为自主性不够而缺乏干事的动力，对于书院的主体责任感也由最初的热情十足慢慢地减退下来。面对这样的主体性困境，何慧丽开始反思外来人在不同阶段的作用及其方式，将书院的主要事务（经费和事物的管理权）放手给书院的本村骨干，逐渐从前线退到了幕后，并允许年轻人在犯错中自我成长、成熟。正是由于知识分子的角色在书院发展的不同阶段能够不断地调整转换，弘农事业才能"独立自主"地发展壮大。同理，知识分子在参与乡村建设的行动中可遵从"先主导、再引导、再顾问、再退出"的实践进路，而不能总是一手包办，在事业发展成熟之后就应该功成身退，让村民成为村庄建设事业的真正主体。正如《道德经》第2章所云："万物作焉而不辞，生而不有，为而不恃，功成而弗居。夫唯弗居，是以不去"。也就是说，功成身退，天之道。

在弘农书院成立8周年总结大会上，何慧丽说了这样一句意味深长的话："这8年来虽然是消耗了一批人，挫伤了一批人，但也改造了一批人，培育了一批人，生出来了一批人。"在此过程中，外来知识分子自身角色的转变是非常重要的，从"弘农"试验初期的主导者，到成长阶段的引导者，再到发展阶段的顾问，直至从法人到实际做事的相对完全退出，为的就是尊重事物发展规律，充分发育并尊重新型农民组织与新农民的主体性作用。这种外来主体"功成身退"的思想及践行"功成不必在我"的理念也救了知识分子本身的初心，救了在乡土扎根8年发育农民主体性的"弘农试验"。总之，当初的引导者随着事物从低级阶段发展至高级阶段，必须"功成身退""为而不恃"，是因为经过曲折的发展历程，幼芽已长成小树、小树已长成大树！无论是欲将"物质变精神"的弘农书院，还是欲将"精神变物质"的弘农沃土农牧业专业合作社，都取得了一般人所看重的、看得见、摸得着的成绩。弘农书院向外开枝散叶地发展着，弘农沃土合作社不但自己综合实力达到了近600万元，社员300余户，而且影响到周边村纷纷成立多个村级专业合作社，并联合成立了有着资金百余万元的焦村镇弘元农业合作社联合社……

四、"弘农试验"的总结与展望

近现代学者梁漱溟先生一再提醒乡村建设工作者："单从经济上做功夫，是解决不了经济问题的；必须注意经济以外而与经济相关系那四周围一切的事情，而做功夫才行"[①]。弘农书院从文化着手进行的8年乡村建设试验，从某种程度上把握了乡村振兴的根本，为乡村发展凝聚了人心，

---

① 梁漱溟：《乡村建设理论》，《梁漱溟全集（第二卷）》，山东人民出版社，2009年，第420页。

其经验总结与发展展望如下。

（一）"弘农试验"的经验总结

1. 分裂型村庄的乡村振兴需要外部力量激发，而外来主体介入乡村需要借助类似于弘农书院这样的平台

综合性乡村振兴的培育平台，是破解北方分裂型村庄乡村振兴主体性力量不足的重要措施。贺雪峰的研究指出，从村庄社会结构的视角看，中国农村具有明显的区域差异，可以分为南方、中部和北方三大区域，其中南方地区多团结型村庄，北方地区多分裂型村庄，中部地区多分散的原子化村庄。①罗家村就是典型的北方分裂型村庄，农民行动单位以不出五服的小亲族为主，村庄中充满了以姓氏和自然村为基础的分化力量。这样的村庄要搞乡村振兴，必须有外来力量对孝亲血缘文化和村社地缘文化的触发、发掘和发育，使村民们相对地凝聚起来，新乡贤力量就是一种重要的外来力量。何慧丽教授为代表的外来者所主导的"弘农试验"，正是借助"弘农书院"这样一个平台，以新乡贤的身份在罗家村落地生根并逐步成长。特别需说明的是，这样的一个平台最好是具有道德和文化的感召力的，一定是要以公共利益最大化为目标，惟如此才能够逐步凝聚乡村建设的内外部力量。

目前市场经济所标榜的"物化"社会发展倾向已经凸显，其问题需要通过"以文治理""以文化人"加以克服。而现阶段的"以文治理"在借鉴传统的同时，要努力使社会主义核心价值观大众化、生活化，发挥家庭、乡贤的作用，也要高度重视超越血缘、地缘的公共文化建设。②"弘农试验"也正是通过弘农书院这样的一个文化平台，将传统文化与社会主义核心价值观融入村民的日常教育，以此来促进供销社的改革，促进村两委的治理

---

① 贺雪峰：《论中国农村的区域差异——村庄社会结构的视角》，《开放时代》2012年第10期。
② 徐勇：《两种依赖关系视角下中国的"以文治理"——"以文化人"的乡村治理的阶段性特征》，《学习与探索》2017年第11期。

功能的发挥，也促进真正的经济合作的实现，等等。所以，弘农书院实际上是为落实政策而生成的一个志在振兴乡村的组织载体，这是"弘农试验"得以落地生根的重要特征。

2. 乡土文化复育是乡村振兴的根本，"以文化人"是乡村振兴的基础工程

习近平总书记曾指出："对历史文化特别是先人传承下来的价值理念和道德规范，要坚持古为今用、推陈出新，有鉴别地加以对待，有扬弃地予以继承，努力用中华民族创造的一切精神财富来以文化人、以文育人。"[1]"弘农试验"的成功印证了一个道理，那就是：经济发展是表象和外因，而文化建设才是根据和内因。弘农书院发展的经验证明：文化是一个根源，"以文化人"是乡村建设的基础工程。所谓"化"即教育感化，就是要注重精神成长、思想提升；坚持潜移默化、润物无声[2]。为什么说文化是个根源？是因为新思想、新文化、新技术的嵌入，会引起周遭的各种要素的变化，比如，村民的思想观念的更新和素质能力的提升，村庄的整体精神面貌的积极变化。在此基础上，各种要素开始逐渐回流乡土，政府也才逐渐关注并源源不断地投入资金，给予政策支持，乡村才得以从衰败走向振兴，走上一条"内外联动"的可持续发展之路。

总之，文化思想从某种程度上是一切的根源。文化活动的作用表现为：从观念的改变开始，连带行为的改变，在乡村内部增强了乡民们的凝聚力，使乡村能够获得内源式的发展动力。弘农青年团队中的大学生樊冰（罗家村人）在弘农书院八周年院庆之际，谈道："弘农书院倡导生态、孝亲和合作，弘扬的是做人做事的道理，从内心、从根本上教化人、培养人。书院就是要做这样的事情，就是要找到从根上解决问题的办法，我们认可这

---

[1] 习近平：《把培育和弘扬社会主义核心价值观作为凝魂聚气强基固本的基础工程》，《人民日报》2014-02-26。

[2] 冯刚、刘晓玲：《坚持以文化人，深入推进社会主义核心价值观培育践行》，《思想理论教育导刊》2016年第1期。

样的道理,就需要从自身做起,推己及人。今后,我们要多培育些像(陈)振丰、(何)盼阳这样的耕读家庭,过好自己生活的同时,以书院为平台,给周边人及社会带来些许思考和影响,让这个社会因为我们和书院的存在而有些许变化。"笔者庆幸书院培养出来的年轻人已经有了这样的思想觉悟,这是弘农事业之幸,也是乡村振兴之幸。

(二)"弘农"事业的未来展望

十九届五中全会和"十四五"规划提出实施乡村建设行动。在实施乡村建设行动中,一定是要遵循"政府主导、农民主体、社会参与"的逐级动员规律,一定是"自上而下"的资源和项目下乡与"自下而上"的农民主体力量有机结合。所以,"弘农试验"的"以文化人"的探索与功效,在农民主体力量的内源式激发和陪伴式成长方面的经验非常宝贵。欲达至知识分子所期待的农民为主体的理想态,其突破口就在于新时代用先进的文化潜移默化地影响和改变人。

弘农书院的未来发展已然明朗化。一方面,是区域化的"以文化人"作用的发挥。弘农书院具有乡村社会公益组织的相对独立性,其对于村社综合合作社——新型集体经济、专业合作社及其联社的发展,起到了先进文化思想的引领与保障作用;同时,也可以书院的硬件设施配套为基础,提供与乡村振兴相关的政策、市场、技术、精神激发等方面的培训。此外,弘农书院因"中国农业大学乡村振兴研学基地"项目落地,在2021年也迎来了基础设施改造和建设发展配套的黄金时期。

另一方面,弘农书院及其派生的新型乡村组织的蓬勃发展,其发展模式已经被很多地方的乡村振兴所借鉴。2020年,河南省兰考县胡寨哥哥农牧业专业合作社已成立了"兰考弘桐书院",其带头人坚信"农民合作社靠人只能活十年,靠制度只能活百年,靠文化则能活千年"。同年,河南省灵宝市"弘农书院二院"已在灵宝市苏村乡成立,"微山弘农书院"已在山东省济宁市微山县成立,"原阳弘土书院"已在河南省新乡市原阳县成立，而效仿罗家村发展路径的附近村庄——河南省灵宝市焦村镇沟东村，也在村支书主导了3年"孝亲"活动的基础上组建了"弘孝济民农业专业合作社"。相信弘农书院8年来的探索，会为"十四五"规划期间乡村建设行动的真正有效落实，起到"外发促内生"的经验启示作用。而它的开枝散叶和深入发展，也会因"时来天地皆同力"的天时、地利、人和效应，使"弘农试验"有一个相对美好的未来。

启睿计划：家校共育助力乡村振兴 *

王利刚 徐 颖 高文斌 陶 婷 樊春雷**

摘 要 乡村振兴要依靠当前的农民和未来的新型农民。农村儿童是未来乡村建设的主力军，重视农村儿童的社区融入，建立未来农民的文化自信是实现乡村振兴的首要任务。本研究从问题表现、问题挖掘、策略、问题解决四个层面系统描述了启睿计划的探索与实践，以及运用家校共育助力乡村振兴的实施路径。最终总结出县域家校共育的落地模式：一个前提，即家长－教师－社区的关系式接触；两个方法，即心理访谈与引导技术；三个抓手，即家访、家长会工作坊、主题班会工作坊。

关键词 家校共育 乡村振兴 启睿计划 社区融入

---

* 本文为中国科学院科技扶贫项目"乡村社会心理服务体系建设与示范：从精准扶贫到乡村振兴"（项目编号：KFJ-FP-201906）阶段性成果。

** 王利刚，中国科学院心理研究所、中国科学院大学心理学系副研究员，中国心理学会心理学普及工作委员会副主任，主要研究方向为儿童青少年心理健康教育，家庭教育。徐颖，中国科学院心理研究所、中国科学院大学心理学系研究生，主要研究方向为儿童青少年心理健康。高文斌，中国科学院心理研究所、中国科学院大学心理学系研究员，中国心理学会心理学普及工作委员会主任，主要研究方向为临床心理学。陶婷，中国科学院心理研究所、中国科学院大学心理学系助理研究员，中国心理学会心理学标准与服务研究委员会委员，主要研究方向为多媒体环境下儿童发展与适应。樊春雷，中国科学院心理研究所、中国科学院大学心理学系副研究员，中国心理学会心理学标准与服务研究委员会委员，主要研究方向为消费心理学。

一、启睿计划简介

我国改革开放40多年来，农村减贫事业取得了举世瞩目的阶段性成就，尤其是"扶贫先扶志，扶贫必扶智"大扶贫格局的形成，为心理扶贫事业提供了政治引领，为国家正在实施的乡村振兴战略奠定了基础。

2017年至今，中国科学院心理研究所（以下简称"心理所"）响应党中央和中国科学院（以下简称"中科院"）的号召，在内蒙古库伦旗开展心理扶贫工作。启睿计划是心理扶贫工作的重要组成部分，重点面向贫困地区青少年儿童，以阻断贫困的代际传递和培养当地未来人才为目标，不断优化育人环境，坚持走"依靠教育脱贫"的可持续发展道路。

（一）库伦旗概况

库伦旗位于通辽市西南部，总土地面积4716平方公里，辖8个苏木乡镇、187个嘎查村。总人口17.8万，其中农业人口13.9万，由11个民族构成，其中蒙古族人口占总人口的56%。库伦旗1646年（清顺治三年）建旗，为漠南蒙古地区唯一实行政教合一体制的旗（历时285年）。库伦旗是"中国安代艺术之乡""中国荞麦文化之乡"和"中国蒙医药文化之乡"，城关镇库伦镇是中国历史文化名镇和全国特色景观旅游名镇。库伦旗1986年被列为国家重点贫困旗，2002年被确定为国家扶贫开发工作重点旗，2011年被自治区政府批复为革命老区，2012年再次被列入国家扶贫开发工作重点旗。2020年3月退出国贫旗序列。

经过数年脱贫攻坚战，库伦旗建档立卡贫困户由2014年的9091户26378人下降到160户410人，贫困发生率由19.07%下降到目前的0.29%，全旗88个贫困嘎查村全部出列。库伦旗因地制宜，因村施策，大力发展以黄牛、种鸭、北京油鸡为主的特色养殖业，以蔬菜、瓜果、锦绣海棠、杂粮杂豆等为主的特色种植业和庭院经济，形成"种养为主、多业并举"的富民产业体系。2020年底，全旗农村牧区人均可支配收入达到1.2亿元。

近年来，库伦旗教体局为深入贯彻落实《关于深化教育教学改革全面提高义务教育质量的意见》，推进全旗素质教育的步伐，让每一位学生都能发挥特长，做到"五育并举"，在教师队伍中以党员教师、骨干教师为先锋，组建了"圆梦之旅"库伦助教社团。该社团包括"四社""两团"。分别是"萨格丹"文学社、"银沙情"书画社、"安代魂"音乐社、"蒙古马"体育社、"家校共育"名师团、"数理化"名师团。社团以活动为载体，走进全旗各校，推动教育整体发展。

（二）启睿计划概况

四年来，启睿计划项目组深入内蒙古库伦旗地区贫困家庭、幼儿园、中小学开展田野调查，联合库伦旗委组织部、政法委、卫健委、教体局、妇女工作联合会等部门探索县域心理扶贫模式，构建乡村社会心理服务体系，助力乡村振兴。

启睿计划的落地实施总共包括四个阶段：

阶段一：洞察问题（2017年5月-10月）——项目团队在库伦旗多个嘎查村、幼儿园和中小学开展调研工作。

心理学的研究发现：相较于非贫困户，那些身陷贫困的农民表现出更高的"延迟折扣"，即他们更渴望马上得到一个小奖励而放弃未来的一个大奖励，他们更倾向把得到的意外之财用于解决消费问题，而非投资或扩大生产；他们在孩子教育上的投入也更少，对孩子的教育期望也更加模糊。相较于富裕地区的孩子，贫困地区的孩子同样存在较强的"延迟折扣"，表现出贫困的代际传递效应。因为孩子是未来和希望，因此，如果贫困思维的种子在儿童时期种下了，那么未来很可能出现区域返贫现象。

就扶贫扶智的国际经验看，美国曾推出"开端计划"，英国推出了"确保开端计划"。在确定教育扶贫为重点工作方向后，心理所提出了"启睿计划"，力争在打破贫困意识和阻断贫困代际传递方面做出创新贡献。

阶段二：扶教育之贫（2017年11月-2020年9月）——根据前期调

研结果，"启睿计划"项目组开始着手教育帮扶干预工作。主要包括如下具体工作：

2017年11月心理所与库伦旗妇女联合会签署合作协议，共同推动国务院《中国儿童发展纲要（2011-2020）》在库伦旗地区的实施。12月，王利刚副研究员为库伦旗1000多名幼儿家长做儿童自控力培养讲座，旨在帮助儿童避开贫困思维的桎梏。

2018年4月项目组到库伦旗蒙古族幼儿园和先进苏木幼儿园培训示范儿童身心发展评价方法。9月上旬心理所在库伦旗5所幼儿园建立启睿计划试点园，与此同时，心理所联合凤凰网社会设计周、中国妇女基金会、中国关心下一代工作委员会儿研中心科学早教专业委员会、积木宝贝科学早教集团向库伦旗教体局捐献"勇敢的娃娃"发声海报、1000多套儿童教育绘本和儿童道路安全小黄帽、5套儿童身心发展评价软件和1台儿童身心发展测评仪器。同期面向试点幼儿园家长和教师开展关于儿童身心发展评价方法和儿童情绪行为管理技巧的培训。9月下旬项目团队在库伦旗第三中学面向教师开展了第一期关于心理技术在教育中的应用的讲座，以及4节初中生心理健康教育和心理团体辅导示范课。

2019年9月-12月份，项目组募集绘本图书2000多册，投放到固日班白和毛瞰艾里两个村庄的草原书屋。项目组邀请两个村庄的31个家庭参与了亲子共读干预项目，并建立了视频分享打卡机制。在这一活动中，参与项目的家庭中有82%的监护人完成了为期45天的打卡，41%的家庭亲子共读质量显著提高，参与活动的儿童语言能力发展也得到了显著提高。[①]

2020年5月份开始，项目团队开发出一套线上课程《心理沟通》，并于6月23日-7月5日通过千聊平台推出（为期两周）。库伦旗共有700多名教师和公检法部门干事报名参加，项目组将学员分成了10个训练营，

[①] 曹璟钰：《亲子阅读对贫困地区婴幼儿语言发展的促进作用：基于元分析及一项追踪研究》，硕士学位论文，中国科学院大学，2021年。

每个训练营的学员以听线上直播课、视频课、音频课，每日实操练习，参加主题沙龙和分享沙龙，互动答疑等多种形式完成了两周的课程。王利刚副研究员向学员介绍了心理沟通的含义和障碍，并分别以"挖沟工程"和"架桥工程"为喻，阐释了心理沟通的要点和技巧。通过培训前后的数据对比分析发现：参加培训并提交作业的学员在区分观察与评价、表达感受与需求、提出请求和倾听等方面的沟通能力都有所提升。

2020年库伦旗摘掉了"国贫旗"的帽子，发展进入巩固拓展脱贫攻坚成果与乡村振兴有效衔接的新阶段。

阶段三：本地经验萃取（2020年10月至2021年3月）——基于对前期工作的深刻反思，项目团队开始基于主体性视角进行社会设计工作。主要包括如下工作：

2020年10月份，项目组联合库伦旗教体局开展了一次库伦旗家校共育经验萃取及落地共创工作坊，全旗所有公办校园长和50多名骨干教师参加了工作坊。工作坊的活动形式是开放的小组合作研讨，从讨论家校共育的内涵、意义与价值出发，通过成功案例的分享萃取家校合作的成功要素，分析家校合作面临的挑战，提出家校合作的五个关键要素（沟通为核心、制度为支撑、家访为支持、教师和家长的培训为基础），并形成家校合作的评估方案。

通过对工作坊的研讨记录产出做了系统整理，项目组发现：在这种工作坊中，基于本地的工作经验得以浮现——教师不再是被动等待，而是以主体性身份积极参与教育改革实践，从思想上认可了"依靠教育脱贫"和"依靠教育推动乡村振兴"的可持续发展路线。

阶段四：依靠家校共育推动乡村振兴（2021年2月至今）——项目组与当地骨干教师通过家访、家校共育家长工作坊、家校共育学生工作坊等一系列举措，与当地近万个家庭开展了密切的互动。

每个孩子的成长都离不开所在家庭和社区的环境。为了优化育人环境，必须从家庭和社区抓起。这对学校的工作提出了更高的要求，除了进一步管理好孩子在校的生活和学习以外，还要解放思想，通过开办家长学校，提升家长的家庭教育能力，以及与社区合作，营造孩子的业余生活。通过发展家庭－学校－社区三位一体的家校共育模式，发动全旗教师，共同参与城镇社区和乡村文化建设，共同参与居民素质提升工作，真正实现大教育格局。

二、消失的孩子群：乡村儿童社区融入危机

"一方水土养一方人。"这句谚语反映了个体发展与生养地之间的关系。每个地区都有自己独特的水土环境和社会环境，自然属性的人与水土环境进行物质互动，社会属性的人则通过社会融入与社会环境进行精神互动，物质与精神两个维度的互动构成了人类的劳动与实践。人的本质属性是社会属性，那么人的发展就要求个体必须融入当下的社会环境，即社会融入。

基于社会公平的视角，社会融入是个体通过与社区其他成员共享历史和经验，相互获得对方的记忆、情感、态度，最终整合于共同的文化生活之中。[1] 村庄融入是农民在乡村社会融入的具体化。乡村是基于血缘关系、地缘关系形成的"熟人社会"，农民通过与周边人的实践活动加入到这个"熟人社会"，形成对村庄的归属感和认同感，最终实现村庄融入。

基于市民化的视角，国外学者重点关注移民的社会融入，我国学者则重点关注农民工群体及其随迁子女的城市融入。针对移民和农民工的社会融入问题主要集中在他们离开迁出地进入城市后的经济层面、社会层面、心理层面或文化层面的融入。贝瑞在其心理文化适应模型中指出：处在跨文化社会中的个体会认同根源文化或者城市文化，或者两者都认同，或者

---

[1] 陈成文、孙嘉悦：《社会融入：一个概念的社会学意义》，《湖南师范大学社会科学学报》2012 年第 6 期。

两者都不认同,这就对应形成了分离、同化、整合、边缘化这四种文化适应策略。贝瑞特别强调如果个体无法实现对根源文化的认同,而选择同化策略或者边缘化策略,都会导致个体付出心理代价,产生自卑或者心理失落。[1] 因此,农村儿童无论将来要融入城市生活,还是留在家乡生活,对村庄的根源文化形成认同具有积极的意义。

在传统农业社会或部落社会中,一般存在两个年龄群体:大人和小孩。生态学家阿里纳·艾布尔－艾伯斯菲尔研究发现原始部落残酷的成人礼仪式是个体儿童身份转化为成人身份的分界线,具体的发展机制是通过成人礼,帮助儿童从原生家庭中解放出来,融入村庄的成人群体。朱迪斯·哈里斯的群体社会化理论则进一步指出:儿童三岁离开母亲的怀抱,加入到同伴的游戏群体,他们就已经离开了家人的范围,而成人礼的作用是将他们和其他伙伴带入一个新的社会类别,在这个类别中,他们要承担起成年人的义务和责任。哈里斯强调儿童的同伴关系是其社区融入的重要途径。[2] 孩子群是我国传统农村生活画面中的重要组成部分,具体包括大孩子照顾小孩子,孩子与同伴一起玩传统群体游戏,互相串门到其他同伴家里等等。这些生活经历形成了乡村集体记忆,促进了儿童的村庄融入和根源文化认同。

在我国城镇化进程中,农民及其子女的生活空间都在发生剧烈变化。大量中年农村居民到城市务工,农村"空心化""分散化"现象加剧,乡村正在从"熟人社会"向"半陌生人社会"演变。在此背景下,一部分农村儿童随父母迁入城市生活(统称随迁子女);一部分儿童留守农村,与留守亲人共同生活(统称留守儿童);还有一部分父母均在家务农,属于传统意义上的农村儿童。在儿童社区融入问题上,目前国内一部分研究关注随迁子女对城市的社区融入,另一部分则是对依然生活在农村的儿童(包括留守儿童或非留守儿童)社区融入的研究。例如,李贺的研究从社会适

---

[1] J. Berry. *An ecological perspective on cultural and ethnic psychology*. San Francisco: Jossey-Bass. 1994, pp.115-141.

[2] 朱迪斯·哈里斯:《教养的迷思》,张庆宗译,上海译文出版社,2015年,第316-317页。

应水平、自我认同水平和被其他群体接纳水平三个维度对农村留守儿童的社会融入进行分析，揭示了留守儿童在社会融入中存在的困境；[1] 吕宾和俞睿指出农村经济的相对落后是文化认同危机的根本原因，乡村文化在教育中的缺席，家庭父辈向往城市的认知与行为对儿童产生影响。[2] 吴凯琳从村庄生活环境的满意度、人际关系、社区参与、情感依恋、传承倾向五个维度分析发现江湾村儿童的家乡认同感水平较低。[3]

项目团队采用扎根理论研究范式，通过多年在库伦旗农村地区的田野调查资料，初步构建了乡村儿童社区融入困境的理论模型，具体内容包括如下四点：

（一）农村儿童社区融入的意义

项目团队在扎根理论建构过程中，经历了由对儿童个体发展状况的关注向儿童发展环境考察的转变。在选择性编码时，逐渐浮现和确立了农村儿童社区融入的主题。

过去几十年，城乡二元文化结构正在城镇化过程中嬗变。农村文化由于受自身相对落后的生产方式和经济发展水平等因素的影响，在文化总体发展水平上要落后于城市，相对于城市一直处于弱势地位。受访的农民家长普遍都不希望自己的孩子做农民，表现出对农民身份的低认同感，这也是农村文化处于弱势地位的体现。在这一背景下，农村儿童对农村社区的融入、对农村文化的认同还有必要吗？

我们可以从如下两个层面进行探讨分析。首先，城乡文化一体化发展

---

[1] 李贺：《家 - 校 - 社区为本的留守儿童社会融入研究》，《科教导刊（中旬刊）》2016年第1期。
[2] 吕宾、俞睿：《城镇化进程中留守儿童乡村文化认同危机及对策》，《宁夏社会科学》2016年第4期。
[3] 吴凯琳：《提升农村儿童村庄认同感的项目研究》，硕士学位论文，苏州大学，2019。

的内涵也在国家治理体系和治理能力现代化的视域下不断发展[①]。《国家乡村振兴战略规划（2018-2022年）》提出了"产业兴旺、生态宜居、乡风文明、治理有效、生活富裕"的总要求。要实现这一宏伟目标必然要依靠当前的农民和未来的新型农民，因此，重视农村儿童的社区融入，建立农民的文化自信是实现乡村振兴的首要任务。其次，个体发展过程中包含了持续的文化适应，城镇化的核心是人的城镇化，生长于农村、落户于城市的个体都要经历对城乡双文化的认同整合。已有研究发现双文化认同整合高的流动儿童表现出更好的适应能力[②]，因此，无论将来是在农村生活还是到城市生活，农村儿童在青春期之前完成根源性文化认同会有助于将来的社会融入与适应。

（二）农村儿童活动内容的虚拟化和个人化

调查发现农村儿童的活动内容呈现虚拟化与个人化特征。农村家长对进入学龄期的孩子可能会进行电子媒体使用的管控，而对幼儿期的手机使用并没有明确的管控标准。约翰逊等人提出了生态科技微系统理论，该理论是在电子科技飞速发展的背景下对生态系统理论的发展与补充，该理论系统论述了电子媒体使用对儿童认知发展和社会行为的影响，既有积极影响，也有消极影响，并且相同的使用行为对不同的人影响效果也不一样。[③]例如，有研究发现网络活动可以满足使用者的自主感、归属感和成就感等基本心理需求，但是存在富者更富，穷者更穷的效应，即对那些在现实生活中基本心理需要获得满足的人，网络活动获得的满足可以增强幸福感，

[①] 姚富宽：《我国城乡文化一体化发展建设研究》，硕士学位论文，中国青年政治学院，2015。

[②] 李虹、王茹婧、倪士光：《认同整合促进流动儿童文化适应：文化框架转换的解释》，《心理与行为研究》2018年第1期。

[③] G.M. Johnson, P. Puplampu. "A conceptual framework for understanding the effect of the Internet on child development: The ecological techno-subsystem", *Canadian Journal of Learning and Technology*, Vol. 34, 2007.

但对那些无法从现实生活中获得基本心理需要满足的人，网络活动获得的满足感就无法增进幸福感。①

家庭中电子产品数量，家长对儿童电子产品使用的陪伴及规定，对户外活动的鼓励程度与儿童的电子产品使用行为存在关联。通过调研，项目组发现：来自县城的两位家长对孩子使用手机有严格的限制措施，儿童较少参与虚拟环境，而农村的家长往往没有明确限制，甚至在家里与孩子一起玩手机（注意，是平行玩手机，并非陪伴孩子、与孩子关注相同的内容），这可能是儿童参与虚拟环境的重要外因。另外，访谈中有一位家长反映自己的孩子有非常强烈的与其他孩子玩耍的需求，但是由于家长串门少或者时间短，孩子很难与其他孩子聚在一起游戏；还有一位家长认为现在的孩子物质条件很好，但是其实很缺少陪伴，当这些陪伴需求无法从现实世界中获得满足时，孩子可能就会向电子媒介构建的虚拟世界中寻求，这是儿童参与虚拟环境的重要内因。

（三）农村儿童发展环境单一化

基于横向和纵向两个参照体系的比较，项目组发现：农村儿童活动内容与形式日益呈现虚拟化和个人化特征。项目团队调查发现：电子产品在农村儿童中普及和流行的速度远快于研究者关于电子产品对儿童影响的认识速度。从个体层面，很难就儿童使用电子媒体是否应该或者是否合适给出定论；然而，从发展环境层面进行思考，可能更有助于理解电子产品对儿童发展的影响。

先从纵向比较来看，过去农村儿童的发展空间由学校生活环境、同伴群体环境、虚拟环境（比如电视等）和家长陪伴环境构成。在过去，当儿童具备了角色扮演游戏能力后，家长就很少再参与儿童的活动，可以说，

---

① Wang L., Tao T., Fan C., Gao W. "Does psychological need satisfaction perceived online enhance well‐being?", *PsyCh Journal*, Vol. 4, 2015.

传统的群体游戏帮助了儿童从家庭向社区的转移，实现了社会融入[①]。但本研究调查结果显示，目前农村传统群体游戏已经消失，儿童的社区同伴环境呈现弱化趋势。通过纵向比较可以看出，当前农村儿童的发展环境由学校生活环境、虚拟环境（手机、电视等）和家长陪伴环境构成，儿童融入农村社区的通道（即同伴环境和跟随家长参与社区）已经被阻断。

再从横向比较来看，目前城市儿童的发展空间由学校生活环境、校外素质教育环境、娱乐设施环境（小区的滑梯等）、虚拟环境和家长陪伴环境构成，其中校外素质教育环境在农村社区基本没有，城市儿童发展环境丰富度要优于农村[②]。

通过以上纵向与横向对比可以看出，农村儿童活动内容的虚拟化和个人化是其发展环境单调，远离社区环境后的必然结果。

（四）改善农村儿童发展环境的思考

通过调研，项目组发现：家长们对重建儿童社区同伴环境普遍表示支持态度，对传统群体游戏的积极意义持肯定态度。家长们还对重建儿童社区群体游戏提出了很多建设性意见。为了重建农村儿童同伴环境，以辅助儿童实现社区融入，优化儿童早期发展环境，本文提出如下思考与建议：

1. 农村社区教育功能的赋能与开发并举

目前已有的农村儿童早期发展促进项目，多是以具备心理学、教育学或者社会工作专业背景的外来者实施，并且多以入户随访的方式开展工作，这种方式会导致干预工作的去情境化和个人化。马丽贝斯·辛和西沃恩·图希的情境最小错误理论（context minimization error）认为心理学理论以及研究发现存在生态效度缺陷，仅在有限环境中是正确的。很多干预治疗和社

[①] 罗红英：《互动论视角下乡土游戏的价值探究》，硕士学位论文，湖南师范大学，2016。

[②] 张翠微：《城乡幼儿发展差异及其与家庭教育投入的关系》，硕士学位论文，河北师范大学，2019。

区项目的失败，归结于行动者没有理解干预对象的生活环境（包括：家庭、友谊、网络、同辈群体、邻居、工作地点、学校、宗教或社区组织、生活地区、文化遗产和文化规范、性别角色、社会和经济力量等）[①]。例如，在试点地区所开展的家庭绘本阅读干预项目中，采用了家长在线打卡的方式，这一策略一方面有利于培养亲子共读的习惯，另一方面有利于实现家长间相互效仿跟随的效果。通过对家长参与育儿互助小组的态度和条件的访谈研究，项目组发现：农村社区已有的邻里关系和信任感是儿童同伴环境重建的重要资源。换言之，针对农村社区的干预项目有必要通过加强本地视角，开发农村已有的教育资源，以确保其有效性和可持续性。例如，既然传统群体游戏是农村重要的文化遗产，也是重建农村同伴环境的重要手段，那么未来的干预项目应该注重对该文化遗产的开发利用。

2. 家－校－社区通力合作形成"依靠教育脱贫"的可持续发展格局

在农村地区，教师是文化素养相对较高的一个群体，不仅能担负教书育人的职责，更能够带动地方的文化建设。《乡村振兴战略规划（2018-2022年）》在繁荣发展乡村文化部分特别强调："开展寻找最美乡村教师……等活动"。在脱贫攻坚和乡风建设工作中，某些地区的教师通过调动学生督促家长积极参与乡村建设，取得了不错的效果，这也体现了教师在乡村文化建设中的作用。所以，家校合作不应局限于学校和家庭共同督促孩子学习，而是应该建立"学校、家庭和社区"共同合作的大格局。在本次调查中，项目组发现：农村家长希望有专业的教师来带领育儿互助小组，而项目示范地区的教育局正在大力推动家校共育工程，从教师系统选拔优秀教师进行培训，最终形成一支可以开展家庭教育工作的队伍。因此，建议其他贫困地区要充分发挥教师对区域文化建设的作用，尤其是培训本地优秀教师的心理教育和社会工作的能力，让农村真正走上"依靠教育脱贫"

---

① Marybeth Shinn, Siobhan M. Toohey. "Community Contexts of Human Welfare", *Annual Review of Psychology*, Vol.54, 2003.

的可持续发展道路。

三、家校共育模式的探索与实践

在已有的教育帮扶实践中，教育资源丰厚地区一般会优先输送硬件和教育内容资源，这些举措可以解决教育的起点和参与不公平问题。但是，这些举措思路沉浸在"扶教育之贫"，没能转向"依靠教育脱贫"的可持续发展道路上。这些来自发达地区供给的教育资源的最终实施者或应用者依然是当地的教师队伍，但这些资源涌向贫困地区之后遇到了当地教育系统人力资源瓶颈。

项目组经过深刻反思，决定对本地解决策略和资源进行重新调研。项目团队与当地20余位骨干教师建立了家庭教育研究课题组，以充分发挥当地教师的主体性地位。经过多轮访谈研讨，最终确定了家校共育工程的新路径，包括经验萃取、示范培训、跟踪指导和效果评估。

（一）经验萃取

2020年3月至9月期间，项目组通过电话访谈、焦点小组和问卷调查等多种手段，对库伦旗各学校家校合作行动现状、教师对家校合作的理解等问题进行了系统研究。48位校/园长和53位骨干教师参与了研究。研究主题包括如下内容：（1）学生、教师、学生家长关于家校合作的目的和价值是否有统一的认识；（2）库伦旗在家校合作项目中是否具有基于本地的可推广的成功经验；（3）学校的相关责任人是否具有实施家校合作的能力和动力，例如开展家访、家长教育、心理教育等相关能力和动力。

研究发现：（1）在家校合作问题上，教师的认识并不统一。有些教师通过与家长沟通，通力合作，共同为学生创建教育资源；有些教师希望家长配合学校，辅助监督学生学习或者辅助教育孩子遵守学习的规则；有些教师希望通过家庭教育降低工作负荷；有些教师希望家庭教育可以解决学校的问题学生。（2）库伦旗有部分学校在家校合作上已经摸索出一套基于本地的成功经验。其中一所小学通过家访、亲子活动、家长参与学校事务等多层次的家校合作实践成功扭转了学校在本地的口碑，并大大提升了教学质量；其他学校也有相关实践工作，但是行动质量参差不齐；还有一些学校对家校合作的重要性认知不足，把这个工作当成了政治任务，出现形式主义的问题。

经过与当地教体局及校方代表多轮研讨，形成了如下行动共识：

（1）婴幼儿和小学生是家校合作的关键时期，这是儿童发展从家庭迈向学校社区的关键年龄。尽管初中和高中阶段家庭对学生也有重要影响，但学生的心理成长以教师和同伴作为重要途径。因此建议家校合作工作的重点从幼儿园和小学启动。

（2）婴幼儿和小学阶段的心理问题多属于发展性问题，是可以通过家校合作来解决的；进入初中以后，学生如果出现心理问题往往很难再通过家校合作解决，需要专业的心理辅导教师来提供解决方法。

（3）组织全旗校/园长，开办家校合作工作坊，以研讨+培训的方式，对家校合作问题统一思想和认识，最终产出各个学校的家校合作工作计划。

（4）根据调研结果和工作坊中的收获，制定各个学校家校合作责任人的赋能计划，包括如何做家访、如何开展家长培训、如何策划亲子活动、如何开好班会和家长会等。教体局借助班主任薪资提升的政策，充分做好班主任的选拔和培训，并且制定出班主任每学期家访数量、开展亲子活动和家长培训数量等考核指标，以推动各项家校合作工作的落地实施，打造一支政治素质及业务素质过硬的教师队伍。

（二）示范培训

根据经验萃取结果，项目组确定家校合作的三个工作抓手，即家访、家长会、学生主题班会。家校合作必须要建立学生-家长-教师三方协作式组织，形成一个大家庭，共同思考和解决教育中遇到的问题，以共识为基础来形成行动方案。为了充分调动和发挥各方的主体性作用，项目组采用工作坊的形式重新设计了家访、家长会和学生主题班会。

2021年3-4月期间，项目组专业引导师在库伦旗示范了3场学生工作坊、4场家长工作坊、1场家访经验萃取工作坊、3场教师引导技术培训工作坊，参与这11场工作坊的教师、家长、学生总计500人左右。

（1）在学生主题班会工作坊中，项目团队引导师通过游戏、绘画、沙盘创作、雕塑剧场等方式，引导孩子们发挥自己的创造力、想象力、团队协作能力，展现自己心目中好学校、好老师及好家庭的样子，让孩子们敞开心扉，去表达自己对家校合作的期待和真实情感。

（2）在家长会工作坊中，引导师通过开放的小组合作研讨形式展开，家长们从家校合作的定义、家校合作的关键内容、家校合作现状、家长在养育和教育上的困惑与解决建议、为实现孩子们的美好未来学校和家长的应有举措等方面进行了探讨。活动中，各小组不时进行"头脑风暴"，讨论气氛热烈，经过家长们的通力合作，碰撞出了许多思维火花。

（3）教师家访经验萃取工作坊中，老师们分组对家访工作的意义、家访流程、关键要素、注意事项及当前家访工作中依然面临的挑战和困难进行了讨论。老师们站在学生和家长的角度来思考怎么开展好的家访工作，总结出家访前、家访中、家访后三个环节合理的工作技巧。同时，与会教师分享了自己的家访故事，表达了自己对家校共育工作的想法和感情，引发了全场的共鸣。

（4）在教师引导技术培训工作坊中，引导师向骨干教师系统讲解了如何开好家长会与班会，以工作坊的方式让教师反复体验与练习拼图共创，希望教师掌握引导技术后，能在教学设计和日常教育工作中进行应用。

该工作一方面向库伦旗教师示范了研讨式家长会和主题班会的工作流程和效果，另一方面学生和家长的主体性地位得以确认，他们更加积极地参与到库伦旗教育事业改革和建设中来。

（三）落地开花

2021年5月–7月期间，库伦旗各学校骨干教师根据前期示范培训确定的工作方法，先后组织家长会工作坊近百场，8000多家庭参与到这场家校共育的实践行动中。

进一步加快启睿计划项目进度，提升库伦旗当地教师家庭教育与心理健康教育能力，中国科学院心理研究所于2021年6月18日至6月20日在北京举办"库伦旗家庭教育与心理健康骨干教师研修班"。本次研修对象由库伦旗心理健康骨干教师和班主任代表组成，拟通过研修培养一批集家庭教育与心理健康教育为一体的专业队伍，辅助库伦旗落地实施家校共育策略。

本次研讨会议上，教师代表汇报了三项工作抓手（家访、家长会和学生主题班会）取得的成效，家长更加积极参与到学生教育当中，并且更愿意学习家庭教育相关知识，学生更加自信，更加主动，教师由原来疲于应付变为更加主动创新教育方式。

在本次研讨会上，库伦旗心理教师与班主任教师就如何协力推动家校共育工作达成共识。班主任教师一手抓教学一手抓学生管理，是学校的中坚力量。班主任应该用好三个抓手，进一步汇集教育资源，实现家长、学生、教师三方主体的协作式组织建立。心理教师受过专业的心理健康教育训练，懂得如何理解学生、如何提升学生学习主动性，更擅长如何向家长提供育儿建议。心理教师应该借助三个工作抓手所带来的对话机会，充分将专业的心理学知识普及到千家万户，实现家长家庭教育能力提升，学生心理健康素养提升。班主任教师负责使用引导技术做好家访、家长会和主题班会的组织，心理教师负责在三个场域中做好专业信息输入和指导。上述两个群体的协作可以真正实现家庭–学校–社区共建学生心理健康教育的宏伟蓝图。

（四）效果评估

家校合作是有效整合学校、家庭和社区等多方力量，充分发挥教育资源的巨大优势，共同对学生进行良好教育的双向活动，有利于促进儿童青少年的全面健康发展，同时满足学校、家庭和社区的发展需要。目前世界各国已充分认识到家校合作在教育改革中的重要性，我国的家校合作政策与实践也取得长足发展，但是我国家校合作的方案框架和内容指标是什么，执行效果如何，其评估诊断体系仍有待确立完善。①

当前我国对于家校合作的评估大多直接采用国外家校合作框架，缺乏本土化的评估与诊断标准。现有的自编量表存在较多问题：缺乏标准化的信效度指标，评估的专业性不足；量表结构不一，多从程度效果、内容方式和认知态度进行划分，缺乏理论基础，维度较为粗糙；测量对象范围局限，关注初等教育阶段或特殊儿童家校合作测量工具的研究较多，缺少普遍适用的量表。因此，项目团队在国内外研究的基础上编制了一套评估家校合作执行情况的量表，并进行了信效度检验，以此对家校合作效果作出评估。

完善后的《家校合作执行评估量表（教师版）》包含44个条目，可以从校外合作、决策咨询、连接家庭学习和学校学习、建立学校归属感、多元沟通、家长参与学校事务6个维度来评估教师的家校合作执行状况。量表总体信效度符合心理测量学的要求，可以作为我国文化背景下诊断家校合作发展水平的有效工具之一。

项目组还于2020年9至10月对库伦旗2091名教师进行了基线测试。其中男教师693人，女教师1398人；担任班主任工作的教师共702人，非班主任教师共1389人；幼儿园教师259人，小学教师1021人，初中教师524人，高中教师287人。

另外，项目组联合库伦旗教体局，对当地每年生源流失率、单亲家庭率、未成年人犯罪率、学生心理健康状况、家长会的家长到场率等数据进行持续追踪，以此作为项目效果评估的重要指标。

---

① 边玉芳、周欣然：《我国70年家校合作：政策视角下的发展历程与未来展望》，《中国教育学刊》2021年第3期。

四、启睿计划的总结与反思

项目团队在 2017 至 2019 年期间对库伦旗的教育帮扶忽视了当地教育系统的主体性作用。尽管我们对库伦当地教育遇到的问题进行了充分调研，但没有深入调查本地已有的解决策略和资源，陷入了"扶教育之贫"的思路中，结果导致各项干预措施难以落地生根。比如，2018 年为当地幼儿园开发了儿童身心发展评价系统和心理沙盘教具，并开展了使用方法的系统培训，但是后期试点幼儿园几乎没有用上；2019 年向两个嘎查村捐助了 2000 多册绘本图书和游戏沙盘，并引领部分家长持续给幼儿读书，但是引领结束后，图书基本也就无人问津了。

项目团队在 2020 年经过进一步深入的调研走访，逐渐形成了能充分发挥库伦旗教育系统主体性的新模式。新模式包括如下三方面内容：

（一）一个原则——家长 - 教师 - 社区的关系式接触

家校工作的一个基本原则是教师 - 家长 - 学生 - 社会之间的互动模式要从经验式接触转向关系式接触。在经验式接触中，人们提供服务是基于程式化的流程与行动。如果每个人都期待从他人那里得到服务，会导致人们将对方视为"他"，他人成为一个"对象"。而关系式接触则强调人们面对面地在一起并且形成一种深层关系，它需要信任，也意味着亲密，人们成为彼此的"你"。

在库伦旗的调研中，项目组发现：一些案例之所以成功，很重要的原因是教师将学生、家长共同构建成一个和谐的大家庭，这些教师以家访的方式，与每个学生及其家庭建立了朋友式的关系，形成了信任感和亲密感。于是，很多家长主动申请做学校义工，主动为学校捐助物资，积极参与学校的亲子活动。当家长感受到教师真心为孩子付出，便更主动去帮助老师的教育行动。这就形成了教师与家长是关系式接触。但是，也有部分教师只是模仿了成功教师家校共育的具体举措，例如建立家委会，要求家长做义工，要求家长督促孩子学习等经验性活动，而忽视了成功教师与家长建立的亲密关系。这些教师就是用经验式接触的方式与家长互动，家长可能会感觉自己是替老师干活儿或者认为教师是推卸责任，从而丧失参与教育的主动性并心存不满。

（二）两个方法——访谈和引导技术

家校合作是一项社会实践行动，是一个社会对话过程。设计和发展家校合作必须关注实际如何的问题，而不能沉浸到应当如何的问题中。

我们在库伦旗的研究与实践中发现：教师普遍秉持"农村家长素质低"的想法，他们认为应当提升家长的家教能力。而家长普遍秉持"教师不负责任"的想法，他们认为应当提升教师的师德。于是，合作双方各执己见、妄加推测、只说不听、回避对话，陷入典型的单边控制对话模式。

基于这个发现，项目组通过访谈和引导这两项技术进行干预，以促进家校关系朝向积极方向发展。一方面，项目组深入学校、家庭、社区，通过访谈去发现实际情况，让研究问题"自然呈现"；与此同时，项目组也注意引导教师在家访过程中搁置预判，学会在倾听的基础上与开展家长有效对话。另一方面，项目组通过引导技术创设对话场景，让家长们在学校的家长会上发声表达，让学生们在主题班会上发声表达。通过上述两个方法，教师看到了家长的不易和努力，也看到了家庭中蕴含的资源；家长看到了教师的付出和用心，也感受到了来自学校的支持和帮助。最终让协作式关系中的对话从单边控制模式走向学习交互模式。总之，重要的经验就是多问多听，搁置评判，重视共识，多方共同谋划。

（三）三个抓手——家访、家长会工作坊、主题班会工作坊

通过调研与实践活动，项目组发现家访、家长会工作坊、主题班会工作坊是可以有力促进家校良性互动的三个牢靠的抓手。

其中，家访是建立教师与家长朋友式关系的最好方法。只有当教师走

入学生家庭，他/她才能真正理解了学生在校行为的深层含义；而当教师俯身深入千家万户，教育影响社会的氛围也将自然形成。

主题班会工作坊旨在引导孩子们展现自己心目中的好学校、好老师及好家庭的样子，让孩子们敞开心扉，去表达自己对家校合作的期待和真实情感。

而家长会工作坊旨在通过让家长们亲临学校的情境，在全面了解学生的在校状况的基础上，达成与教师的有效沟通与互动。通过家长会工作坊，家长与学校双方可以重新探讨和界定家校合作的定义与关键内容，盘点家校合作的现状与问题，沟通关于学生养育与教育的困难与挑战，在真诚对话的基础上，一起寻求解决方案。

修武实践：以美学经济推动乡村振兴[*]

邱晔[**]

摘　要　文化建设关乎着乡村振兴的成败，在乡村振兴中不仅是促进乡村经济内涵式发展的排头兵，更是乡村发展铸魂凝神的定海针。河南焦作修武县以县域为单位整体，通过整县推进的方式，深入学习贯彻习近平新时代中国特色社会主义重要思想，尤其是习近平总书记关于美的重要思想，逐步探索出了一条"以人民为中心"，以"美学经济"为引领的文化、经济、政治、生态与社会建设融合联动的乡村振兴高质量发展新路径。这条路径具体可以总结为：以党建美学转变发展思想，以美学设计重塑文化资源，以美学产业促进融合发展，以美学之手汇聚发展合力。

关键词　美学经济　党建美学　美学设计　美学产业　美学之手

在"两个一百年"奋斗目标的历史交汇点上，文化建设开启了新征程。我国乡村文化建设也将进入一个新的发展阶段，文化建设在乡村振兴中的作用进一步凸显，溢出效应显著增强。2021年中央一号文件首次鲜明提出，乡村建设是"为农民而建"，乡村振兴是"让广大农民过上更加美好的生活"。从出发点到最终目标，都体现出了乡村振兴"以农民为本"的核心理念。县域是国家实现高质量发展的基础单元，是乡村振兴的前沿阵地，也肩负着实现广大农民对美好生活向往的光荣使命。自2018年中央一号文件开始，

---

[*]　本文是国家社会科学基金青年项目"美学经济视角下的休闲农业体验化研究"（项目编号：17CGL066）阶段性成果。

[**]　邱晔，北京服装学院商学院副研究员，主要研究方向为美学经济、休闲产业。

中央明确提出建立实施五级书记齐抓共管的乡村振兴战略领导责任制，其中明确指出县委书记是乡村振兴的"一线总指挥"，县域成为我国乡村振兴战略实施的基层主导单位。以县为单位整体、系统推动乡村振兴，将在乡村振兴的发展实践中取得显著效果。

河南省焦作市修武县以县域为单位，以统一的发展理念为引导，整体性、系统性地推进乡村的振兴。通过深入学习贯彻习近平总书记关于"绿水青山就是金山银山""建设美丽中国""传承和弘扬中华美学精神""人民对美好生活的向往就是我们的奋斗目标"等重要论述精神，修武县秉持"文化立县"思路，在全国率先提出了以美学强筋骨、以美学塑乡魂、以美学经济理念为统领的乡村振兴发展新路径。通过文化与经济的融合发展、优秀传统文化的创造性转化，提升乡村文化建设水平，不断满足广大人民对美好生活的新期待。

一、理论指引：美学经济体现以人民为中心的发展思想

美学经济作为一种旨在提高人的生命质量和生命价值的新经济形式，无论是从理论内涵和理论渊源来看，还是从经济发展的现实进行考量，都体现着我国步入新时代"以人民为中心"的发展思想。

从经济理论的角度来看，美学经济是消费端美学需求的凸显倒逼产生的美学生产和美学消费革命，是供给端围绕美学价值创造建立的一套新的生产函数。美学经济强调围绕不断变化的美学消费需求，创造新的生产关系，形成新的生产意义。从本质上讲，美学经济是一种"为人"的经济，也是驱动经济社会创新性发展的重要力量。

从理论发展脉络来看，马克思主义政治经济学理论是美学经济的重要理论来源。在马克思看来，人类生产活动本质上是一种美的生产，是人的感性生命和感性能力得到不断发展和丰富的实践过程。美的规律指导着人

类生产实践,而在生产实践的过程中,人类也会不断更新对美的规律的认识。在此基础上,马克思从人的本质特性即感性的丰富性和深刻性出发,呼吁建立一种真正体现美的规律的经济,美学经济正是这样一种"同人的本质特性相联系"的全新经济。

美学经济理论同时也是习近平新时代中国特色社会主义思想的重要创新体现。从党的十八大报告明确提出"美丽中国"战略,到2013年中央一号文件提出"建设美丽乡村",再到党的十九大报告首次将"美丽"作为社会主义现代化强国的限定词之一,习近平新时代中国特色社会主义思想蕴含了以"弘扬中华美学精神"为理念、以"满足人民对美好生活的向往"为目标、以"美丽中国建设""美丽乡村建设""绿水青山就是金山银山"为实践的美学思想体系,美学经济是这一美学思想体系的重要体现。作为一种以促进人的全面发展为终极目标的"为人经济",美学经济与全面落实"以人民为中心"的发展思想,把人民对美好生活的向往作为奋斗目标的习近平新时代中国特色社会主义思想具有内在的高度一致性。

从现实发展来看,伴随我国社会主要矛盾的转变,如何更好地满足人民群众对美好生活的需要成为当前改革的发轫点,也成为我国经济增长的新引擎。围绕美学价值的创造而进行的供给侧和消费侧改革,则成为促进经济高质量发展的新路径。经济发展模式将从以GDP为中心转向以"满足人民对美好生活的需要"为中心,美学经济在这种新发展模式中将扮演越来越重要的角色。而在新一轮的乡村振兴中,美学经济的理念与方法也将为乡村文化与经济的协同发展提供重要的凭借与支撑。

二、传统难题:修武乡村振兴面临的发展困境

河南省修武县是一个人口只有27万的小县,工业基础差,底子薄,科学技术人才匮乏,农村人口较多。修武拥有良好的生态自然资源,人文历史资源禀赋也比较突出,修武有三千多年历史,不仅有竹林七贤、韩愈、武王伐纣、

绞胎瓷等散布在乡村的国宝级 IP，更有国家 5A 级风景区云台山，同时还盛产四大怀药，特色农产品极为丰富。但在经济快速发展的轨道上，修武却走得极为吃力，同时毗邻郑州的修武也陷入了大城市周边"灯下黑"的发展困境。

作为一个工业基础薄弱、欠发达的中部小县，修武的乡村振兴具有很强的典型性。如果照抄东部发达地区工业园区建设的老路，接受发达地区淘汰下来的产业，将很难实现差异化的有效发展；如果寻求走科技驱动创新的新路，又因为经济和人才的双重劣势，而缺乏有力支撑。在全面建设小康社会，朝着共同富裕前进的发展道路上，如何找到一种能够实现弯道超车的新发展思路，乡村如何振兴，产业怎样发展，农民如何致富，不仅是摆在修武面前，也是摆在众多中、西部欠发达县城面前一个共有的难题。

在发展美学经济前，修武在开展乡村振兴的过程中受困于传统发展思路的束缚，始终无法充分借助自身历史生态文化资源优势推动农村经济的发展，乡村文化的溢出效应和带动效应始终得不到发挥。具体来看：

一是乡村产业升级问题：作为乡村振兴和乡村建设基础的乡村产业如何做大做强？修武县虽然是传统农区，但农业产业化水平不高，缺乏有影响力的农业品牌，怀菊花、延陵大葱、新庄大枣、五里源松花蛋等特色农产品，长期得不到高附加值的开发。农民依靠粮食生产、畜牧养殖等传统方式获取的经济收入相当有限，三产融合缺乏成熟模式和突破口。

二是乡村引流问题：作为国家首批全域旅游示范区创建单位，如何把乡村变成旅游目的地？修武县虽然历史文化资源丰富，生态环境优良，但低端的农家乐和乡村旅游业态，无法吸引追求体验和品质的城市消费群体。竹林七贤、韩愈、武王伐纣、绞胎瓷等散落在修武乡村的国宝级文化 IP，却犹如沉睡的巨人，始终无法与市场发生关联，与 95 后、00 后"Z 世代"[①]的年轻人及其消费喜好产生共鸣。

---

① "Z 世代"特指 1995-2009 年间出生的一代人，他们一出生就与网络信息时代无缝对接，受数字信息技术、即时通信设备、智能手机产品等影响比较大。

三是文化与生态资源保护性开发问题：作为乡村振兴核心竞争力的绿水青山与传统村落，如何转化为金山银山和文化沃土？大拆大建、千村一面、缺乏特色、投入产出无法循环的模式不能保留住农村的乡愁、文脉和原住民利益，让绿水青山、传统村落与金山银山、文化沃土渐行渐远。

三、创新实践：美学经济铸就修武文化与经济的融合发展

面对乡村振兴发展的传统难题，修武首先从发展理念入手谋求变化，在国家发展战略中找寻方向，以整县推进的方式，通过对习近平新时代中国特色社会主义重要思想尤其是习近平总书记关于美的重要思想的系列研究，逐步探索出了一条"以人民为中心"，以"美学经济"为引领的文化与经济相融合，政治、生态与社会建设相联动的乡村振兴高质量发展新路径。这条路径具体可以总结为：以党建美学转变发展思想，以美学设计重塑文化资源，以美学产业促进融合发展，以美学之手汇聚发展合力。

（一）以党建美学革新发展思想

修武以美学经济引领的乡村振兴，最早起源于党建，党建美学是修武美学经济发展的"压舱石"。

1. 发展党建美学的初始动因

从学术研究的角度看，党建美学概念的提出及其在现实中的发展刚刚起步，但是作为其重要的理论来源——政治美学，却在中华文明的发端处既已萌芽。《左传》云："中国有礼仪之大，故称夏；有服章之美，谓之华。"审美的政治化或政治的审美化，代表了中国传统政治在其发端期表现出的重要特性。中国传统政治的起源与民族的起源具有一体性，在中国社会早期，美充当了将华夏民族团结在一起的精神标识，同时也代表了中国上古政治的核心价值。中华文明又称为礼乐文明，周文王的"尚文"与"制礼"，

为华夏政治文明奠定了深厚的美学精神。

作为千年古县的修武,政治美学的文化基因得天独厚。修武最早因"武王伐纣"路过宁邑、"修兵练武"而得名,三千年的周礼文化孕育了该县深厚而独特的美学精神,通过将乡村人文环境与新时代村民党群精神需求密切结合,修武逐渐找到县域政治美学建设的密码。

习近平总书记指出:"人民有信仰,国家有力量,民族有希望。"在中国乡村建设与实践中,农民始终是乡村建设的主体力量,而农民的思想建设则在其中发挥着至关重要的作用。伴随农村经济生活的改善,农民的精神需求也开始不断发展。如何引导农民建立正确的价值导向,如何使农民树立牢固的政治信念,成为乡村文化和政治建设中的一个重要问题。修武以党建美学的理念为引领,从信仰阵地建设谋求突破,成为创新农民思想,筑牢党在农村的信仰基础,提升党在农村的领导力与凝聚力的切实路径。

在发展党建美学之前,由于村集体经济薄弱,修武县多数村级党组织场所都不够美观或破破烂烂,甚至倒塌弃用,毫无美感可言。物理空间的不美观也影响了党组织的形象,甚至在个别党性不强的基层党员及群众心中出现了轻视党组织的现象。面对这种情形,修武县将引入美学设计应用到党建阵地,通过建筑设计重塑阵地形象,进一步增强党组织在人民群众中的美好形象和号召力,促进村级组织的凝聚力和战斗力。

因此,修武的党建美学探索不仅是对华夏深厚的政治美学文明的传承与创新,对源自周礼的三千年独特历史的美学精神的继承与发展,也是深挖乡村经济社会发展内在源泉,把握新时期基层党建的内在规律和乡村社会经济的发展趋势所做的积极探索。

2. 党建美学建设的总体框架

党建美学的建设是一种从理念到制度、组织、行为的系统性建设,同时它还是一种美感教育。修武在党建美学的建设中,通过美学设计作为中介,把相对抽象的思想理论和制度要求转化为干部群众可听、可看、发自内心喜欢的美学载体,实现了润物细无声的美感化育作用。

把美学融入基层党建，既为长期以来基层工作讲了听不懂、听懂记不住、记住不会做、做了不规范等共性问题提供了解决之策，也增强了基层党组织在广大群众特别是在青年人当中的吸引力和凝聚力。围绕党建美学，修武建立了一个从阵地美，到组织生活美、党员行为美，再到制度设计美的环扣型系统。这个体系以阵地建设美为基础，组织生活美为方法，党员行为美为关键，制度设计美为保障，层层推进。

在党建美学综合体的建设中，围绕"三统一、一主题"，借助美学设计打造有颜值、有内涵、有品质、有温度的新阵地。"三统一"即统一风格的徽标标识、统一传统色系、以创新字体统一突显的"人民至上，共产党好"标语。"一主题"即结合不同的在地文化，对建筑空间、党建文化、党建元素进行差异化的精心设计，以独特的美学风格生动诠释"人民至上，共产党好"的主题。比如，郇封镇大位村党建美学综合体，创新设置阶梯会议室、室内滑梯、全开放式对话空间，村队部成了孩子们放学后写作业、玩耍的地方，群众聚集到村队部健身、跳舞，成为乡村美学的新地标。党建美学建筑也因此升华为党性教育的"化育空间"，使得美学阵地不仅提升了党组织在人民群众中的美好形象和号召力，同时也使党在农村执政的"战斗堡垒"变得更加牢固。此外，美学阵地的建设还实现了经济创收。通过引入多样化的商业业态与美学产品，各个村的美学队部自身产生经济效益，吸引了旅游客流，带动了周边农户收益。

在党建组织美学中，修武围绕组织生活美制定组织生活路线图，以"仪式+活动"的形式，开展形式多样的党组织活动，这其中既有庄严隆重的党建活动，也有温馨的组织生活，还有农民喜闻乐见的公共文化活动。通过组织生活美学仪式化活动的开展，党建阵地、党建活动起到了有效促进信仰建设和精神文明建设的作用。

在党员行为美的建设中，修武倡导在日常活动中用党员行为美学唤醒党员身份认同，通过美的行为，让身边的群众感知到党员的先进性和模范性，让群众坚定信心，将发展成效转化为人民群众的政治认同。

在制度设计美的建设中，修武探索建立了民心向党"六项制度"，有效提升了基层治理体系和治理能力现代化。清华大学公管学院将该制度化探索纳入必选授课案例，得到中组部《组工通讯》专期推广。

3. 由党建美学萌发美学经济

美学被誉为哲学王冠上的明珠，因其既具有通达人性自由的感性光辉，又具有洞穿本质的形而上理性思辨。美学也因此具有较高的学习门槛。想要在中国最基层的乡村中普及美学、发展美学经济，让村民们对政府推行美学经济有所了解与支持，以一般的认识来看，其可能性是极低的。在克服这一困难的过程中，党建美学发挥了极为重要的作用，通过首先发展党建美学，有效转变了广大群众的思想。

修武从2016年开始在全县乡村推行党建美学，到2018年发展美学经济。在乡村基层干部、乡村群众对美学和美学经济还一头雾水的时候，乡村的美学队部与丰富的美学党性教育活动，就像火种一般，将美学带到了每个乡村、每位党员群众的身边，在一个个寓教于乐的化育空间中，通过切实的美学体验，党性教育与美学教育成功实现了"随风潜入夜，润物细无声"的效果。

党建美学顺应人民群众对美好生活的向往，坚持美学理念，将初心使命、理想信念、历史文化、时代精神等美好事物深入融入基层党建，并与党性教育、党员活动以及村民的文化公共生活服务活动等密切相连。党的号召力、凝聚力和影响力因为广大群众的点赞而得到大大增强，民心基础不断夯实。同时，通过队部美学经济的发展，实实在在的经济效益也实现了群众生活水平和群众对党拥护的"双提升"。因此，正是由于有了坚实的党建美学为根基，修武美学经济建设才获得了生根发芽、茁壮成长的机会。

（二）以美学设计重塑文化资源

美学设计是将形而上的美学理念转化为形而下的美学现实的桥梁与纽带。在乡村振兴中，美学设计在资源的活化、内涵的挖掘、乡脉的保育以及文化的引领等方面都发挥着举足轻重的作用。

如果说党建美学像星星之火,点燃了广大群众对美学的热情,使美学的力量在修武星火燎原,那么美学设计则像一个灯塔,照亮了自身,让修武对自身的独特资源禀赋与发展定位进行了重新的思考,同时也向世界敞开了自身,将外面的人才与资源吸引过来,链接进来,与本地资源产生新的化合。美学设计对修武资源的重塑主要体现在四个方面:

1. 激活与引流

修武以战略顶层设计,规划美学经济发展战略,激活沉睡资源。在党建美学基础上,围绕党建美学、山水美学、农业美学、建筑美学等多个方面的乡村美学,搭建起乡村振兴美学经济的四梁八柱。精心打造大南坡乡村美学示范区、岸上民宿小镇等乡村美学项目集群以及天空之院、田园居书屋、七贤会客厅等乡村美学经济示范项目,拉伸美学经济在乡村建设中的"骨架",以高品质的美学设计、丰富多样的美学活动与在地化的特色美学农产品为填充"肌肉",为乡村建设做好全局战略谋划。

为确保美学资源能得到更好的开发,修武对美学经济项目实行了严格的建设监管,着力提升美学经济项目的设计效果和建设质量。修武学习荷兰的设计审核经验,建立了系统的县域"美学项目评审把关"等5项评审机制,由县长任美学项目领导小组组长,确保项目"无设计,不建设",常态化开展"乡镇美学项目观摩"活动。通过美学项目的审核与观摩,修武实现了美学项目和美学产品在全县所有乡镇全覆盖。

在引流方面,修武广泛通过邀请知名设计师在县域内的乡镇村庄,打造网格化分布的美学建筑群,建设旅游核心吸引物,为美学经济打开流量的端口,搭建全域旅游的标志点与引爆点。修武认为设计师团队是一切美学元素的源动力,把设计师视为和科技人才同等重要的"核心竞争力"。2017年以来,修武面向全球广发"英雄帖",吸引了70余位海内外优秀设计师来到修武,并创建了设计师与在地资源项目对接、在地美育服务等密切相关的"美学项目合作对接制""美学公社App"等。经过四年多的探索，修武成功探索了一种与顶尖青年设计师联动，以低成本、高收益助推县域高质量发展的可复制有效路径。这一路径从源头上为全国2900多个县域如何激活美学资源，释放美学影响，提供了可借鉴、可学习的经验。

以"美学公社App"为例。修武县与河南省农业农村厅合作打造美学App——"美学公社"共享平台，以此推进美学经济数字化进程。这一美学平台搜集已有的设计师资源，以及修武本地案例、拟招标与正在招标的项目以及其他地方的美学项目招标等，实现信息汇聚，不仅能够实现美学品牌的宣传推广和产业项目的精准招商，也能像滴滴打车、网上超市"点单下单"一样，通过"美学+互联网"的新模式，为本地与其他县市提供方便快捷的美学设计、建设和监理服务。

2. 活化与再生

修武在乡村建设中引入前沿的乡建思想和优秀团队，利用大队部、大礼堂这些公共资源，通过开展村民夜校、自治活动等这些乡村生活进行美学设计和内容创造，由优秀设计团队打造的手工艺合作社、乡村大讲堂、乡村市集、非遗技艺等一系列扎根乡村的业态，不仅促使乡脉乡愁得以留存，而且推动了乡土体验产品的快速发展。通过艺术与在地文化和产业的结合，传统资源与生产要素依靠美学设计被挖掘，地方活力被重新唤醒，传统文化亦得到新生。

修武还针对全县工业产品、农业产品、特色文化、传统工艺、古建筑等资源分门别类，建立美学资源库，通过"美学设计+科技创新"的双轮驱动，在美学产品和美学IP打造中突出乡土底蕴和在地属性，抓住产品美学价值利润倍增的"牛鼻子"，建立具备县域特色的差异化竞争优势。

一个个在地化的美学设计项目犹如投入湖中的一颗颗小石子，激起圈圈涟漪，延伸影响到当地的产业、文化、公共服务等多个领域，为乡村的经济社会发展带来新的活力。借助在地化的美学设计，一些本土老工匠、手艺人获得鼓励，重拾老手艺、利用老材料，把闲置废旧的老队部、老学校、老礼堂等变废为宝，化腐朽为神奇。例如乡村设计师彭志华将西村乡金岭坡村一座荒废20多年的山村学校改建成为五星级民宿"云上院子"。这些项目不仅将人们乡愁记忆中的麦香磨坊、水缸古井与田园诗书——寻回，塑造出城市人所神往的乡村田园美学体验，同时也为当地百姓凿开了致富创收的新通道。

3. 提质与增效

随着美学经济的逐步推进，乡村作为美学产品富矿的观念日益深入人心。美学设计的发展思路也在不断完善，在重塑资源的过程中，不仅注重保障原住民的利益，使其在产业发展中持续收益，同时也注意挖掘和释放潜能，提升地方产业的整体运行效率。

以云台山下的岸上民宿改造为例，政府实现了以小托大，以500多万的政府财政投入，带动2个多亿的村民自建资金投入，为岸上村带来了质的变化。通过以美学设计为切口，以政府引导与规划为前提，用良好的产业发展规划与政策优惠，吸引了各个强大的外力加盟的同时，积极调动起村民的主体性，自建自投自营，不仅打造了高溢价的美学产品（岸上民宿），同时统一改造的岸上民宿，亦犹如一张闪亮的名片，打出了品牌知名度。曾经默默无闻的岸上"招待所"实现了向岸上星级民宿群的蝶变。原有的农家乐每张床收费50元，改造后每间房均价可达300元。这一岸上民宿，不仅成为人民日报点赞的"小镇夜经济样本"，还带动岸上村700余名村民实现了家门口就业。

修武政府在岸上民宿改造过程中发挥的作用，具有一定的可借鉴价值。首先，政府通过"牵线搭桥"的形式，一方面引进全国知名设计师团队，对参与改造的农户实行个性化、风格化的设计，另一方面引入银行贷款资源，为参与改造的村民解决做高端民宿设计与建造施工的资金难题。其次，在整体的基础设施改造如道路和灯光改造方面，政府投入财政资金进行改造。再次，政府对岸上村的美学产业业态进行统一规划与商业业态把关。通过政府的顶层设计，不仅岸上村的整体风貌实现了蝶变，村民的生活质量、幸福指数也实现了飞跃。如今的岸上民宿街区一户一风格、一户一业态，节假日平均入住率接近 90%。

在以美学设计增效方面,设计为当地的特色美学资源创造丰厚的价格溢价空间。以本地特色农产品为例。修武通过美学设计,成功打通了美学产品销售最后一公里,赚到更多的现金流。例如:经过系统化美学设计后的臭鸭蛋,其美学附加值得到大大提高,从原有的按斤卖到按个卖,价格也实现了翻倍;王屯乡 700 亩新庄大枣,经过一场与节日联动的美学营销,在枣木文化采摘节全部卖空,价格也由原来的每公斤 4 元涨到每公斤 20 元;五里源乡南庄村的网红"瓜宝宝",经过美学营销与产品美学设计,尚未成熟就已接到千余箱"认领"订单。在这一过程中,修武突破农产品范围,进一步开发当地丰厚的美学资源。例如,修武围绕省级非遗项目五里源松花蛋制作技艺,打造乡村松花蛋制作工坊;围绕国家级文物保护单位胜果寺塔,打造历史文化街区,让乡村成为承载"诗和远方"的目的地。

4. 保护与涵育

保护与涵育也可称为"保育",保乃育之前提。如何保护好、利用好当地的美学资源,让这些资源传承下去成为资源开发中的重中之重。修武在美学设计战略中不仅注重对在地文脉、古建筑等历史资源的保护,也注重对当地社区文化的更新与在地群众的美学涵育,这需要一种链条式的发展思路。以大南坡为例,从保护单一建筑物扩展到保育整个历史文脉,从保育建筑物扩展到保育社区网络和生活方式。同时,不同于一些大拆大建的乡村振兴路径,修武提出以"针灸点穴"的美学设计来保障原住民利益,确保设计师精心雕琢的每一处美学建筑,都能成为一本培养审美气质、传递经典艺术、传承历史文脉、承载历史乡愁、寄托美好生活向往的"乡村立体教科书"。

涵育的核心是物对人精神的涵化与教育。美学设计的引入,为修武的乡村孩子和乡村父老们也带来了别样的审美教育。首先,它让农村的孩子们,在家门口就能感受到美,体验到美的力量,让美的火种,对美的追求,以及对独特的乡村美的感知,在他们幼小的心灵里就开始深耕萌发。同时,对美的觉知和美学教育的熏陶，还能让农村孩子从小就建立起一种作为乡村孩子的自信心与自豪感，这种自信心和自我身份认同的建立，无论是对于乡村孩子未来的成长，还是对于我国乡村文化主体性的发展都有着深远的意义。其次，这种审美教育对广大的乡村百姓也能够产生一种无形的化育作用。在耳濡目染中，提升他们的审美水平、生活质感和审美境界，从美的感知悟达真与善，在不知不觉中改变自身的行为习惯和思维模式。

（三）以美学产业促进融合发展

在修武文化产业发展中，美学产业成为实现产业转型升级和县域经济融合发展的催化剂与发动机。美学产业是以美学价值的创造与增值为核心，以与人们日常生活密切相关的"衣、食、住、行、育、乐"等产业为基础，整合传统一二三产业而形成的独特美学产业聚类。修武围绕山水美学、传统文化、美学建筑等旅游美学资源，探索建立美学产业集群。

1. 三产融合

修武围绕"美学+旅游+N"的思路创新性发展全域旅游，以美学体验服务产业为头部引领，实现对美学附加值产业和美学内容产业的协同带动。在此基础上，围绕不同主题的美学价值生产，形成关联性产业的美学价值产销闭环。例如，以因恋玫瑰有机种植园为载体，挖掘玫瑰美学价值，引入哈佛大学设计师团队设计"因恋婚礼堂"，建立玫瑰化妆品生产研发中心，以此形成集玫瑰种植观光、化妆品生产研发、游客体验消费、高端订制婚礼等功能于一身的融合美学产业与美学消费市场的产业闭环。

又如，在原有的云台冰菊种植生产基地，通过聘请哈佛大学毕业设计师在冰菊基地建造美学建筑——冰菊工坊，将美学元素和地方农耕业态联系起来，立体打造千亩冰菊产业园。并在此基础上建起农耕文化一条街、怀药研究院等项目，形成了集文旅、康养于一体的田园综合体。如今，一朵菊花卖到20元，日接待游客最高超1万人次，年产值突破亿元，不仅成为乡村美学经济的新地标，也为周边村民带来了新的就业机会和收入增长。

2. 城乡融合中的景城、景乡以及城乡融合

在以往研究中，景城、景乡的融合都是作为城乡融合的研究分支，被城乡融合研究所囊括。在现实发展中，景与城、景与乡的融合问题，是两组极为重要且具有现实意义的研究问题。我国很多优美的自然风景名胜区都散落在远离城市的乡村僻壤之间，在景区的繁荣映衬下，更显乡村的凋零与败落。同时近年来，很多拥有良好自然风景资源的县城，尤其是毗邻省会大城市的县，由于高速公路、高铁等交通设施在全国范围的进一步发展，"客流量不入县城，直通景区"的现状，进一步加剧了县域发展"灯下黑"的窘境。

修武就是中国此类县域发展问题最为典型的代表。从地理位置上看，修武县城、国家5A级风景区云台山、省会郑州三地刚好处于一个"三角"关系，随着高速路网的建设，郑州市民去云台山游玩可以不经县城，走"郑云高速"便可到达。丰富的客流为景区带来了巨大的经济收益，也为景区及景区周边的发展带来了强劲的发展动力，但是县城整体的发展却并没有得到有效带动。同时，由于云台山众景区虽然缀落于修武各个村镇之间，但是其发展也呈现出鲜明的反差，景区的发展和景区之外的其他广大乡村之间发展不均衡的问题非常突出。如何更好地统筹乡村和景区、城区与景区之间的协同发展，以特色景区为龙头，实现景区发展对乡村和县城的联动推进，是修武发展面临的一个棘手而又亟待解决的难题。

修武通过发展美学经济，以系统推进的美学产业发展与网状布局的美学建筑联动，有效推动了景城、景乡之间的联动发展。具体说来，在美学产业的发展中，以云台山风景区为轴，以美学体验休闲产业为头部产业，重点发展旅游、休闲产业。例如，在以云台山为主的景区，以山水景区转型升级为重点，重点布局多样化的休闲度假项目，提升景区的山水美学体验。同时，一方面大力发展美学加值制造产业，以散落在乡间的特色美学加值制造产业协同支撑全县域大美学产业发展，以云台山泉为依托塑造的品牌"丑鸭蛋"和以云台山为品牌打造的"云台冰菊"，与云台山的特色

品牌符号以及自身的特色农产品资源形成了强势联动。另一方面，在非景区的乡村地区，借助网状布局的美学建筑，积极发挥修武千年古县厚重的历史文脉优势，重点开发美学文化感知游项目，打通了自身经脉，通过标志性的美学建筑与在地化的特色美学产业、美学新业态实现联动发展，并与云台山休闲旅游这一头部产业和头部品牌互联。此外，通过开展特色美学消费体验活动，打通云台山与乡村、县城融合发展的新通道。例如，围绕"Z世代"消费群体崇时尚重体验的美学消费偏好，设计"云台山电音节"，并联通"枣木文化采摘节""云台小镇"汉服节等美学消费活动，设计全域旅游活动。

在城乡融合中，为保障全域旅游与乡村振兴的融合发展，修武提出优先发展乡村，并把发展重点放在推动城乡规划、产业发展、生态建设、公共服务、基础设施一体化等建设上，优先在乡村布局美学项目，政策资金和专家力量也均向乡村倾斜。同时，通过"政府+N"的"美学之手"模式，在社区营造、城市与乡村文化更新、城乡家庭教育、全民美育等方面进行积极有效的探索，为城乡协调发展提供可持续的内生动力与发展基础。

（四）以美学之手汇聚乡村共同体发展合力

习近平总书记多次明确要求"打造共建共治共享的社会治理格局"。在新发展阶段，乡村建设要全面贯彻新发展理念，始终把满足农民对美好生活的新期待作为发展的出发点和落脚点，让发展成果更多更公平惠及全体农民，促进全体农民的共同富裕。

美学经济，作为一种本质"为人"的经济，在经济发展方式上，它旨在探索一种以人为本，注重人的精神与物质的和谐交融，尊重自然、人与自然和谐相处的经济发展之道来指导现实经济的发展。也正因此，美学经济在发展的过程中，也就具有了"溢出经济"的社会效用。

美学经济与传统经济最大的不同就在于它保持了极大的开放性和人本性。与传统经济模式相比，美学经济通过文化创造经济效益的同时，还可以产生显著的社会效益。美学经济产生社会效用的作用机制可以称作"美学之手"。"美学之手"是在美学经济理念指引下，在社会治理中的理论与实践延伸。它强调紧紧围绕老百姓美好生活的向往与需求，着力构建政府、社会、市场、群众之间的新型关系，通过协商、合作、互动、共赢的方式，实现资源整合、秩序构建和治理效能提升。

在"美学之手"的新型作用机制中，政府单一主导的角色获得有益补充，在发展过程中，政府更多扮演着决策中枢、搭建桥梁与适当引导的作用。例如为了更好地提升美学经济理念向下推行的执行力度与效度，修武专门成立了相关政府机构"美学经济服务中心"，统筹全县的美学经济发展，该机构为公益一类事业单位，隶属县政府领导，机构规格相当于正科级。同时，修武还建立了美学经济领导小组办公室，建立制度化的"美学培训班"机制，搭建"美学志愿者队伍"，形成常态化的"美学项目观摩评审"制度等。此外，政府通过规划美学业态，把政府的力量与社会资本、设计师和乡村老百姓实实在在的利益统筹结合，系统联动，让老百姓受益，让地方发展的火车真正"动起来"。

再以全民美育的发展为例，修武发挥"美学之手"作用，发展全民美育。在发展美学经济的过程中，修武尝试跳出传统的单一主体——学校美育路径，于2021年开始探索了全国第一个由党委政府牵头，多方协同共进的全民美育路径。它是以全民美感教育为基础，以美学经济为抓手，以共同富裕为目标，旨在通过美学驱动创新，发展生产力的方式，为全县的美学素养提升，美学经济发展，百姓的生活水平提高带来直接的助力。围绕着全民美育这一核心思路，修武县进行了五大主体的"美育大联动"，即家庭美育、学校美育、社会美育、企业美育、机关美育。在百姓的日常生活中，这五大主体具有着"救生艇"的作用，维护着社会主流价值体系的运转。它们既是美感教育实施的重要载体，也是进行美感教育的责任主体。修武县围绕这五个主体不同的美育特点，制定了相应的美育发展目标。在具体的发展中，通过多方联动，实现美育在县、乡的全覆盖。例如：启动了政府、学校、家庭三方联动的美育工程，免费推广音乐教育和即兴表演课程；县教育局还成立了"美育办"，建立"美育云课堂"，联手北京当代艺术基金会编制美育教材；发起乡村儿童艺术公益项目，通过提供不同类型的艺术课程和活动设计，为乡村儿童带来系统化的艺术教育；探索成人的美育职业技能教育培训，针对特色的美学产业，培养特色化的美学服务人才等。

在美学经济引领的共参共享共治的社会治理模式中，乡村振兴也呈现出鲜明的地方特色。传统的农业、农村、农民开始向美学农业、美丽乡村、美好农民蝶变。大南坡乡村振兴计划涉及美学实践、文化发掘、社会美育、自然教育、地方营造、建筑景观、展览出版、产品与空间创新等多项内容，汇聚了政府、设计师、专业学者、社会资本、村落原生力量、公益组织等各方力量，探索一种新的超越了传统、区别于其他地区发展的新路子，是一种整合了不同力量的化合模式，而"美学之手"则成为连接各种要素的天然纽带。在大南坡，政府通过战略前瞻与美学规划，引导公益组织和社区营造组织先于经济资本进入，确保当地农民的主体性得到最大程度的保障。来自全国各地的参与者和当地居民，共同从建筑活化、文化研究、设计创新、社群营造、社会美育等不同维度出发，将美学与乡村生活融于一体，在大南坡村探索和重建一个通达而自信的中国乡村文化体系。例如在公益和社会营造组织的帮助下，尘封40多年的大南坡艺术表演团得以重新组建，在"南坡秋兴"主题活动中，村民们自导自演的怀梆戏《穆桂英挂帅》等节目首次上演，村民们自发参与乡村社会与文化公共生活的热情逐渐被点燃，村民共参共建共享的良好氛围逐渐形成。

四、典型案例：大南坡村的改造与更新

大南坡村位于修武县西村乡，由4个自然村组成，区域面积约为3平方公里，其中耕地面积595.9亩，林地116亩，共有245户、960口人，为省级深度贫困村。这座村落迄今已有618年之久，在这漫长的岁月中，

大南坡承载了太多的历史记忆。大南坡曾经红遍焦作，甚至红遍中原。

一部大南坡史，亦堪称半部焦作史。因为有煤炭，焦作从无到有，生长成规模可观的城市，从20世纪50年代红火到了20世纪90年代末。然而，从20世纪90年代焦作提出"由黑转绿"口号后，焦作市整体煤矿经济下滑。大南坡也不例外，在20世纪70和80年代大南坡因村子煤炭生意兴盛成为当时方圆百里有名的富裕村，村组织甚至自建起了恢弘大气的砖结构的大队部和大礼堂。但是在国家经济转型的大势下，大南坡却逐渐成为省级深度贫困村。大南坡的美学经济重建，使得大南坡发生了脱胎换骨的变化，如今的大南坡已从一个省级深度贫困村迅速蝶变成为乡建领域的明星村。2021年除夕夜，大南坡作为中国国际电视台CGTN全球四个直播点之一，走出汉语圈，向全世界展现了浓浓的山村年味和村民的幸福生活。

大南坡的乡村建设，遵循的是以美学经济为引领、文化复兴为根基的发展思路，围绕大南坡独特的山村风貌、风土人情、历史文脉等禀赋资源进行探索创新。截至目前，建成的项目有：大南坡艺术中心、方所乡村文化书店、社区营造中心、碧山工销社和7套山居民宿主体工程。

（一）探索与创新

整体来看，在大南坡开展的以乡村文化建设领衔，以在地农民的主体性建设为核心的乡村振兴，从以下五个方面进行了有效的探索：

一是立足村情激发村民建设热情。大南坡项目启动之初，没有上来就搞开发建设，而是先由成都明月村乡建团队住驻村里，走家入户，访民情、听民意，在充分征求群众意愿的情况下，组织开展以环境卫生、花园自建等内容的13期南坡讲堂，为群众传递新知识、新能量，恢复群众的发展信心，激发群众的内生动力，"环保志愿队""大南坡武术队""大南坡艺术团"等群众组织应运而生，全村群众参与公共事务、支持家乡建设的情绪高涨，为后续工程项目的顺利推进营造了良好的社会氛围。

二是统筹策划打磨发展规划。在群众的支持配合下，大南坡顺利完成了老队部、老学校、老礼堂和23户废弃宅基地的收储工作。此后，大南坡并没有急于直接邀请设计师进场，而是在全国开始筛选优秀的乡建领军人物和产业运营团队，借人借智帮助共同思考大南坡的未来，寻求解决的方案，并最终确定了发展总顾问和产业运营商等组织架构体系，为大南坡项目的高位启动奠定了思想基础和团队力量。

三是美学设计打造优秀品质。在确立了发展方向之后，大南坡开始调动一切力量，向国内乡建领域一线设计师发出邀请。先后有多个设计团队介入相关景观、建筑、文创等设计工作。高品质设计思想的介入，改变了传统的"乡村振兴全靠大拆大建"的错误认识，也提升了乡村产品的溢价空间。在大队部片区改造中，1700平方米的建设内容里面只有95平方米的茶室是新建，其他建筑全部只做内部加固，保持原有外观风貌和历史留痕；原来烂在林里的山果，加工成南坡风物酥之后，卖出了80元一盒的高价；群众曾经自给自足的山货，在装修雅致的碧山工销社里更是卖上了价格，卖出了档次。在实践的推动下，群众对美有了期待，对设计师有了需求，原本正在翻建房屋的老牛家，停下在建的工程，请设计师帮忙做设计，建成了目前村里最美的院子。

四是引入社会资本提升建设效率。在确定了项目发展方向和规划设计内容之后，在不影响集体利益、群众利益的基础上，引入社会资本，共同推进乡村振兴。例如，大队部片区与社会资本合作后，政府投入100万的设计费，企业方投入1000万的施工费。企业方的加入有效提升了大南坡建设的效率，在较短的时间内实现了方所书店、茶室展厅的加固、施工和使用，大队部曾经的危房老屋已经恢复建设到较好的水平。

五是跨界造势创新宣传形式。"涓涓细流，缓慢生长"。不同于以往其他地方项目建成再宣传，宣传只靠电广报的传统方式，大南坡在宣传形式上也谋求创新，利用节会活动、离地展览、跨界合作、圈层共振等新形式为大南坡乡建发声，吸引更多的社会关注，集聚更多的社会力量。2020年9月19日，大南坡离地展首先在上海群岛书店亮相，大南坡开始进入都市人群的公众视野；2020年9月24日，"乡村复兴论坛·修武峰会"在大南坡隆重开幕，来自全国各地的300余名乡建专家、设计精英和60余家新闻媒体走进大南坡；2020年10月30日，"南坡秋兴"文化艺术主题活动在村内举行，北京当代艺术基金会、方所文化创始人等百余文化艺术名人和央广国际、澎湃新闻等50余家媒体走进大南坡，与村民共餐、与村民共舞，共同体验乡村之美。同时，大南坡还同国内流量乐队"五条人"跨界合作，联合推出全国首家"五条人士多店"线下专柜，借势流量塑造南坡品牌。2020年10月26日五条人微博官宣2小时后，点击率突破100万+。南坡秋兴活动当天，"五条人"老虎包、疯马绿T、CD唱片和胸针热卖脱销，助力碧山南坡店单日销售额破3万大关。

（二）经验与思考

群众是发展的根本。大南坡计划启动之初，政府就引入了社区工作者。社区工作者们走家入户，访民情、听民意，充分征求群众意见，很好地实现了政府的发展规划与村民意愿的一致与协调。同时，这种沟通机制一直贯穿在整个大南坡建设的过程中，保证了政府的规划、村民的利益与外来企业的利益之间，始终能够处于和谐的共赢氛围中。社区工作者们在政府、企业与当地百姓间直接搭建起了一个良好的信息传达与情感沟通、共同合作的桥梁。此外，大南坡的建设，一个突出亮点即是，将公共场所的建设放在了整个计划的首要位置，先期建设了展厅、居民活动学习中心、戏台等，为大南坡计划赢得了民心，也很好地调动起了村民的内生积极性。

项目是发展的基础。以项目带动发展，搭建共赢共创的氛围。2019年以来，大南坡依托村内老建筑，盘活村内土地资源，先后引入国内多家知名文化品牌，共同打造了大南坡艺术中心、碧山工销社、方所乡村文化·大南坡和"隐居乡里"民宿等乡村建设精品项目，激活了本村和周边村落的文化与公共生活，不仅提升了大南坡当地村民的生活品质，也建立起了城市与乡村联动发展，互相补充的良性关系，使乡村价值得到了最大化的创新展示。

美学是发展的灵魂。大南坡积极探求美学在乡村振兴中的地位与作用,重视美学对于提升社会治理的意义,使其适应地方,服务地方。"乡土美学"的在地化发展,让大南坡的神韵,由内而外重新绽放。首先体现在思想的变革上,无论是留守的孩子,还是留守的妇女老年人,亦或是返乡就业创业的年轻人,美学的浸润,都在为他们逐渐重拾作为乡土人的自信与活力。其次体现在发展方式上,美学思想的实践落地,很好地推动在地文化的活化与创生,为当地的产业发展与教育改革都带来了新的可能。再次体现在乡村自身独特价值的重新彰显。美学之手的作用下,大南坡似乎成为一个多重价值体系的耦合器,城市的音乐人、舞蹈家、美术家、设计师们似乎都在这里找到了激发他们灵感的,新的力量源泉。

回望大南坡的乡建,至今也才两年不到的时间,虽然一切方兴未艾,但是成效已经让人充满期待。在美学经济发展理念的引领下,大南坡也由省级贫困县发展成为第三批全国乡村旅游重点村。但是长路漫漫,伴随着大南坡越来越成为资本涌入的香饽饽,各主体间利益的关系也会变得复杂。第三方角色引入的社区营造工作者团队也将合同到期。修武也成立了国资的美尚文化旅游投资有限公司,未来社区营造的工作以及招商引资等工作都将由新成立的公司来承担。这也是我国最先将社区营造作为公司主要的一项业务责任的尝试,对它的成效也还有待观察。

五、创新启示:以美学经济推动乡村振兴发展的新模式

中国是集家成乡、集乡成国的国家,在我国从南到北、从平原到山地的广袤丰富的村落地图上,理应让人们阅读到生机盎然、与当地绵延的传统文化有关的乡村社会全景图,而非整齐划一、千村一面的固化建设形态。但是伴随着社会经济的发展,人们常常发现自己的乡愁却越来越回不去了。

在城市资本进入乡村，为乡村带来繁荣与喧嚣的同时，却形成了对当地农村、农民主体性的第二次剥夺。

修武的美学经济实践探索，让修武从过去单一的旅游县逐渐成长为中国县域美学策源地、中国美学经济策源地、乡村振兴美学路径的先行探索者，以及融合乡村艺术、自然教育、社区营造为一体的试验地。有别于依赖科技赋能产业、以工业拉动经济的传统模式，修武的美学经济模式提供了一种创新的发展思路，也提供了可复制可推广的启示经验。

第一，乡村振兴中如何实现文化与经济的共融共促，进一步实现乡村经济持续增长、乡村生态环境保护、农民民生不断改善三者的协调共进，是各地政府面临的难题。习近平总书记多次强调，"要把新发展理念贯彻到经济社会发展的全过程和各个领域"，使之协同发力，形成合力，不能畸轻畸重，不能以偏概全。修武以美学经济统筹起"五位一体"的中国特色社会主义建设。政治、经济、社会、文化、生态建设依靠美学经济实践，发生新化合，创生新意义，产生强带动。美学经济引领的乡村高质量发展模式为践行新理念，促进"五位一体"的融合发展，以及其在乡村建设中的具体落实，找到了一以贯之的系统性发展新路径。

第二，美学经济引领下的乡村振兴模式意味着"农民"成为经济社会发展的"核心"与"主体"，把同时满足农民的物质文化与精神文化需求、农民生活更加美好、人的全面发展作为经济社会发展的最终目标。这种发展模式不仅与马克思主义政治经济学思想具有高度的契合性，也与新时代中国特色社会主义建设的最终目标相一致。

法国哲学家雅克·朗西埃曾经说过："我并不把美学视为一门涉及科学或学科的名称。以我之见，美学应被界定为某种思想方式。"修武通过美学重建文化自信，推动地方文化自觉的实践，促进了优秀传统文化传承与创新发展，美学在修武落地生根。修武路径正在探索一场"美学思潮"运动，美学开始超越学科视域，在经济、社会、文化、政治、生态、乡村、城市建设中全面发力，美学变为生产力。美学经济不仅实实在在推动了修武乡村经济的发展，更重要的还在于它为修武的农民重塑了文化的风骨，重建了精神的脊梁，唤醒了每个修武村民内生的发展动力。

当然，我们也须看到，以美学经济推动乡村发展的实践模式仍在艰难地探索中前行。在具体的发展中，无论是全民美育的乡村美学教育，还是乡村在地美学产业的发展，都有一个漫长的培育和孵化周期。这一过程中出现的新情况、新问题需要我们进一步总结分析，以更好地促进未来乡村振兴和乡村建设工作的发展。

文化蓝皮书
中国乡村文化发展报告

大事记

中国乡村文化建设大事记（1978-2021年）

张 奎 刘立杰 刘姝曼[*]

1978年12月18至22日 中国共产党十一届三中全会召开，作出了把党和国家工作中心转移到经济建设上来、实行改革开放的历史性决策。

1980年7月14日 文化部印发《关于加强群众文化工作的几点意见》。该意见提出认真贯彻群众文化工作的方针、政策，把公社所在地（小城镇）逐步建设成农村文化中心，加强文化馆、文化站和群众艺术馆的建设，切实加强和改善对群众文化工作的领导等要求。

1981年8月15日 中共中央发出《关于关心人民群众文化生活的指示》，要求各级党委和有关部门重视人民群众的文化生活，把它放在党委工作的重要位置上，认真抓好，切实解决在这方面存在着的各种有可能解决的困难问题，引导人民群众的文化娱乐活动走上更加丰富、更加健康的轨道。

1982年1月1日 中共中央批转印发《全国农村工作会议纪要》（1982年中央一号文件），正式承认家庭联产承包责任制的合法性。文件肯定了多种形式的责任制，特别指出包干到户、包产到户都是社会主义集体经济的生产责任制。该文还提出：要加强农民教育，抓紧扫盲工作，提高科学文化水平。在广大农村开展深入的思想政治教育和政策教育，并把这种教育经常化，不断对农民灌输社会主义思想，为建设具有高度精神文明和高

---

[*] 大事记由张奎、刘立杰、刘姝曼收集整理。张奎，北京交通大学语言与传播学院讲师，主要研究方向为数字文化产业、文化社会评价；刘立杰，中国农业大学人文与发展学院博士后，主要研究方向为农村社会学、发展研究；刘姝曼，中国社会科学院中国文化研究中心助理研究员，主要研究方向为乡村文化建设、艺术人类学。

度物质文明的新农村而努力。

1983年1月2日 中共中央印发《当前农村经济政策的若干问题》(1983年中央一号文件)。重点是放活农村工商业。文件提出"两个转化",即促进农业从自给半自给经济向较大规模的商品生产转化,从传统农业向现代农业转化;指出必须始终坚持两手抓的方针,一手抓物质文明,一手抓精神文明,使整个农村的物质生活不断改善,思想政治不断进步,文化知识不断提高;要求加强农村各种文化、卫生设施的建设。改变农村面貌,建设星罗棋布的小型经济文化中心。

1983年1月20日 中共中央发出《关于加强农村思想政治工作的通知》。该通知提出,对农民进行教育必须遵循理论和实际密切结合的原则,必须把提高农村的文化水平当作一个重要任务,系统地抓下去等具体要求。

1983年5月6日 中共中央、国务院印发《关于加强和改革农村学校教育若干问题的通知》,指出了农村学校的任务,主要是提高新一代农村劳动者的文化科学水平;并提出了普及初等教育的任务和措施。

1984年1月1日 中共中央发布《关于1984年农村工作的通知》(1984年中央一号文件),允许农民自理口粮到集镇落户和务工经商,同时提出加强农村思想政治工作和文化教育工作,开展"五讲四美三热爱"和文明村、文明企业、五好家庭活动。

1985年1月1日 中共中央、国务院发布《关于进一步活跃农村经济的十项政策》(1985年中央一号文件),取消农副产品统购统销制度,提出"允许农民进城开店设坊,兴办服务业,提供各种劳务","进一步扩大城乡经济交往",加强小城镇建设。

1986年1月1日 中共中央、国务院下发《关于一九八六年农村工作的部署》(1986年中央一号文件),强调增加农业投入,调整工农城乡关系。文件还提出要"通过整党加强农村党的建设,发挥基层党组织在农村物质文明和精神文明建设中的战斗堡垒作用"。

1986年5月29日 中宣部、广电部、文化部、农牧渔业部发出《关于解决当前农村看电影难问题的意见》。该意见指出在各级党委领导下，政府文化部门和农业部门都要重视农村电影放映和活动，积极加强对这一工作的领导与管理，切实安排好农村电影放映活动，以满足广大农民看电影的要求。

1986年6月16日 中共中央宣传部、共青团中央、农牧渔业部、文化部、广播电影电视部、国家教委、国家体委和全国妇联联合印发《关于加强农村"青年之家"建设的通知》，提出要把农村"青年之家"办成思想政治教育的阵地、科技文化学习的课堂、致富信息交流的窗口和文娱体育活动的场所，为广大农民服务、为建设两个文明服务。

1986年9月28日 中国共产党第十二届中央委员会第六次全体会议通过《中共中央关于社会主义精神文明建设指导方针的决议》。该决议提出，加强精神文明建设，不单是思想文教部门的任务，而且是各条战线和一切部门的任务，是全党全军和全国各族工人、农民、知识分子和其他劳动者、爱国者的共同的长期的任务；其中要求，在广大城乡要积极开展移风易俗的活动，提倡文明健康科学的生活方式，克服社会风俗习惯中还存在的愚昧落后的东西。

1986年10月 中国第一家农家乐在四川省郫县农科村诞生。自此，以农家乐为代表的乡村休闲旅游蓬勃发展。

1989年10月30日 由共青团中央倡导、中国青少年基金会发起的希望工程正式启动实施，以长期资助我国贫困地区品学兼优而又因家庭困难失学的孩子。（截至2019年，全国希望工程累计接受捐款161亿元，资助家庭困难学生617.02万名，援建希望小学20359所，同时，还根据贫困地区实际推出了"圆梦行动""希望厨房"、乡村教师培训等项目，有效推动了贫困地区教育事业发展、服务了贫困家庭青少年成长发展、弘扬了社会文明新风，希望工程成为我国社会参与最广泛、最富影响力的公益事业之一。）

1990年12月1日 中共中央、国务院印发《关于一九九一年农业和农村工作的通知》，提出各地要把社会主义思想教育作为精神文明建设的基本内容。

1990年12月30日 中国共产党第十三届中央委员会第七次全体会议通过《中共中央关于制定国民经济和社会发展十年规划和"八五"计划的建议》。该意见指出农业发展在很大程度上取决于广大农民科学文化素质的提高和先进农业科技成果的推广应用，并提出力争到本世纪末，在全国基本普及初等义务教育，在城镇以及经济比较发达的农村地区基本普及初中阶段义务教育。

1991年11月29日 中国共产党第十三届中央委员会第八次全体会议通过了《中共中央关于进一步加强农业和农村工作的决定》。此文件提出要继续深入开展社会主义思想教育，加强农村精神文明建设和民主法制建设。

1993年2月13日 中共中央、国务院印发《中国教育改革和发展纲要》。该纲要提出：大力发展农村成人教育，积极办好乡镇成人文化技术学校，全面提高农村从业人员的素质；抓紧扫除青壮年文盲，坚持标准，讲求实效，把文化教育和职业技术教育结合起来；各级政府要增加扫盲拨款，设立社会扫盲基金，并加强领导，把扫盲任务落实到乡、村。同时，要求县、乡两级政府要把教育纳入当地经济、社会发展的整体规划，分级统筹管理基础教育、职业技术教育、成人教育，统筹规划经济、科技、教育的发展，促进"燎原计划"与"星火计划""丰收计划"的有机结合，落实科教兴农战略。

1993年11月5日 中共中央、国务院发布《关于当前农业和农村经济发展的若干政策措施》，提出在加快农村改革开放和经济建设的同时，切实加强以党支部为核心的基层组织建设、精神文明建设、民主法制建设。

1994年4月15日 国务院印发《国家八七扶贫攻坚计划》。该计划提出了改变教育文化卫生的落后状况等的奋斗目标，并要求：文化部门要为贫困地区安排一定的文化设施建设，坚持采取电影巡回放映队、文化流动车等灵活多样的形式改善群众文化生活；广播电影电视部门要为贫困地区建设电视差转台，扩大电视收视率和有线广播覆盖范围。

1995年10月20日 中共中央办公厅、国务院办公厅转发《中央宣传部、农业部关于深入开展农村社会主义精神文明建设活动的若干意见》，强调要坚持不懈地对农民进行思想教育，把农村道德建设提高到一个新水平，积极推动农村文化的发展和繁荣，扎实开展创建文明家庭、文明村镇和文明乡镇企业等活动。

1996年3月17日 第八届全国人民代表大会第四次会议批准《中华人民共和国国民经济和社会发展"九五"计划和2010年远景目标纲要》，提出实施"科教兴农"战略。

1996年10月10日 中国共产党第十四届中央委员会第六次全体会议审议并通过了《中共中央关于加强社会主义精神文明建设若干重要问题的决议》。该决议指出县、乡应主要建设综合性的文化馆、文化站；同时提出：要以提高农民素质、奔小康和建设社会主义新农村为目标，开展创建文明村镇活动；要依据国家法律法规，制定乡规民约，破除陈规陋习，反对非法宗教活动；继续做好文化科技下乡、扶贫工作；充分发挥农村党员干部、教师、知识青年和退伍转业军人在精神文明建设中的作用。

1996年12月26日 中央宣传部、国家科委、农业部、文化部等十部委联合下发《关于开展文化科技卫生"三下乡"活动的通知》，该通知提出了图书、报刊下乡，送戏下乡，电影、电视下乡，开展群众性文化活动等文化下乡任务。

1998年10月14日 中国共产党第十五届中央委员会第三次全体会议通过《中共中央关于农业和农村工作若干重大问题的决定》。该《决定》提出：要加强农村的思想道德教育和法制教育，广泛开展创建"文明户""文明村镇"活动，大力发展农村教育事业，全面提高农民的思想道德素质和科学文化素质。

1998年11月26日 文化部发布《关于进一步加强农村文化建设的意

见》。该意见主要提出：积极开展文化活动，丰富农民文化生活；繁荣农村文艺创作，为农民提供优秀的文艺作品；采取特殊政策和措施，促进少数民族地区文化事业发展；稳定和提高农村文化队伍；深化文化体制改革，增强农村文化事业活力。

2000年2月13日 教育部办公厅印发《关于开展全国农村学校艺术教育实验工作的通知》。该通知主要针对目前我国农村学校艺术教育发展的薄弱状况，在全国不同地区选择了58个县（市、区、旗）作为实验单位，期望到2004年通过5年的实验，在农村学校艺术教育观念、教育管理、教学内容和形式、师资培养和培训以及教学评价等方面，总结、探索出一些比较适应社会与教育改革与发展需要的我国农村学校艺术教育的规律和途径。

2000年11月30日 在澳大利亚凯恩斯举行的联合国教科文组织第24届世界遗产委员会会议上，皖南古村落"西递、宏村"成功列入《世界文化遗产》名录。

2001年1月21日 文化部发布《关于贯彻落实"三个代表"重要思想进一步加强农村文化工作的通知》。该通知提出：加强文化设施建设，为广大农民提供基本的文化活动场所；加强农村文化设施管理，充分发挥文化设施的功能作用；加强文化队伍建设，建立一支专兼结合的农村文化工作基本队伍；丰富文化活动内容，增强农村文化工作的影响力和渗透力；建立和完善基本的文化活动方式。

2002年1月22日 文化部、国家计委、财政部联合发布《关于进一步加强基层文化建设的指导意见》。该意见提出要推进农村文化活动方式的创新，具体要求包括：继续发展民间艺术之乡、特色艺术之乡和民族民间文化生态保护区，继承和发展民族民间传统特色艺术；充分利用农闲时间、集市和民族民间传统节日，开展生动活泼的文化活动；努力搞好农村电影发行放映工作，力争实现每村每月放映一场电影的目标；鼓励发展庭院文化；艺术表演团体、群艺馆、文化馆、图书馆、电影公司等要在文化、科技、卫生"三下乡"活动中发挥作用，深入基层为群众送戏、送书、送电影、送文化科技知识；要充分发挥流动文化车、文化小分队的作用，积极探索灵活多样、行之有效的文化下乡新方法和新形式。

2002年4月17日 文化部发布《关于进一步活跃基层群众文化生活的通知》，提出了深入开展文化下乡活动、积极争取解决农村电影放映经费问题、发挥传统民族民间艺术在活跃群众文化生活中的作用等举措。同日，文化部、财政部发布《关于实施全国文化信息资源共享工程的通知》。该通知强调，"共享工程"的建设目标是把文化信息资源传送到城乡基层文化网点和群众身边，要坚持以公益性为主，充分发挥各级文化、财政部门的积极性。

2003年3月20日 共青团中央办公厅发布《关于表彰2002年度"乡村青年文化活动先进县（市、区）""优秀乡村青年文化活动项目"和"乡村青年文化名人"的通知》。此举为进一步发挥团组织在繁荣和促进农村先进文化中的积极作用，推动"乡村青年文化节"活动深入持久地开展下去，特命名北京市昌平区等95个县（市、区）为"乡村青年文化活动先进县（市、区）"，命名共青团浙江省委、共青团上海市委、共青团江苏省委开展的"长江三角洲乡村青年文化节"等92个项目为"优秀乡村青年文化活动项目"，授予孙海龙等72名同志为"乡村青年文化名人"称号。

2003年6月22日 在柬埔寨金边举行的第37届世界遗产大会上，云南红河哈尼梯田成功入遗，被批准列入联合国教科文组织《世界遗产名录》中的文化遗产目录。

2003年7月16日 中央宣传部、中央文明办、文化部、共青团中央印发《关于实施"百县千乡宣传文化工程"志愿服务行动的通知》。该通知提出志愿者在服务期间的主要工作任务是：围绕当地党委、政府工作大局，开展政策宣传教育活动；结合实际，开展多种形式的农村精神文明创建活动和科技知识普及宣传活动；管好、用好现有宣传文化设施，开展丰富多彩的文化体育活动；加强农村文化网络建设；配合、协助农村基层团组织做好青年中心的建设和管理工作。

2003年10月8日 建设部、国家文物局印发《关于公布中国历史文化名镇（村）（第一批）的通知》。该通知提出，从当年起在全国选择一些保存文物特别丰富并且具有重大历史价值或革命纪念意义，能较完整地反映一些历史时期的传统风貌和地方民族特色的镇（村），分期分批公布为中国历史文化名镇和中国历史文化名村，并制定了《中国历史文化名镇（村）评选办法》，决定公布山西省灵石县静升镇、江苏省昆山市周庄镇等10个镇为第一批中国历史文化名镇以及北京市门头沟区斋堂镇爨底下村、山西省临县碛口镇西湾村等12个村为第一批中国历史文化名村。截至2019年1月，住房和城乡建设部（原建设部）、国家文物局公布了七批共计799个中国历史文化名镇名村。

2003年12月8日 首批近400种1500余册图书8日落户西柏坡镇宣传文化站，这标志着由文化部、财政部共同实施、国家图书馆具体承办的国家重点文化项目"送书下乡工程"正式启动。

2003年12月31日 中共中央、国务院公布《关于促进农民增加收入若干政策的意见》（2004年中央一号文件）。这也是时隔十八年后中央一号文件再次聚焦三农问题，文件提出，要"坚持'多予、少取、放活'的方针，调整农业结构，扩大农民就业，加快科技进步，深化农村改革，增加农业投入，强化对农业支持保护，力争实现农民收入较快增长，尽快扭转城乡居民收入差距不断扩大的趋势"。该意见强调了农村文化建设在农村社会事业发展中的重要性。

2004年12月31日 中共中央、国务院发出《关于进一步加强农村工作提高农业综合生产能力若干政策的意见》（2005年中央一号文件），强调提高农业综合生产能力，首次从文化建设层面关照农村文化发展，明确提出完善农村公共文化服务体系。

2005年3月23日 中央精神文明建设指导委员会办公室发布《关于推荐全国文明城市、文明村镇、文明单位和全国精神文明创建工作先进单位的通知》，并于当年公布了第一批494个全国文明村镇。（截至2020年11月，中央文明委公布了六批共计6690个全国文明村镇。）

2005年3月26日 国务院办公厅发布《关于加强我国非物质文化遗产保护工作的意见》。该意见提出，研究探索对传统文化生态保持较完整并具有特殊价值的村落或特定区域，进行动态整体性保护的方式；在传统文化特色鲜明、具有广泛群众基础的社区、乡村，开展创建民间传统文化之乡的活动。

2005年11月7日 中共中央办公厅、国务院办公厅发布《关于进一步加强农村文化建设的意见》。该意见提出要充分认识加强农村文化建设的重要性和紧迫性，指出要大力推进广播电视进村入户、积极发展农村电影放映、开展农村数字化文化信息服务、推动服务"三农"的出版物出版发行、加强乡村文化设施建设、加大文化资源向农村的倾斜等加强农村公共文化建设的政策要求，要求开展多种形式的群众文化活动、着力发展农村特色文化、提供更多更好的农村题材文化产品等来丰富农民群众精神文化生活；并在创新农村文化建设的体制和机制、动员社会力量支持农村文化建设、加强对农村文化建设的组织领导等方面提出具体意见。

2005年12月29日 十届全国人大常委会第十九次会议经表决决定，于1958年6月3日通过的农业税条例自2006年1月1日起废止。农业税的取消，极大地减轻了农民的负担，是中国数千年农业史上前无古人的创举。

2005年12月31日 中共中央、国务院印发《关于推进社会主义新农村建设的若干意见》。该意见提出要繁荣农村文化事业，具体要求包括：各级财政要增加对农村文化发展的投入，加强县文化馆、图书馆和乡镇文化站、村文化室等公共文化设施建设，继续实施广播电视"村村通"和农村电影放映工程，发展文化信息资源共享工程农村基层服务点，构建农村公共文化服务体系；推动实施农民体育健身工程；积极开展多种形式的群众喜闻乐见、寓教于乐的文体活动，保护和发展有地方和民族特色的优秀传统文化，创新农村文化生活的载体和手段，引导文化工作者深入乡村，满足农民群众多层次、多方面的精神文化需求；扶持农村业余文化队伍，鼓励农民兴办文化产业；加强农村文化市场管理，抵制腐朽落后文化。

2006年2月21日 中共中央、国务院发布《关于推进社会主义新农村建设的若干意见》（2006年中央一号文件），提出社会主义新农村建设。围绕"生产发展、生活宽裕、乡风文明、村容整洁、管理民主"的20字要求，明确了协调推进农村文化建设的内容，确立了农村文化政策的新取向。

2006年9月13日 新华社发布《国家"十一五"时期文化发展规划纲要》。作为新中国成立以来颁布实施的第一个国家文化发展纲要，该纲要提出增加政府投入，调整资源配置，着力推进农村文化建设重点工程，加大文化资源向农村的倾斜，建立农村文化建设的长效机制。

2006年9月20日 国务院办公厅印发《关于进一步做好新时期广播电视村村通工作的通知》，明确了新时期"村村通"工作的目标任务，要求增加收听收看广播电视节目套数，丰富服务"三农"的广播电视节目内容，建立健全推进"村村通"工作的长效机制，构建农村广播电视公共服务体系。

2007年1月29日 中共中央、国务院公布《关于积极发展现代农业扎实推进社会主义新农村建设的若干意见》（2007年中央一号文件），核心是积极发展现代农业。同时，对农业的文化传承功能予以关切，对文化事业提出要求，"增加农村文化事业投入，加强农村公共文化服务体系建设"。

2007年3月6日 新闻出版总署、中央文明办等八部委发布《关于印发〈"农家书屋"工程实施意见〉的通知》，开始在全国范围内实施"农家书屋"工程。农家书屋是为满足农民文化需要，在行政村建立、农民自己管理、能提供农民实用的书报刊和音像电子产品阅读视听条件的公益性文化服务设施。

2007年3月13日 新闻出版总署、中央文明办、发改委、科技部、民政部、财政部、农业部、计生委等八部委正式印发《农家书屋工程实施意见》。该意见指出，工程的建设对保障农民群众基本文化权益，推进社会主义新农村和小康社会建设具有重要意义；工程的主要任务是为广大农民普及科技知识，传播先进文化，提供精神食粮，体现人文关怀，努力满足广大农村群众最基本的精神文化需求和日益增长的多层次、多方面文化消费需要。

2007年5月22日 国务院办公厅转发广电总局、发改委、财政部、文化部发布的《关于做好农村电影工作的意见》。该意见提出了扶持农村题材影片的创作生产、推进农村电影体制机制改革、推广农村电影数字化放映、扶持农村电影公益性放映等政策措施。

2007年6月28日 在新西兰召开的联合国教科文组织第31届世界遗产委员会大会上，"开平碉楼与村落"申报世界文化遗产项目顺利通过表决，被正式列入《世界遗产名录》，成为中国第35处世界遗产，广东省第一处世界文化遗产。

2008年1月30日 中共中央、国务院公布《关于切实加强农业基础建设进一步促进农业发展农民增收的若干意见》（2008年中央一号文件），核心是加强农业基础建设，加大三农投入。该意见提出：探索城乡一体化发展，加强农村精神文明建设，用社会主义荣辱观引领农村社会风尚，建设文化信息资源共享工程农村基层服务点。

2008年4月22日 《历史文化名城名镇名村保护条例》公布（中华人民共和国国务院令第524号）。该条例旨在加强历史文化名城、名镇、名村的保护与管理，继承中华民族优秀历史文化遗产，同时要求历史文化名城、名镇、名村的保护应当遵循科学规划、严格保护的原则，保持和延续其传统格局和历史风貌，维护历史文化遗产的真实性和完整性，继承和弘扬中华民族优秀传统文化，正确处理经济社会发展和历史文化遗产保护的关系。该条例对历史文化名城、名镇、名村的申报与批准、保护规划、保护措施、有关法律责任等作出明确规定。（该条例2017年10月7日予以修正。）

2008年7月7日 在加拿大魁北克城举行的联合国教科文组织第

三十二届世界遗产大会上，独具特色的大型民居建筑——中国"福建土楼"被正式列入《世界遗产名录》。

2008年10月12日 中国共产党第十七届中央委员会第三次全体会议通过《中共中央关于推进农村改革发展若干重大问题的决定》，该决定指出社会主义文化建设是社会主义新农村建设的重要内容和重要保证，并提出了繁荣发展农村文化的若干要求，包括：坚持用社会主义先进文化占领农村阵地，满足农民日益增长的精神文化需求，提高农民思想道德素质；扎实开展社会主义核心价值体系建设，坚持用中国特色社会主义理论体系武装农村党员、教育农民群众，引导农民牢固树立爱国主义、集体主义、社会主义思想；推进广播电视村村通、文化信息资源共享、乡镇综合文化站和村文化室建设、农村电影放映、农家书屋等重点文化惠民工程，建立稳定的农村文化投入保障机制，尽快形成完备的农村公共文化服务体系；扶持农村题材文化产品创作生产，开展农民乐于参与、便于参与的文化活动，建立文化科技卫生"三下乡"长效机制，支持农民兴办演出团体和其他文化团体，引导城市文化机构到农村拓展服务；重视丰富农民工文化生活，帮助他们提高素质；广泛开展文明村镇、文明集市、文明户、志愿服务等群众性精神文明创建活动，倡导农民崇尚科学、诚信守法、抵制迷信、移风易俗，遵守公民基本道德规范，养成健康文明生活方式，形成男女平等、尊老爱幼、邻里和睦、勤劳致富、扶贫济困的社会风尚；加强农村文物、非物质文化遗产、历史文化名镇名村保护；发展农村体育事业，开展农民健身活动。

2008年12月31日 中共中央、国务院发布《中共中央国务院关于2009年促进农业稳定发展农民持续增收的若干意见》（2009年一号文件）。该文件指出要推进城乡经济一体化发展，建立稳定的农村文化投入保障机制，尽快形成完备的农村公共文化服务体系，推进重点文化惠民工程。

2009年9月8日 《乡镇综合文化站管理办法》以文化部令的形式颁布。该办法的颁布，对于提高乡镇综合文化站管理和服务水平，将乡镇综合文化站的管理纳入科学化、法制化轨道，促进农村公共文化服务体系建设，具有重要意义。

2009年12月31日 中共中央、国务院发布《关于加大统筹城乡发展力度进一步夯实农业农村发展基础的若干意见》（2010年中央一号文件），围绕"统筹城乡发展"、夯实农业农村发展基础，加大强农惠农力度。具体指出要提高农村教育卫生文化事业发展水平，建立稳定的农村文化投入保障机制，广泛开展群众性精神文明创建活动。

2010年3月10日 住房城乡建设部和国家旅游局印发《关于公布全国特色景观旅游名镇（村）示范名单（第一批）的通知》，该名单包括了北京门头沟区斋堂镇、延庆县八达岭镇等105个全国特色景观旅游名镇（村）。截至2015年8月，住房城乡建设部、国家旅游局公布了三批共计553个全国特色景观旅游名镇名村。

2010年7月27日 农业部、国家旅游局印发《关于开展全国休闲农业与乡村旅游示范县和全国休闲农业示范点创建活动的意见》，此举措主要为加快休闲农业和乡村旅游发展，推进农业功能拓展、农村经济结构调整、社会主义新农村建设和促进农民就业增收。该意见提出：从2010年起，利用3年时间，培育100个全国休闲农业与乡村旅游示范县和300个全国休闲农业示范点。

2011年1月29日 中共中央、国务院发布《关于加快水利改革发展的决定》（2011年中央一号文件），主题为加快水利改革发展，这是新中国成立以来中央文件首次对水利工作进行全面部署，着力加强农田水利建设，推动水利实现跨越式发展。

2011年9月25日 文化部、人力资源和社会保障部和中华全国总工会近日下发《关于进一步加强农民工文化工作的意见》。该意见明确：到2015年，我国将形成相对完善的"政府主导、企业共建、社会参与"的农民工文化工作机制，建立相对稳定的农民工文化经费保障机制，农民工文化服务将切实纳入公共文化服务体系。该意见明确提出，要加强政府对农民工文化工作的领导,充分发挥城市社区、用工企业和社会力量的积极作用,营造全社会共同关心支持农民工文化工作的良好局面。

2011年11月15日 文化部、财政部印发《关于进一步加强公共数字文化建设的指导意见》。该意见提出,要建成内容丰富、技术先进、覆盖城乡、传播快捷的公共数字文化服务体系,为广大群众提供丰富便捷的数字文化服务,切实保障信息技术环境下公共文化服务的公益性、基本性、均等性、便利性;重点实施文化共享工程、数字图书馆推广工程和公共电子阅览室建设计划三大公共数字文化惠民工程。

2012年12月12日 住房城乡建设部、文化部、财政部印发《关于加强传统村落保护发展工作的指导意见》。该意见旨在建设优秀传统文化传承体系、弘扬中华优秀传统文化的精神、促进传统村落的保护传承利用和建设美丽中国,提出要充分认识传统村落保护发展的重要性和必要性,明确了保护发展传统村落要坚持规划先行、统筹指导、整体保护、兼顾发展、活态传承、合理利用,政府引导、村民参与的原则,提出了不断完善传统村落调查、建立国家和地方的传统村落名录、建立保护发展管理制度和技术支撑体系、制定保护发展政策措施、培养保护发展人才队伍、开展宣传教育和培训等任务要求。

2012年12月15日 国家民委印发了《少数民族特色村寨保护与发展规划纲要(2011-2015年)》。该纲要明确了少数民族特色村寨保护与发展的指导思想、基本原则、扶持对象和发展目标,提出了改善村寨生产生活条件、大力发展特色产业、重点推进民居保护与建设、加强民族文化保护与传承、深入开展民族团结进步创建活动等主要任务。

2012年12月17日 住房城乡建设部、文化部、财政部印发《关于公布第一批列入中国传统村落名录村落名单的通知》,北京市房山区南窖乡水峪村、天津市蓟县渔阳镇西井峪村、河北省石家庄市井陉县南障城镇大梁江村等646个村落被列入第一批中国传统村落名录。截至2019年6月,住房和城乡建设部等部门公布了五批共计6819个中国传统村落名录的村落。

2012年12月31日 中共中央、国务院发布《关于加快发展现代农业进一步增强农村发展活力的若干意见》。该意见提出，要深入实施农村重点文化惠民工程，建立农村文化投入保障机制。

2013年1月30日 文化部印发《全国文化信息资源共享工程"十二五"规划纲要》。该纲要提出，继续以农村和中西部地区为重点，扩大覆盖，消除盲点，提高标准，完善文化共享工程国家、省、市、县（区）、乡镇（街道）、村（社区）六级服务网络。

2013年1月31日 中共中央、国务院发布《关于加快发展现代农业进一步增强农村发展活力的若干意见》（2013年中央一号文件），进一步增强农村发展活力，鼓励企业和社会组织参与农村文化建设。

2013年5月9日 农业部发布《关于公布第一批中国重要农业文化遗产名单的通知》，确定了河北宣化传统葡萄园、云南红河哈尼稻作梯田系统等19个传统农业系统为第一批中国重要农业文化遗产。截至2020年4月，农业农村部分五批认定了118项中国重要农业文化遗产。

2014年1月2日 中共中央、国务院发布《中共中央国务院关于全面深化农村改革加快推进农业现代化的若干意见》（2014年中央一号文件），提出"全面深化农村改革"，坚持社会主义市场经济改革方向，处理好政府和市场的关系，激发农村经济社会活力。该文件还提出要有效整合各类农村文化惠民项目和资源，推动县乡公共文化体育设施和服务标准化建设，深入推进农村精神文明建设，倡导"移风易俗"，培养良好道德风尚。

2014年4月25日 住房城乡建设部、文化部、国家文物局、财政部联合印发《关于切实加强中国传统村落保护的指导意见》。该意见提出了保护文化遗产、改善基础设施和公共环境、合理利用文化遗产、建立保护管理机制等主要任务，保持传统村落的完整性、真实性、延续性的基本要求。

2014年8月8日 文化部、财政部印发《关于推动特色文化产业发展的指导意见》。该意见提出打造特色文化城镇和乡村，要求突出传统特点，彰显文化特色，保护历史文化名镇名村和乡村原始风貌、自然生态，鼓励文化资源丰富的村镇因地制宜发展特色文化产业，建设一批文化特点鲜明和主导产业突出的特色文化产业示范乡镇、特色文化街区、特色文化乡村，促进城镇居民、农业转移人口和农民就业增收。

2014年9月5日 住房城乡建设部、文化部、国家文物局印发《关于做好中国传统村落保护项目实施工作的意见》。该意见针对存在的盲目建设、过度开发、改造失当等修建性破坏现象，提出了做好规划实施准备、挂牌保护文化遗产、严格执行乡村建设规划许可制度、确定驻村专家和村级联络员、建立本地传统建筑工匠队伍、稳妥开展传统建筑保护修缮、加强公共设施和公共环境整治项目管控、严格控制旅游和商业开发项目、建立专家巡查督导机制等十二条意见。

2014年9月23日 国家民委印发《关于命名首批中国少数民族特色村寨的通知》，决定命名北京市房山区窦店村、南宁市兴宁区三塘镇路东村留肖坡等340个村寨为首批"中国少数民族特色村寨"。截至2020年5月，国家民委分三批共命名了1652个"中国少数民族特色村寨"。

2015年1月1日 中共中央、国务院发布《关于加大改革创新力度加快农业现代化建设的若干意见》（2015年中央一号文件），明确提出开发农业的多种功能，如文化教育价值、旅游观光等，拓展重大文化惠民项目服务三农内容，加强农村思想道德建设，创新乡贤文化，传承乡村文明。

2015年1月14日 新华社授权发布中共中央办公厅、国务院办公厅印发的《关于加快构建现代公共文化服务体系的意见》。该意见针对统筹推进公共文化服务均衡发展提出，要促进城乡基本公共文化服务均等化，推动革命老区、民族地区、边疆地区、贫困地区公共文化建设实现跨越式发展，保障特殊群体基本文化权益，建立基本公共文化服务标准体系，提升公共文化设施建设、管理和服务水平等。

2015年8月18日 国家旅游局公布了北京怀柔雁栖"不夜谷"、重庆江津李家村等首批20个"中国乡村旅游创客示范基地"。截至2017年7月，国家旅游局分三批公布了共计100个"中国乡村旅游创客示范基地"。

2015年10月2日 国务院办公厅发布《关于推进基层综合性文化服务中心建设的指导意见》。该意见主要为推进乡镇（街道）和村（社区）的基层公共文化资源有效整合和统筹利用，提升文体广场等基层公共文化设施建设、管理和服务水平。

2015年11月29日 中共中央、国务院发布《关于打赢脱贫攻坚战的决定》，提出"到2020年农村贫困人口实现脱贫"的战略目标。

2015年12月31日 中共中央、国务院发布《关于落实发展新理念加快农业现代化实现全面小康目标的若干意见》（2016年中央一号文件），要求各地区各部门牢固树立和深入贯彻落实创新、协调、绿色、开放、共享的发展理念，大力推进农业现代化，确保亿万农民与全国人民一道迈入全面小康社会。文化上要"全面加强农村公共文化服务体系建设"，从关注"乡村公共文化基础设施建设"转移到"公共文化设施联动及整体效应发挥"问题上来。该《意见》还提出了：推进农村产业融合，大力发展休闲农业和乡村旅游；加强乡村生态环境和文化遗存保护；加大传统村落、民居和历史文化名村名镇保护力度；培育文明乡风、优良家风、新乡贤文化等。

2016年11月30日 在埃塞俄比亚首都亚的斯亚贝巴召开的联合国教科文组织保护非物质文化遗产政府间委员会第十一届常会通过决议，将中国申报的"二十四节气——中国人通过观察太阳周年运动而形成的时间知识体系及其实践"列入联合国教科文组织人类非物质文化遗产代表作名录。

2016年12月25日 第十二届全国人民代表大会常务委员会第二十五次会议通过《中华人民共和国公共文化服务保障法》，该法于2017年3月1日起施行。该法第三十五条提出：国家重点增加农村地区图书、报刊、戏曲、电影、广播电视节目、网络信息内容、节庆活动、体育健身活动等公共文化产品供给，促进城乡公共文化服务均等化。面向农村提供的图书、报刊、电影等公共文化产品应当符合农村特点和需求，提高针对性和时效性。该法第三十六条提出：地方各级人民政府应当根据当地实际情况，在人员流动量较大的公共场所、务工人员较为集中的区域以及留守妇女儿童较为集中的农村地区，配备必要的设施，采取多种形式，提供便利可及的公共文化服务。

2016年12月31日 中共中央、国务院发布《关于深入推进农业供给侧结构性改革加快培育农业农村发展新动能的若干意见》（2017年中央一号文件），明确指出"深入推进农业供给侧结构性改革"。该《意见》还提出要加强农业文化旅游三产融合、农村公共文化服务体系和精神文明建设、重要农业文化遗产保护以及农村移风易俗工作。

2017年3月12日 国务院办公厅发布《关于转发文化部等部门中国传统工艺振兴计划的通知》。该计划有助于促进就业，实现精准扶贫，提高城乡居民收入，增强传统街区和村落活力；并提出了建立国家传统工艺振兴目录，扩大非物质文化遗产传承人队伍，将传统工艺作为中国非物质文化遗产传承人群研修研习培训计划实施重点，加强传统工艺相关学科专业建设和理论、技术研究，提高传统工艺产品的设计、制作水平和整体品质，拓宽传统工艺产品的推介、展示、销售渠道，加强行业组织建设，加强文化生态环境的整体保护，促进社会普及教育，开展国际交流与合作的主要任务。

2017年4月28日 中共中央宣传部、文化部、财政部印发了《关于戏曲进乡村的实施方案的通知》，以充分发挥戏曲在传承中华优秀传统文化、丰富群众精神文化生活、提升基层公共文化服务水平中的积极作用。

2017年7月11日 国家发改委会同工业和信息化部、财政部等14部门联合印发《促进乡村旅游发展提质升级行动方案（2017年）》，提出"因地制宜，突出特色""产业协同，融合发展""以农为本，注重保护""政府引导，社会参与"等4项基本原则，并提出了13条具体的政策措施。（2018年10月10日，文化和旅游部、国家发展改革委等13部门联合发布了《促进乡村旅游发展提质升级行动方案（2018年-2020年）》。）

2017年7月30日 国家旅游局发布"中国优秀国际乡村旅游目的地"的名单，从乡村旅游产品具有稀缺性和独特性、国际旅游市场知名度和游客美誉度、基础设施和国际化接待服务水平、科学管理水平以及国际化营销网络建设水平等方面进行了评审，拟认定江苏省昆山市周庄、香村等10家单位为"中国优秀国际乡村旅游目的地"。

2017年10月18日 习近平总书记在中国共产党第十九次全国代表大会上作报告《决胜全面建成小康社会 夺取新时代中国特色社会主义伟大胜利》，提出实施乡村振兴战略，并将其作为七大战略之一写入党章。要求坚持农业农村优先发展，按照产业兴旺、生态宜居、乡风文明、治理有效、生活富裕的总要求，建立健全城乡融合发展体制机制和政策体系。在我国"三农"发展进程中具有划时代意义。

2017年11月23日 联合国粮农组织全球重要农业文化遗产（GIAHS）专家会议在意大利罗马召开，我国浙江湖州桑基鱼塘系统和甘肃迭部扎尕那农林牧复合系统入选全球重要农业文化遗产保护名录，中国南方稻作梯田（含福建尤溪联合梯田、江西崇义客家梯田、湖南新化紫鹊界梯田、广西龙胜龙脊梯田）和山东夏津黄河故道古桑树群同时获得原则批准。至此，我国有15个项目列入全球农业文化遗产保护名录，位居世界第一。

2018年1月2日 中共中央、国务院发布《关于实施乡村振兴战略的意见》（2018年中央一号文件），首次以"乡村"代替"农村"说法，提出乡村振兴战略，明确按照产业兴旺、生态宜居、乡风文明、治理有效、生活富裕的总要求，统筹推进农村经济建设、政治建设、文化建设、社会建设、生态文明建设和党的建设。文件具体指出：要繁荣兴盛农村文化，焕发乡风文明新气象，包括加强农村思想道德建设、传承发展提升农村优秀传统文化、加强农村公共文化建设、开展移风易俗行动等举措。大力发展文化、科技、旅游、生态等乡村特色产业，振兴传统工艺。

2018年3月8日 习近平主席参加十三届全国人大一次会议山东代表团审议时强调，要推动乡村文化振兴，加强农村思想道德建设和公共文化建设，以社会主义核心价值观为引领，深入挖掘优秀传统农耕文化蕴含的思想观念、人文精神、道德规范，培育挖掘乡土文化人才，弘扬主旋律和社会正气，培育文明乡风、良好家风、淳朴民风，改善农民精神风貌，提高乡村社会文明程度，焕发乡村文明新气象。

2018年9月26日 新华社发布了中共中央、国务院印发的《乡村振兴战略规划（2018-2022年）》。该规划按照产业兴旺、生态宜居、乡风文明、治理有效、生活富裕的总要求，对实施乡村振兴战略作出阶段性谋划。该规划提出了乡村优秀传统文化得以传承和发展，农民精神文化生活需求基本得到满足等发展目标，并从健全公共文化服务体系、增加公共文化产品和服务供给、广泛开展群众文化活动三大方面，提出要推动城乡公共文化服务体系融合发展，增加优秀乡村文化产品和服务供给，活跃繁荣农村文化市场，为广大农民提供高质量的精神营养。该规划提出了乡村文化繁荣兴盛重大工程，包括农耕文化保护传承、戏曲进乡村、贫困地区村综合文化服务中心建设、中国民间文化艺术之乡、古村落与古民居保护利用、少数民族特色村寨保护与发展、乡村传统工艺振兴、乡村经济社会变迁物证征藏等。

2018年12月 国家民委出台了《关于进一步加强和规范新时期少数民族特色村镇保护与发展工作的指导意见》。该意见提出了保护和改造少数民族特色民居、加强人居环境综合整治、加快特色产业发展、加强民族文化保护传承与促进各民族交往交流交融的重点任务。

2018年12月10日 文化和旅游部发布《国家级文化生态保护区管理办法》。该办法对国家级文化生态保护区的申报与设立、建设与管理等进行了明确规定，并提出国家级文化生态保护区建设管理机构应当深入挖掘、阐释非物质文化遗产蕴含的优秀思想观念、人文精神、道德规范，培育文明乡风、良好家风、淳朴民风，提升乡村文明水平，助力乡村振兴。

2019年2月2日 文化和旅游部发布《关于命名2018-2020年度"中国民间文化艺术之乡"的通知》，决定命名北京市大兴区榆垡镇等175个县（县级市、区）、乡镇（街道）为2018-2020年度"中国民间文化艺术之乡"。

2019年2月20日 中共中央、国务院发布《关于坚持农业农村优先发展做好"三农"工作的若干意见》（2019年中央一号文件），全面推进乡村振兴，确保顺利完成到2020年承诺的农村改革发展目标任务。具体内容包括：决战脱贫攻坚、保障农产品供给、改善人居环境和公共服务、发展产业拓宽增收渠道、深化改革、加强农村基层组织建设、加强党对三农工作的领导及落实农业农村优先发展总方针。文化方面继续强调发展特色农业与乡村文旅，支持建设文化礼堂、文化广场等公共文化空间。

2019年5月16日 中共中央办公厅、国务院办公厅印发的《数字乡村发展战略纲要》公布，从加强农村网络文化阵地建设、加强乡村网络文化引导两大方面提出繁荣发展乡村网络文化具体要求。

2019年7月23日 文化和旅游部、国家发改委印发《关于公布第一批全国乡村旅游重点村名单的通知》，决定将北京市怀柔区渤海镇北沟村等320个乡村列入全国乡村旅游重点村名录，列入名录的全国乡村旅游重点村将优先享受国家有关支持政策。截至2020年8月，文化和旅游部、国家发展改革委公布了两批全国乡村旅游重点村名单，第二批有680个乡村列入全国乡村旅游重点村名录。

2019年9月1日 新华社发布中共中央印发的《中国共产党农村工作条例》全文。该条例提出要加强党对农村社会主义精神文明建设的领导：培育和践行社会主义核心价值观，在农民群众中深入开展中国特色社会主义、习近平新时代中国特色社会主义思想宣传教育，建好用好新时代文明实践中心；加强农村思想道德建设，传承发展提升农村优秀传统文化，推进移风易俗；加强农村思想政治工作，广泛开展民主法治教育；深入开展农村群众性精神文明创建活动，丰富农民精神文化生活，提高农民科学文化素质和乡村社会文明程度。

2019年9月4日 中央农村工作领导小组办公室、农业农村部、中央组织部、中央宣传部、中央文明办、教育部、民政部、司法部、文化和旅游部、共青团中央和全国妇联印发《关于进一步推进移风易俗 建设文明乡风的指导意见》。该意见提出了加强舆论引导、广泛开展道德教育、发挥文化传承和浸润作用、以党风政风引领农村新风、营造弘扬文明乡风的实践氛围、创新农村婚丧宴席举办方式等政策举措。

2019年底 中央宣传部会同农业农村部等17个部门联合印发《推进乡村文化振兴工作方案》。

2020年2月25日 中共中央、国务院发布《关于抓好"三农"领域重点工作确保如期实现全面小康的意见》（2020年中央一号文件），明确两大重点任务：集中力量完成打赢脱贫攻坚战和补上全面小康"三农"领域突出短板，并提出相应政策举措。文化上，对乡村基本公共文化服务的范围拓展与内容改善，对送文化下乡、乡村文化人才培养、乡村文艺团体发展等提出明确要求。

2020年4月24日 农业农村部办公厅发布《关于推介首批全国村级"乡风文明建设"优秀典型案例的通知》，评选出北京市通州区于家务乡仇庄村等21个首批全国村级"乡风文明建设"优秀典型案例。

2020年7月9日 农业农村部印发《全国乡村产业发展规划(2020-2025年)》。该规划指出乡村休闲旅游业是农业功能拓展、乡村价值发掘、业态类型创新的新产业，提出要聚焦重点区域、注重品质提升、打造精品工程、提升服务水平等举措以及建设休闲农业重点村、推介中国美丽休闲乡村、推介乡村休闲旅游精品景点线路等乡村休闲旅游精品工程；并提出以功能拓展带动业态融合，推进农业与文化、旅游、教育、康养等产业融合，发展创意农业、功能农业等。

2020年7月17日 文化和旅游部发布《关于统筹做好乡村旅游常态化疫情防控和加快市场复苏有关工作的通知》。该通知从对接政策服务、加快基建进度、推出新产品线路、加大宣传推介、拓宽增收渠道、规范卫生服务、保障旅游安全、做好示范带头等八个方面，对各地统筹常态化疫情防控和推进乡村旅游市场复苏提出了明确要求。

2020年12月28-29日 习近平在中央农村工作会议上强调，要加强社会主义精神文明建设，加强农村思想道德建设，弘扬和践行社会主义核心价值观，普及科学知识，推进农村移风易俗，推动形成文明乡风、良好家风、淳朴民风。

2021年2月21日 中共中央、国务院印发《关于全面推进乡村振兴加快农业农村现代化的意见》（2021年中央一号文件），要求全面推进乡村振兴，坚持把解决好"三农"问题作为全党工作重中之重，把全面推进乡村振兴作为实现中华民族伟大复兴的一项重大任务，举全党全社会之力加快农业农村现代化，让广大农民过上更加美好的生活。文件具体指出：要全面推进乡村产业、人才、文化、生态、组织振兴，实现乡村文明程度得到新提升等目标任务；要实现巩固拓展脱贫攻坚成果同乡村振兴有效衔接、加快推进农业现代化、大力实施乡村建设行动、加强党对"三农"工作的全面领导；要加强新时代农村精神文明建设，具体要弘扬和践行社会主义核心价值观，拓展新时代文明实践中心建设，建强用好县级融媒体中心，深入挖掘、继承创新优秀传统乡土文化，持续推进农村移风易俗，加大对农村非法宗教活动和境外渗透活动的打击力度，办好中国农民丰收节等。

2021年2月23日 新华社发布了中共中央办公厅、国务院办公厅印发的《关于加快推进乡村人才振兴的意见》。该意见提出了包括培育乡村工匠、加强乡村文化旅游体育人才队伍建设等的乡村人才振兴要求。

2021年2月25日 国家乡村振兴局在北京市朝阳区太阳宫北街1号正式挂牌。

2021年3月8日 文化和旅游部、国家发展改革委、财政部印发《关于推动公共文化服务高质量发展的意见》，提出加强乡村文化治理。该意见提出的具体要求包括：紧紧围绕乡村振兴战略，将乡村文化建设融入城乡经济社会发展全局，融入乡村治理体系；深入开展乡镇综合文化站专项治理；结合实际，适当拓展乡村基层综合性文化服务中心旅游、电商、就业辅导等功能；坚持"见人见物见生活"，加强乡村地区非物质文化遗产保护和利用；开展乡村艺术普及活动，依托中国民间文化艺术之乡，推进"艺术乡村"建设，提升乡村文化建设品质；建立艺术家、策展人等专业人士与民间文化艺术之乡的对接机制，挖掘乡土底蕴，传承乡村文脉；开展"村晚"等富有文化特色的农村节庆活动，形成具有区域影响力的乡村名片，打造节庆新民俗；整合优质资源与力量，持续开展"戏曲进乡村"等送文化下基层活动；结合全国乡村旅游重点村镇建设，打造特色乡村文化和旅游品牌，拓展乡村文化和旅游发展新模式；坚持平等、参与、共享的原则，加强对城市新生代外来务工人员的文化帮扶，推动他们更好融入城市，成为城乡文化交流的重要力量。

2021年4月7日 农业农村部、国家发展和改革委员会、财政部等10部门印发《关于推动脱贫地区特色产业可持续发展的指导意见》。该意见提出，要依托田园风光、绿水青山、村落建筑、乡土文化、民俗风情等特色资源，发展乡村旅游、休闲农业、文化体验、健康养老等新产业新业态，突出特色化、差异化、多元化，既要有速度，更要高质量，实现健康可持续。

2021年4月29日 十三届全国人大常委会第二十八次会议表决通过《中华人民共和国乡村振兴促进法》。该法包括10章，共74条，其中对促进乡村文化进行了相关规定。在"第一章 总则"中，第七条为：国家坚持以社会主义核心价值观为引领，大力弘扬民族精神和时代精神，加强乡村优秀传统文化保护和公共文化服务体系建设，繁荣发展乡村文化。每年农历秋分日为中国农民丰收节。在"第二章 产业发展"中，第十九条为：各级人民政府应当发挥农村资源和生态优势，支持特色农业、休闲农业、现代农产品加工业、乡村手工业、绿色建材、红色旅游、乡村旅游等乡村产业发展。在"第四章 文化繁荣"中，对各级人民政府提出了五条内容要求，涵盖了组织开展新时代文明实践活动，加强农村精神文明建设；丰富农民文化体育生活；完善乡村公共文化体育设施网络和服务运行机制；支持农业农村农民题材文艺创作；保护农业文化遗产和非物质文化遗产；加强对历史文化名镇名村、传统村落和乡村风貌、少数民族特色村寨的保护；

有计划地建设特色鲜明、优势突出的农业文化展示区、文化产业特色村落等方面。

2021年5月23日 由文化和旅游部全国公共文化发展中心、中央广播电视总台视听新媒体中心、福建省文化和旅游厅联合主办的2021年"乡村网红"培育计划暨央视频《村里有个宝》大型融媒体活动全国启动仪式在世界"双遗"城市福建武夷山举行。此活动助力巩固拓展脱贫攻坚成果，全面推进乡村振兴，繁荣、发展乡村文化和旅游事业。

2021年6月23日 文化和旅游部发布《"十四五"公共文化服务体系建设规划》，为公共文化服务体系建设明确了时间表和路线图。规划提出，以文化繁荣助力乡村振兴。全面落实乡村振兴战略，按照有标准、有网络、有内容、有人才的要求，健全乡村公共文化服务体系。充分发挥县乡村公共文化设施、资源、组织体系等方面的优势，强化文明实践功能，推动与新时代文明实践中心融合发展。

2021年12月7日 文化和旅游部办公厅、人力资源社会保障部办公厅、国家乡村振兴局综合司发布《关于持续推动非遗工坊建设助力乡村振兴的通知》，强调在非物质文化遗产（以下简称"非遗"）助力精准脱贫工作基础上，继续推动非遗工坊（原非遗扶贫就业工坊）建设，加强非遗保护，促进就业增收，巩固脱贫成果，助力乡村振兴。

2021年12月17日 全国乡村旅游工作现场会在福建省龙岩市永定区召开。会上发布了由文化和旅游部、国家发展改革委确定的第三批全国乡村旅游重点村和第一批全国乡村旅游重点镇（乡）名单，并向部分入选镇（乡）代表授牌。会议强调，要从全面推进乡村振兴的高度，认识做好乡村旅游工作的重要性、艰巨性、紧迫性，牢牢把握乡村旅游服务"三农"工作的总体定位；从扎实推动共同富裕的高度，充分认识发展乡村旅游对于改善农村人居环境、促进农民增收致富的重要作用；从加快构建新发展格局的高度，积极推进乡村旅游在扩大内需、形成强大国内市场中发挥作用。

2021年12月25日至26日 中央农村工作会议在京召开，习近平对做好"三农"工作作出重要指示：应对各种风险挑战，必须着眼国家战略需要，稳住农业基本盘、做好"三农"工作，措施要硬，执行力要强，确保稳产保供，确保农业农村稳定发展。要扎实推进乡村建设，以农村人居环境整治提升为抓手，立足现有村庄基础，重点加强普惠性、基础性、兜底性民生建设，加快县域内城乡融合发展，逐步使农村具备基本现代生活条件。要加强和改进乡村治理，发挥农村基层党组织战斗堡垒作用，创新农村精神文明建设有效平台载体，妥善解决农村矛盾纠纷，维护好农村社会和谐稳定。要加强和改善党对"三农"工作的领导，落实五级书记抓乡村振兴要求，强化乡村振兴要素保障。